인간·지구·번영을 위한 행동계획

SDGs에 다가서기

인간·지구·번영을 위한 행동계획

SDGs에 다가서기

초판 1쇄 발행 2023년 12월 1일

엮은이   이창언
지은이   이창언·강민옥·김지현·서득수·성은진
         연규식·오용운·이나현·정정애
펴낸이   윤관백
펴낸곳   선인

등   록   제5-77호(1998.11.4)
주   소   서울시 양천구 남부순환로 48길 1(신월동 163-1) 1층
전   화   02)718-6252/6257
팩   스   02)718-6253
E - mail   sunin72@chol.com

정   가   23,000원
I S B N   979-11-6068-834-4   93300

인간·지구·번영을 위한 행동계획

SDGs에 다가서기

이창언 편

강민옥·김지현·서득수·성은진
연규식·오용운·이나현·정정애

선인

서문

2015년 9월 25일, 지구촌의 모든 국가와 도시는 지속가능발전의 모든 측면을 '인간 중심적 발전(people-centered development)'을 위한 전반적인 목표에 통합시키는 전환적 결정을 내렸습니다. 유엔 193개 국가가 국가-도시계획과 행정혁신을 위한 명확한 기준선과 분석체계를 갖춘 적절하고 포괄적인 계획 개발을 위해 지속가능발전목표(Sustainable Development Goals: 이하 SDGs)를 채택한 것입니다.

SDGs는 유엔 회원국이 향후 15년 동안 국내와 국제 개발 정책을 수립하기 위해 사용하기로 약속한 목표, 세부목표 및 지표의 보편적인 집합입니다.

SDGs는 2001년 세계 여러 정부가 합의하고 2015년 만료한 새천년개발목표(Millennium Development Goals, MDGs)의 진척 상황을 바탕으로 합니다. MDGs가 빈곤 종식에 집중하였다면 SDGs는 전 세계 모든 국가와 관련이 있는 지속가능발전의 사회적, 환경적, 경제적 측면을 포괄하는 더 넓은 의제를 추구합니다. SDGs는 지속가능한, 포용적인, 인간 중심의, 강인한(resilient) 사회를 달성하는 세계인의 약속입니다. SDGs는 2030년까지 지속가능발전을 위해 국가와 국제사회가 공동 작업을 통해 빈곤, 성별 불평등, 환경 및 기타 전 지구적 과제를 포괄적으로 대응하기 위한 행동계획입니다.

SDGs는 글로벌 규모의 사회변혁을 위한 전 인류의 공통된 요구를 함축한 목표와 구체적인 지표로 구성되어 있습니다. 169개의 세부목표를 가진 SDGs의 17개 목표는 광범위한 부문별 정책을 포함합니다. SDGs는 오늘날 세계가 직면하고 있는 극도의 빈곤 퇴치, 세계적인 불평등과 기후변화 대응, 지속가능한 도시화와 산업개발 촉진, 자연생태계 보호, 평화롭고 포용적인 지역사회와 통치기관의 성장 촉진 등 중요한 문제들을 다루고 있습니다. 사회혁신을 위한 SDGs 17개 목표는 모두 중요합니다. SDGs를 실행하기 위한 가장 적절한 도구와 전략은 '2030 의제'의 설계, 실행, 환류·평가와 성공 스토리(story) 구성과 밀접한 관계가 있습니다.

 SDGs 17개 목표에 대한 보편적 정의를 가진 SDGs의 틀은 구체적인 상황과 요구에 부합하게 조정되어 시민 삶의 변화와 함께 실질적인 사회의 이익을 창출합니다. 지속가능사회 구축을 위한 새로운 행동 규범으로서의 SDGs의 이념과 시스템을 각 단위에 도입할 경우 조직 운영의 패러다임의 변화와 조직 혁신을 촉진합니다. SDGs는 목표로 나열되어 있기에 각 나라와 도시에 적용하기 위한 명확한 시나리오가 있는 것은 아닙니다. 따라서 다양한 이해관계자들이 SDGs의 중요성은 동의하지만 각 단위에서 도입과 실행의 구체적인 방법은 불명확하다는 소리를 듣는 경우가 많은 것도 이 때문입니다. SDGs는 다부문적 접근법과 다부문적 협력이 핵심 요소로서 글로벌, 국가, 도시 수준에서 동일한 역학관계가 작용합니다. 지속가능발전을 위한 도구(tool)는 정치, 제도, 경제, 문화 등 한 사회의 특성이 국가 간, 국가 내 지자체 간, 지자체 내부의 이질적이고 복잡한 환경을 고려하여 적용되고 활용될 때 의미를 가집니다.

 SDGs 실질적인 이행계획을 고도화하기 위해서는 'SDGs의 현지화 전략'이 필요합니다. SDGs의 현지화는 목표의 설정부터 구현, 모니터링 및 보고에 이르는 모든 지구적 의제에서 각 국가와 도시의 독특한 맥락, 자원, 도전, 기회를 고려한 기획과 실행으로 정의됩니다. 유엔 소속 정부는 SDGs를 실행하기 위해 관련 제도 개혁이나 적절한 재원 확보, 홍보와 교육, 지표 개발 활동을 수행하고 있습니다. 다시 말해, SDGs의 현지화는 지구적 의제를 낙하산화하는 것이 아니라 지역의 기회, 우선순위 및 아이디어를 활용하는 것에 기반을 둔 정치적 과정이라고 할 수 있습니다. 따라서 국가와 도시의 실정과 역량에 맞는 SDGs 이행·실천은 시민 참여의 강도·범위·역량으로 표현되는 지역 지속가능발전 역량과 지방분권을 강화할 수 있습니다.

이 책의 발간도 바로 SDGs의 현지화 차원에서 기획되었습니다. 이 책은 우리나라와 도시 구성원의 필요와 자원이 지속가능발전 이행에 중심임을 염두에 두고 작성되었습니다. 이 책에 참여한 모든 저자가 '지속가능한 사회'의 실현은 국가, 지역, 마을의 고유한 역사, 문화, 제도, 정서 능으로 인해 동일한 대응은 있을 수 없다는 인식에서 집필에 참여하게 되었습니다. 저자들은 SDGs 각 목표와 타깃(target)을 국가-도시 발전의 과정 정책, 전략에 반영하기 위한 인식의 전환이 가진 의미에서 출발해서 집필을 시작했습니다. SDGs에 대한 이해, 인식이 높아져야 다양한 이해관계자 (Stakeholder)들이 각종 계획이나 전략, 방침, 개별 시책의 책정과 개정, 실행과정에서 SDGs 요소를 최대한 반영할 수 있다고 보았기 때문입니다.
사실, 유엔에서 SDGs 합의 채택 이후 2030년까지 절반의 시간이 경과되었지만, 우리나라의 SDGs 인지도, 인식도, 성취도는 여러모로 아쉬운 점이 많은 게 사실입니다. SDGs 현지화를 위해서 더 많은 사람이 SDGs의 중요성을 인식할 수 있다면 SDGs를 위한 더 큰 리더십, 더 많은 자원 및 해법의 확보가 가능할 것이라는 믿음이 이 책이 세상에 나오게 된 동력이었다고 말할 수 있습니다.

이 책은 SDGs 17개 목표를 시민과 청소년이 쉽게 다가설 수 있도록 구성했습니다. 총론과 종합을 제외하고 모든 장은 본론 외에 〈개관〉, 〈학습 목표〉, 〈주요 용어〉, 〈요약〉과 〈생각 나누기〉, 〈참고문헌〉, 〈참고한 사이트〉로 구성되어 있습니다. 이는 독자들이 혼자서도 SDGs를 쉽게 이해하고 자신의 것으로 만들어 나가게끔 기획한 것입니다. 그리고 17개 목표 외에도 총론과 종합을 통해 SDGs의 구조, 철학과 가치관, SDGs와 민주주의, 지속가능발전기본법 시행령 공포 이후 지역사회에서의 활동 방향을 종합해서 제언하고 있습니다.

물론, 이 책은 집필진 대부분이 대학원에서 공부하는 학생들이므로 여전히 많은 한계와 여백을 가지고 있는 것도 사실입니다. 하지만 집필자 대부분이 지속가능발전협의회와 현장에서 오랜 시간 교육과 실천을 수행하였기 때문에 보다 현실을 잘 알고, 시민의 눈높이에 맞추어 SDGs를 설명할 수 있었다는 점을 말씀드리고 싶습니다.

여러모로 부족한 책이지만 지난 1년 동안 집필자들이 흘린 땀과 노고는 결코 적지 않았습니다. 이 책 출판의 전 과정에서 책임 간사 역할을 맡아주신 김지현, 성은진 선생님의 열정, 마지막까지 꼼꼼하게 교정에 참여해주신 도깨비의 남기수 실장님, SDGs 관련 도서 출판을 통한 SDGs 확산에 동참하고 지원을 해주신 윤관백 선인 출판사 대표님과 책을 보기 좋게 디자인해주신 선인출판사 박애리 선생님께 깊은 감사를 드립니다.

경주에서 저자를 대표해서 이창언 씀

목차

제1장

총론

SDGs와 민주주의

다차원적 민주주의와
실용적 사회혁신 추진력 SDGs

이 창 언

개관

이 장에서는 SDGs의 변화와 혁신, 탐구와 실천의 중시, 다양성과 개방성의 존중이라는 다차원적 민주주의와 사회혁신 전략이라는 관점에서 SDGs 유용성과 역동성을 검토한다. 특히 SDGs와 ESG 실행의 긍정적 효과를 SDGs의 기본 철학과 가치, 방법론과 전략을 통해 살펴본다. 다차원적 민주주의와 사회혁신, SDGs의 접점에 관한 검토는 SDGs의 사상·이론·방법론적 특징 규명의 실마리를 제공하고 SDGs 이행을 위한 민주주의 상상력을 자극하며 SDGs·ESG 주류화, 현지화, 대중화에 기여한다.

1. 지속가능발전목표(SDGs) 등장 배경을 이해한다.
2. SDGs의 정책 키워드, 세계관, 접근법을 이해한다.
3. 좋은 민주주의로서 SDGs의 가치와 지향, 전략을 이해한다.
4. 한국 SDGs 현황과 과제에 대해 생각해 본다.

지속가능발전목표(SDGs), 2030 의제, 좋은 민주주의, SDGs 세계관, SDGs
유용성

1. 지속가능발전목표 다가서기

　유엔지속가능발전목표(Sustainable Development Goals, 이하 SDGs)의 기본 철학과 가치와 지향을 담고 있는 「2030 의제」 서문 첫 번째 단락에서는 SDGs가 "인간, 지구, 번영을 위한 행동계획"이라고 명시하고 있다. SDGs는 정책 입안자들이 여러 분야의 목표와 지표를 연결하여 환경-경제-사회문제 해결의 구체적인 측정이 가능하고 실현 가능한 목표, 지표와 도구, 접근법, 시간표를 가져야 한다는 점에서 한층 실행 가능하고 총체적인 민주주의 사회혁신 전략이며 행동계획(Strategies and Action Plan)이다.

　유엔 창설 70주년을 맞아 2015년 9월 25일~27일까지 뉴욕 유엔본부에서 기념식이 열렸다. 193개국 대표들은 2030년까지 세계 전역에서 빈곤과 기아 근절, 국가 내 그리고 국가 간 불평등 해소, 평화롭고 공정하며 포용적인 사회 조성, 인권 보호와 성평등의 촉진, 여성과 여아의 역량 강화, 지구와 천연자원의 항구적인 보호를 보장할 것을 결의한다. 또한 각 국가의 역량과 발전 정도의 차이를 고려하고, 지속적이며 포용적이고 지속가능한 경제성장과 공동의 번영을 추구하고, 모두를 위한 양질의 일자리를 증진할 것을 합의하였다.

　SDGs는 17개 목표(Goals), 169개 세부목표(Targets), 230여 개 지표(Indicators)로 구성됨으로써 확고한 이행체계를 갖춘 것으로 평가되고 있다. 이 목표와 세부목표들은 특히 최빈곤층과 취약계층의 목소리에 귀를 기울이며 강도 높은 여러 공개 협의 과정을 거쳐, 전 세계 시민사회와 관련 이해관계자들의 참여를 통해 탄생한 결과물이다. 공개 협의 과정에는 SDGs에 관한 총회 공개작업반 및 2014년 12월 유엔 사무총장 종합보고서를 제출한 유엔의 귀중한 성과가 포함되어 있다.

〈그림 1〉 SDGs 17개 목표

유엔 소속 국가들이 SDGs를 국가전략으로 수용한 배경은 여러 가지 차원에서 설명할 수 있다. 그것은 첫째, 전 세계 지속가능성의 위기이다. 세계 인구는 2022년 11월 15일 80억 명에서 2037년에는 90억 명으로 증가하는 동시에 빈곤층 또한 증가할 것으로 예상된다. COVID-19로 인해 전 세계는 예측하기 어려운 시대에 접어들고 있다. 대부분 국가에서 봉쇄 조치 및 사회적 거리두기가 시행됨에 따라 많은 노동자가 일자리를 잃었고, 기업은 물론 소상공인들도 경제적인 타격을 입었다. 유엔은 2020 SDGs 보고서를 통해 1930년대 대공황 이후 가장 심각한 경제위기가 올 것이라고 예상하며, 그간 지속적으로 줄었던 국제빈곤선 미만의 인구 비율이 2020년 이후 다시 상승할 수 있다고 발표했다(SDSN·Bertelsmann Stiftung, 2022; 통계청, 2021: 17). 이에 따라 "지금, 이대로는 안 된다."라는 인식이 높아졌고 SDGs 이행과 실천에 관심도 고조되고 있다.

둘째, 새로운 문제의 대두와 해법의 필요성이다. 21세기는 세계가 직면하는 문제나 과제가 크게 변화했고 이로 인해 SDGs가 합의 채택되었다. MDGs가 채택된 2000년은 빈곤, 기아, HIV/AIDS, 남북문제, 채무 위기, 분쟁, 위생, 물 문제, 문맹 교육의 질과 남녀 격차 등이 주요한 문제나 과제였다. 그러나 SDGs가 채택된 2015년은 빈부격차, 기후위기, 자연재해, 비만, 생물다양성 상실, 에너지 문제, 저출산, 고령화, 지방소멸 등이 주요 문제나 과제로 인식되고 있다. SDGs는 인류 공통의 과제에 대해 모든 관계자, 이해관계자가 전력으로 대응하지 않으면 더는 풍요로운 세계의 유지 및 발전을 바랄 수 없다는 위기감에서 탄생했다(이창언, 2022).

유엔 회원국이 공통으로 체감하는 위기에 대한 인식은 울리히 벡(1998)의 '위험사회론'과 맥을 같이한다. 이러한 시각은 인간의 안전을 위협하는 위기의 본질은 인간 그 자체이며, 인간이 형성해 온 근대화에 대한 자기 대결(재귀적 근대화)로 귀결된다. 근대화의 그늘을 반성하고 성찰하는 인류의 위기의식은 SDGs에 관심을 높이고, SDGs는 인간의 사고 전환과 행동을 촉발한다. SDGs의 17개 목표는 2030년을 목표로 한 세계 공통의 성장전략이기 때문에 위기감과 과제를 공유하는 사람들을 중심으로 대책이 확대되고 있다는 것이다.

셋째, 새로운 기회로서 SDGs의 중요성이 인지되었기 때문이다. 이는 합리적인 선택과 관련이 있다. 유엔의 많은 나라가 저출산, 고령화와 인구감소에 따른 새로운 형태의 위기, 지방소멸에 대응해 SDGs에 박차를 가하고 있다. SDGs의 확산은 기업, 정부, 도시, 대학 차원의 지속가능한 성장을 위한 혁신과 관련이 있다(이흥연, 2020).

2. 좋은 민주주의, 다차원적 민주주의와 SDGs

SDGs는 두 개의 국제적인 대응을 받아 채택되었다. 하나는 지속가능발전을 위한 대책이 지구정상회의(유엔환경개발회의, 1992년), 요하네스버그 정상회의(세계지속가능발전정상회의, 2002년), 리우+20(유엔 지속가능발전회의, 2012년)으로 진화함에 따라 이루어진 흐름이며, 다른 하나는 국제협력의 맥락에서 수차에 걸친 개발 협력 10년의 활동 및 유엔 밀레니

엄 총회(2000년)를 통해 만들어진 MDGs의 후속 목표로서의 자리매김이다. 유엔은 새로운 의제인 SDGs를 채택하면서 지금까지 전례가 없는 획기적인 새로운 의제라는 점을 강조하고 있다.

SDGs의 의미를 MDGs(새천년개발목표)와 비교하여 다차원적 민주주의와 연결시켜 설명하면 다음과 같다. 첫째, 과거 MDGs 수립과 실행과정에 유엔 사무국이 중심이 되었다면, 국제사회가 합의한 SDGs는 유엔 회원국 중심이라는 점, 규범의 대상도 개발도상국에서 개발도상국과 선진국 모두를 포함한다는 점, 다자간 이해관계를 포함하며 장기적 이행평가 메

〈그림 2〉 SDGs 웨딩 케이크 모델[1]

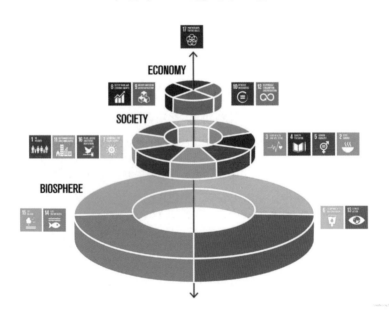

---

1) SDGs 웨딩 케이크 모델은 스웨덴의 수도인 스톡홀름의 복원력 연구소(Re\-silience Institute)가 고안한 SDGs의 개념을 나타내는 SDGs 구조 모델이다. SDGs 웨딩 케이크 모델에서 SDGs의 17개 목표는 각각 웨딩 케이크 형태로 서로 밀접하게 관련된 세 개의 수준으로 구성된다. SDGs 웨딩 케이크 모델은 세 계층 구조로서 상단에는 경제 영역, 중단에는 사회 영역, 하단에는 환경 영역으로 제시된다(이창언, 2022: 174).

커니즘을 가지고 있다는 점에서 한 단계 진일보한 국제규범이라 할 수 있다. 사실 MDGs의 8개 목표는 사회·경제·환경 기둥의 상호 연관성이 모호하여 목표 사이의 시너지 효과를 높이는 전략과 정책이 부족했다는 비판이 많았다. SDGs의 17개 목표, 169개 세부목표는 이러한 비판을 수용하여 사회·경제·생태 민주주의와 협의 민주주의를 한 차원 업그레이드한 것이라 할 수 있다.

둘째, SDGs는 사회 발전, 경제성장, 환경보호의 3대 분야와 거버넌스 등 총 네 가지 국가도시 경영을 통합하고 있다. SDGs는 빈곤 퇴치라는 MDGs 기조와 함께 포용성(Inclusiveness), 보편성(Universality), 평등(Equality) 등 새로운 기조가 강조되었다. SDGs는 지구-국가-도시의 민주주의를 증진하는 데 기여한다(이창언, 2016). SDGs는 정치·사회민주주의(사회: 사람 People) 외에도 경제민주주의(경제: 번영 Prosperity), 생태민주주의(환경: 지구 Plant), 평화롭고 공정한 제도(평화, Peace)와 참여와 협력 민주주의(9개 주요 그룹의 참여와 숙의 공론장, 협력, Partnership) 실현을 위한 구체적인 목표와 세부목표, 이를 이행하고 점검 평가하는 환류의 과정을 포함하고 있다(이창언, 2022).

셋째, SDGs는 좋은 민주주의를 지향하고 있다. 좋은 민주주의를 고유명사로 도입한 몰리노(Lenardo Morlino, 2004)는 과정, 내용, 그리고 결과를 통해 민주주의의 질과 좋은 민주주의를 평가한 바 있다. 몰리노는 좋은 민주주의는 질이 높은 민주주의라는 가설을 제시한다. 몰리노는 위의 세 가지 기준 외에 법의 지배, 책임성, 시민과 시민사회에 대한 반응성, 권리의 존중, 그리고 정치적, 사회적 및 경제적 평등의 점진적 실행을 좋은 민주주의의 기준으로 삼는다(강명세, 2014). SDGs는 국내·국제적 불평등 감소, 모든 형태의 차별 철폐 및 성평등 달성부터 지속가능한 산업화 추진, 육상과 해양의 생태계 보호, 수자원·에너지 관리 향상 및 신재생에너지 확대, 기후위기 해결을 위한 긴급행동, 분쟁지역의 평화 달성 및 세계 난민 수용 등 광범위한 주제들을 아우르고 있다. SDGs는 지속가능발전

(SD)과 민주주의라는 다소 모호한 이념을 가시적이고 달성 가능한 목표로 전환해 주는 정책수단 또는 프레임워크(policy tool/framework)의 역할을 한다. SDGs는 지속가능한 전체 사회상을 구상하고, 이에 필요한 요건이나 도구(tool), 서비스를 창출하는 사회혁신을 촉진한다.

넷째, SDGs는 모든 국가, 도시가 자국-도시의 경제 및 환경보호, 민주주의 발전에 일차적인 책임이 있으며, 개별 국가가 처한 상황과 문화가 다른 만큼 민주주의를 위한 정책과 전략, 국내 자원의 활용방안 등이 중요한 역할을 한다는 점을 인지하고 있다. 나아가 개발도상국 또는 특별한 관심이 요구되는 국가 - 아프리카 국가, 최빈개발도상국, 내륙개발도상국, 군소도서개발도상국(Small Island Developing States, SIDs) 등 - 에 관심을 가질 것을 요구하고 있으며, 17개 목표와 세부목표를 통해 구체화하고 있다. 또한 SDGs를 달성하기 위해서는 정부(지방정부)뿐만 아니라 시민사회, 민간기업 및 유엔 산하 기구들이 숙의 공론장과 협치를 상기하며, 이행과정의 점검에서는 유엔 총회와 유엔 경제사회이사회(UN ECOSOC)가 주관하는 지속가능발전을 위한 고위급정치포럼(High Level Political Forum, HLPF)의 중추적인 역할수행을 기대하고 있다(KOICA, 2014).

3. SDGs 정책 키워드, 세계관, 접근법

SDGs는 2030년을 향한 국제 지속가능발전의 우선순위를 정하고, 공동목표 및 세부목표를 둘러싼 전 세계적인 노력을 결집하는 힘을 가지고 있다. SDGs는 지구에서 빈곤을 종식하고, 존엄성 있는 삶과 모두를 위한 기회의 창출, 지속가능발전의 도전과제를 해결하기 위해, 다양한 이해관계자의 창의력과 협동을 분명히 요구하고 있다.

이는 SDGs의 3대 정책 키워드와 세계관에서 분명히 제시되어 있다. 먼저 3대 정책 키워드는 첫째, 지구 공동의 대응과 로컬 차원의 실천의 양립을 목표로 하는 사고와 행동을 의미하는 '지구 규모(Global scale)'이다. 둘째, 미래상에 도달하기 위해 필요한 구체적인 전략을 끌어내는 '백 캐스팅(back casting)'이다. 이는 지속가능한 미래의 모습에서 역산하여 현재의 대책을 찾는 것을 의미한다. 셋째, SDGs 전체의 테마이기도 한 '아무도 남겨두지 않는다(No one will be left behind)'이다(이창언, 2022).

그리고 SDGs의 세계관은 '지구의 한계(planetary boundaries)'를 인정하는 '지구 먼저 세계관' 그리고 '누구도 소외하지 않는다(no one left behind)'라는 인권과 참여 원리에 근거한 '사회 포용적인 세계관', 그리고 바람직한, 지금과는 다른 미래사회를 지향하며 세계의 전환(transforming our world)을 추구하는 '전환 세계관'으로 칭한다. SDGs는 이런 세계관과 함께 '공유된 책임'을 강조하며 만국, 만인에게 적용되는 보편성과 형평성을 요구하는 '실천 세계관'을 갖고 있다(佐藤真久, 2020; 이창언, 2022).

SDGs는 우리 사회의 발전을 위한 글로벌 의제를 형성하고, 선도 기업이 사람과 지구에 미치는 부정적인 영향을 최소화하고 긍정적인 영향을 극대화함으로써, 비즈니스가 어떻게 지속가능발전의 진전에 기여할 수 있는지를 설명한다. 정부, 기업, 대학과 연계된 지속가능발전의 광범위한 주제를 다루는 SDGs와 ESG는 각 그룹의 전략이 각 그룹의 우선순위와 연결되도록 돕는다(이창언, 2020a). SDGs와 ESG는 목표 및 활동을 수립하고, 이끌고, 소통하고, 보고하는 중요한 틀로 활용할 수 있으며, 이를 통해 다양한 혜택을 나누어 준다.

SDGs를 특징짓는 것으로써 '새로운 인권선언', '새로운 사회계약' 등의 이념이 유엔의 주요 문서 등에 제시되어 있다. 이는 SDGs의 채택 문서의 제목인 '우리 세계의 전환: 지속가능발전을 위한 2030 의제(Transforming our World: The 2030 Agenda for Sustainable Development)'에서 잘 드러나 있다. 여기서 구조적인 변화란 사회 전체가 연동되어 체계적으로 변화하는 것이며, SDGs와 ESG는 필연석으로 관련된 모든 섹터의 연계와 협동을 필요로 한다(佐藤真久·関正雄·川北秀人, 2020). 따라서 SDGs 접근법의 특징은 목표 기반의 거버넌스(governance through goals)라고 할 수 있는데, 이는 장기간 국제사회 협동의 원칙이었던 '규칙에 따른 통치'를 넘어서는 시도로써 '자율분산·협조형 협동'을 만들어 가는 과정이다. 파트너십 또는 거버넌스는 전환(transformation)의 도구라는 의미도 포함한다. 지금까지 채택한 기후위기 대응, 빈곤과 격차의 문제는 SDG 1과 13번 목표에 제시되어 있지만, 그 이외의 목표나 세부목표의 대부분과 관련이 깊고 목표의 이행·실천에도 영향을 미친다. 그리고 이 두 가지 과제의 공통점은 해결 방법이 임시 방편이나 대증요법이 아닌 근본적인 해결책인 사회경제와 민주주의의 구조적인 변화를 일으키지 않으면 안 된다는 것이다. 지구촌-국가-지역의 SDGs·ESG 이행체계 구축은 정부(지방자치단체)의 전략, 도시 파트너십 협의체의 이니셔티브, 네트워크 간 협력, 제도화의 요소들과 결합할 때 성공 가능성이 높다(이창언·오수길·유문종·신윤관, 2014; 이창언 2020b).

4. 지구-국가-도시 사회혁신 전략, SDGs

'사회혁신(social innovation)'은 사회적 동학의 진화, 위기, 변동을 분석하는 도구이자 특수한 필요성에 대한 응답, 문제에 대한 새로운 정의 방식, 사회변화의 비전(vision)이라 할 수 있다(이창언·김광남, 2015; 이창언, 2020: 203 재인용). SDGs도 역동적이고 지속가능하며 혁신적이고 지속가능한 경제의 구축을 강조하며 개발 과제에 대처하는 정보통신기술, 글로벌 상호연결을 위한 과학, 의학, 에너지 등 다양한 분야의 기술혁신을 추구한다. SDGs는 사회혁신과 동일하게 기술혁신이나 경제적 측면만을 지향하지 않으며, 사회·환경적으로 바람직한 목표를 지향하며 사회적 공동선을 추구한다(이창언, 2021).

사회혁신이 그러하듯이 SDGs도 '혁신'의 이니셔티브(initiative), 추진 방식, 프로세스 (process)에서 차별성을 갖는다. SDGs는 인간과 자연, 국가, 시장, 시민사회의 이분법적 사고를 거부한다. 사회혁신과 SDGs 모두 각 섹터 간 동시 협력과 파트너십을 보다 바람직한 형태로 간주한다. 시장 중심주의적 사고가 신자유주의적 글로벌 경제를 불가피하다고 본다면, SDGs는 사회혁신과 마찬가지로 글로벌과 로컬화를 통합적으로 이해할 때 더 많은 문제 해결이 가능하다는 사고방식과 행동을 선호한다. SDGs

〈표 1〉 사회혁신과 SDGs 비교

	사회혁신	SDGs
개념	• 사회적인 목표를 이룰 수 있도록 작동하는 새로운 아이디어, 새로운 사회적 관계와 협력을 창출하는 활동	• 사람, 지구 및 번영을 위한 행동계획
출발점	• 충족되지 않는 사회적 욕구, 해결되지 않는 사회적 문제	• 새천년개발목표가 달성하지 못한 것을 완성(빈곤, 사회발전, 환경, 경제성장, 파트너십 등 5개 영역)
성격	• 사회·환경·경제적으로 바람직한 목표를 지향하며 사회적 공공선 추구	• 사람과 지구를 위한 21세기의 새로운 헌장. 상호연계된 3개 기둥(경제, 사회, 환경)의 통합적 관리
차별성	• 다양한 사회구성원 또는 부문 간의 참여, 연대, 파트너십(partnership) 추구	• 모든 국가와 이해당사자들은 협력적 파트너십 정신에 의거한 목표 이행 • '공동의, 그러나 차별적 책임' 원칙에 입각하여 자국의 국정상황 및 역량을 고려한 이행실천
과정	• 충족되지 않은 사회적 욕구의 파악 → 새로운 솔루션의 개발 → 효과성에 대한 평가 → 사회혁신으로서 규모 확대	• 목표·지표체계 구축→지표별 목표치 설정→ 이행전략 수립 • 계획, 실행, 점검 • 포용적이고 참여적인 과정→ SDGs 의제 설정 과정→ SDGs 실행계획 수립 과정→ 모니터링 및 평가 과정
보상과 배분방식	• 성과나 보상은 개인에 귀속되지 않고 사회 전체, 공동체의 효용 증진	• 누구도 소외되지 않게(leave no one behind), 어느 곳도 소외되지 않게(leave no one behind)
결과	• 사회의 새로운 관습이나 루틴(routine) 형성	• 정치체제, 행정체제, 경제체제, 사회체제, 생산체제, 기술체제, 국제체제의 변화. 의식·제도·윤리와 문화의 변화

출처: 이창언 재구성(2021)

는 사회중심성의 관점, 파트너십에 기반한 공동행동에 근거한 프로세스를 가지고 있다. 국가 SDGs 수립은 2030 의제의 원칙을 반영하고 국가 SDGs와 국제관계의 수직적 정합성, 지구적 SDGs 이니셔티브와의 연계성을 검토한 후 이루어진다. 대체로 목표별로 작업반과 주요 그룹별 이해관계자의 참여 속에서 수직적·수평적 정합성 등 다차원적인 통합 검토를 추진한다(이창언, 2021).

사회혁신은 국가, 시장, 시민사회 전체 혹은 지역사회나 사회의 일정 부문에 확산·재생·모방되며, 궁극적으로 제도화됨으로써 새로운 관습이나 행동을 형성(이창언·김광남, 2015)한다. SDGs도 지속가능발전에 대한 사회적 인식과 그 가치와 목적을 실현하려는 사회적 실천, 혹은 사회 행동을 포함한다.

「2030 의제」는 "모든 당사국에게 적용되는 협약상 의정서, 다른 법적 문서 또는 법적 효력을 갖는 합의된 결과가 특히 감축, 적응, 재원, 기술 개발 이전, 역량 강화와 행동 지원의 투명성 문제를 다루어야 한다"라는 점을 재확인하고 있다. SDGs는 "행위자 수준에서 다양한 이해관계를 가진 개인과 집단의 네트워크 형성과 상호작용, 정보의 교환, 소통을 통한 '신뢰', 그리고 합의 능력의 고양을 주요한 목표로 삼는다. 세계 각 나라의 정부와 지방정부, 지속가능발전 추진 기구는 제도적 수준에서 참여의 기회와 폭을 확장함으로써 행위자들 간의 질 높은 상호작용을 보장하고 제도 내부와 제도 상호 간의 협력적 조정 능력과 위기관리 능력을 높인다(ICLEI, 2018). SDGs 이행과 실천은 "정치체제, 행정체제, 경제체제, 사회체제, 생산체제, 기술체제, 국제체제의 변화(WCED, 1987; 오수길·한순금, 2018)"를 위한 SDGs 제도화(institutionalization) 모색 과정이라고도 할 수 있다.

SDGs는 사회혁신과 동일하게 성과나 보상이 개인에 귀속되지 않고 사회 전체, 공동체의 효용을 증대시키는 것으로 귀결된다. 세계 모든 지역에서의 '우리 모두를 위한 목표(People's Goals)'를 표방하면서 절대 빈곤의 종식, 불평등과 부정의의 해소, 기후위기 해결 등을 주요하게 강조한다. 그것은 가치를 재발견하면서 그 가치가 실제로 새로운 방법의 실행을 견인하며, 그 결과가 이해관계자에게 물리적으로 직접적인 혜택을 고르게 주도록 하는 것이다. SDGs는 정부(지방정부)가 SDGs를 채택하거나 SDGs 현지화에 따른 인센티브(incentive)를 제시하며, 주어지는 보상은 모두를 위한 효능을 증대한다는 점을 부각하고 있다.

SDGs는 지속가능발전을 위협하는 도전과제에 대응하기 위해 기업 주도의 솔루션과 기술의 개발 및 이행을 위한 기회를 제공한다. 정부, 기업, 대학과 연관된 지속가능발전의 광범위한 주제를 다루는 SDGs는 각 섹터의 전략이 국제적, 지역적 각 섹터의 우선순위와 연결되도록 돕는다. 각 섹터는 SDGs를 자기 영역의 전략, 목표 및 활동을 수립하고, 이끌고, 소통하며, 보고하는 중요한 틀로써 활용할 수 있으며, 이를 통해 다양한 혜택을 얻을 수 있다(이창언, 2022).

SDGs 프레임워크는 지구촌과 국가 수준에서 효과적이며, 이보다 작은 도시 수준에서도 효과적인 접근법을 모색한다. SDGs와 ESG는 수평적(도시 기관)-수직적(정부 관할구역과 정부 간 관할구역) 차원에서 정책을 조정하고 조화를 실행하는 기회와 방법을 제시한다. 그 결과 SDGs를 이행하기 위한 프로그램을 제시하는 도시는 국제기구, 기업, 언론, 주민, 창업자와 관광객들로부터 인정을 받는다.

SDGs가 지속가능한 국가, 도시, 기업의 추진력이자 성공스토리 형성에 유용한 지침이 된 배경에는 첫째, 지속가능성 개념의 모호성이 오히려 다부문적 참여와 실천의 촉진제로 작용했기 때문이다. 지속가능발전 3개 기둥과 ESG의 환경, 사회, 거버넌스라는 3요소의 '연계성', 정의·공정·분배 개념의 개념화와 세대 간, 세대 내 '형평성' 보호와 예방의 원칙 준수와 정치·환경·기술적 결정 과정에 대한 '신중성', 물리적 안전과 인권 및 참여적 권한 침해를 고려한 '안전성'은 지속가능성의 '민주주의적 상상력'을 발휘할 '공사장(construction site)'임을 보여준다. 나아가 다학제적인 융

복합 지향성, 실사구시에 입각한 생산적인 학습과 실천사례 탐구는 지속가능발전과 민주주의의 개념을 더욱 풍요롭게 할 수 있음을 방증한다(이창언·오수길·유문종·신윤관, 2014).

둘째, 지속가능성을 기본 철학으로 삼은 SDGs의 가치와 행동이 모든 사회에서 실제 효과를 낼 수 있는 실용적인 이론과 방법, 이행수단을 갖추고 있기 때문이다. 2030 의제가 말하는 이행수단이란 개별 국가의 'SDGs 이행을 위해 필요한 수단'을 의미하며, 의제의 이행수단으로 재원 조달, 능력 배양, 기술 개발 및 이전 등이 해당한다(UN, 2015). ESG의 통합, 새로운 위기 관리, 파트너십 전략도 마찬가지이다.

SDGs를 성공 가능성 요소를 내포한 실용적 사회혁신 전략이라고 정의할 수 있는 이유는 SDGs 17개 목표, 지속가능발전 3개 기둥(환경, 사회, 경제)과 5P 축, 평가 항목이 일관된 스토리를 가지고 있고, 집중(focus)되어 있으며, 균형적(balanced)이며 전체적(holistic)이고 측정 가능(measurability)하며 보편적(universal)인 적용이 가능한 의제로 구성되어 있다는 점이다(SDSN HP). 특히 SDGs는 간결하고 동기를 부여하는 의제, 모든 이해당사자가 행동할 수 있고 적용 가능한 의제로서 '누구도 배제되지 않는(Leave no one Behind)' 원칙에 입각한다. 이 중 특히 눈여겨볼 SDGs 목표와 세부목표 설정 원칙은 '여타의 정부 간 과정과 일치하는 목표', '기존 국제 프레임워크와 일치하는 세부목표' 설정 원칙이다. SDGs는 국제-국가-지역의 연계, 경제-사회-환경에 대한 통합·관리의 맥락화를 중시하며 지속가능한 사회를 목표로 다양한 합의-동원전략을 구사한다(이창언, 2021).

요약

SDGs는 "인간, 지구, 번영을 위한 실행 가능하고 총체적인 민주주의 사회혁신 전략이며 행동계획(Strategies and Action Plan)이다. SDGs의 17개 목표(Goals), 169개 세부목표(Targets), 230여 개 지표(Indicators)들은, 특히 최빈곤층과 취약계층의 목소리에 귀를 기울이며, 2년이 넘는 기간 동안, 강도 높은 여러 공개 협의 과정을 거쳐, 전 세계 시민사회와 관련 이해관계자들의 참여를 통해 탄생한 결과물이다.

유엔 소속 국가들이 SDGs를 국가전략으로 수용한 배경은 첫째, 전 세계 지속 가능성의 위기이다. 둘째, 새로운 문제의 대두와 해법의 필요성이다. 셋째, 새로운 기회로서 SDGs의 중요성이 인지되었기 때문이다. 이는 합리적인 선택과 관련이 있다. 유엔의 많은 나라가 저출산, 고령화와 인구감소에 따른 새로운 형태의 위기, 지방소멸에 대응해 SDGs에 박차를 가하고 있다. SDGs의 확산은 기업, 정부, 도시, 대학 차원의 지속가능한 성장을 위한 혁신과 관련이 있다(이창언, 2020a).

SDGs는 법의 지배, 책임성, 시민과 시민사회에 대한 반응성, 권리의 존중, 그리고 정치적, 사회적 및 경제적 평등의 점진적 실행을 좋은 민주주의의 기준으로 삼는다. 좋은 민주주의를 지향하고 있다. SDGs는 지속가능발전(SD)과 민주주의라는 다소 모호한 이념을 가시적이고 달성 가능한 목표로 전환해 주는 정책수단 또는 프레임워크(policy tool/framework)의 역할을 한다. SDGs는 지속가능한 전체 사회상을 구상하고, 이에 필요한 요건이나 도구(tool), 서비스를 창출하는 사회혁신을 촉진한다.

SDGs 3대 정책 키워드는 지구 공동의 대응과 로컬 차원의 실천의 양립을 목표로 하는 사고와 행동, 미래상에 도달하기 위해 필요한 구체적인 전략, 포용성을 포함한다. SDGs는 2030년을 향한 국제 지속가능발전의 야심찬 우선순위를 정하고, 공동 목표 및 세부목표를 둘러싼 전 세계적인 노력을 결집한다. SDGs는 지구에서 빈곤을 종식하고, 존엄성 있는 삶과 모두를 위한 기회를 창출하기 위해 정부, 기업 그리고 시민사회가 전 세계적인 행동을 취할 것을 촉구한다. SDGs가 다차원적 민주주의, 사회혁신 전략으로서 의미를 가지기 위해서는 유용성, 효율성, 특히 실제성을 확보했을 때 가능하다. SDGs는 국제-국가-지역의 연계, 경제-사회-환경에 대한 통합·관리의 맥락화를 중시하며 지속가능한 사회를 목표로 다양한 합의-동원전략을 구사한다.

참고 문헌

오수길·한순금(2018). "지속가능발전목표(SDGs)와 지방정부의 목표체계: 경상
　　남도를 중심으로".『지방정부연구』. 22(3): 381-508.

이창언(2020).『한국인의 에너지, 실용주의』. 서울: 피어나.

이창언(2020a). "SDGs를 통한 대학교육 혁신과 대학의 사회적 역할 제고를 위
　　한 연구".『한국비교정부학회보』. 24(2): 123-148.

이창언(2020b). "한국 도시 SDGs 이행의 보편성과 지역성: 당진시 지속가능발
　　전 이행계획 고도화와 다부문적 실천을 중심으로".『인문사회21』. 11(3):
　　1731-1746.

이창언(2021). "실용적 사회혁신 전략인 지속가능발전목표의 유용성과 확산 요
　　인 연구: SDGs의 이행실천 이니셔티브, 프로세스, 전략을 중심으로".
　　『인문사회21』. 12(2): 3065~3080.

이창언(2022).『SDGs 교과서』. 서울: 선인.

이창언·김광남 외(2015).『열린사회와 21세기』. 서울: KNOUPRESS.

이창언·오수길·유문종·신윤관(2014).『갈등을 넘어 협력 사회로』. 서울: 살림터.

이창언·오유석(2017). "Post-2015 체제와 지속가능발전: 유엔지속가능발전목
　　표(SDGs)와 지방 차원의 역할과 과제".『동향과 전망』101: 167-196.

이흥연(2020). "대학의 지속가능발전교육(ESD)과 SDGs 교육의 필요성과 과
　　제".『교양학연구』. 12: 257-284.

통계청(2021).『한국의 SDGs 이행보고서 2021』. 서울: 통계청 통계계발원.

한국지속가능발전학회(2020).『한국지속가능발전학회 창립기념 학술대회 자료
　　집』. 충청남도 당진시: 한국지속가능발전학회.

ICLEI(2018). "The ICLEI Montréal Commitment and Strategic Vision
　　2018-2024."

KOICA(2014).『개발과 이슈(2014.12)』.

Morlino, Leonardo. 2004. "What is Good Democracy?" Democratization
　　11. No.5, 10-32.

SDSN(2020). "Accelerating Education for the SDGs in Universities:
　　A guide for universities, colleges, and tertiary and higher
　　education institutions", New York: Sustainable Development
　　Solutions Network (SDSN).

SDSN·Bertelsmann Stiftung(2022).『Sustainable Development Report 2022』. London: Cambridge University Press.

UN(2015). "Transforming Our World: the 2030 Agenda for Sustainable Development". UN ResolutionA/RES/70/1.

佐藤真久·関正雄·川北秀人(2020).『SDGs時代のパートナーシップ一成熟したシェア社会における力を持ち寄る協働へ』. 東京都: 学文社.

제2장

SDG 1

모든 곳에서의 모든 형태의 빈곤 퇴치

이 나 현

개관

지속가능발전을 위한 2030 의제 서문에서 밝히듯, 인간과 지구, 번영, 자유와 평화를 위한 전 인류적 행동 계획인 지속가능발전목표 안에서도 '빈곤의 종식'은 지속가능발전 최대의 과제이자 필수 요건으로 꼽힌다. 여기서 '빈곤'은 생존을 위한 필수조건이나 경제적 결핍을 포함한 지구촌 모든 곳에서 발생하는 다양한 형태와 차원의 빈곤을 포괄하는 의미이다. 빈곤은 경제적 측면과 아울러 사회기초서비스에의 접근, 일자리, 토지, 천연자원, 신기술 및 금융서비스, 재난에서의 안전, 표현의 자유 등 사회·환경적 측면도 골고루 포괄적으로 고려해야 하는 복합적인 문제이다.

이 장에서는 인류를 위협하는 빈곤의 현황 및 원인을 파악하고, 사회·환경·경제적 상호 연계를 고려한 빈곤의 근본적 해결 방법 및 향후 과제에 대해 논의해보고자 한다.

학습 목표

1. 빈곤의 개념을 이해한다.
2. 빈곤의 원인과 현황을 파악한다.
3. 모든 곳에서 모든 형태의 빈곤 종식을 위한 대안을 모색한다.

주요 용어

극빈(Extreme Poverty), 절대적 빈곤, 상대적 빈곤, 양극화, 불평등, 다차원
빈곤지수(MPI), 아동빈곤, 노인빈곤, 토지배분프로젝트, 기초생활보장제도

1. SDG 1의 '빈곤'

빈곤의 사전적 개념은 '가난하여 살기가 어려움', '내용 따위가 충실하지 못하거나 모자라서 텅 빔' 등으로 정의(표준국어대사전, 2022)되나, SDG 1에서 지칭하는 '빈곤'은 이보다 더 포괄적이고 복잡하고 다양한 문제이다. 빈곤은 객관적 기준에 미달되는 상태인 '절대적 빈곤', 비교 대상과 비교하여 부족한 상태인 '상대적 빈곤', 당사자의 주관적인 판단에 의해 결정되는 '주관적 빈곤'의 3가지 유형으로 나눌 수 있다.

(1) 절대적 빈곤

절대적 빈곤이란 인간의 삶을 영위하는데 필요한 최소한의 기준이 충족되지 않는 극빈(極貧, Extreme Poverty)의 상태를 일컫는다. UN은 2015년 발표한 2030 지속가능발전의제에서 세계은행(World Bank)이 정한 국제 빈곤선에 따라 극빈의 기준을 '일일소득 1.25달러'로 정하여 1.1 목표의 검토 지표로 제시하고 있다. 이후 2015년 10월 세계은행이 이를 1.90달러로 상향 조정하면서 SDG 세부목표 1.1의 검토 지표 또한 상향조정 되었다. 이를 통해 전 세계 '모든 곳'에 보편적으로 적용할 수 있는 절대적 기준을 두어, 세상 누구도 소외시키지 않고 모든 형태의 빈곤을 종식하겠다는 SDGs의 명확한 의지를 확인할 수 있다.

(2) 상대적 빈곤

상대적 빈곤이란 특정 국가나 사회, 집단 내에서 비교 대상 혹은 기준에 비해 상대적으로 적게 가지거나 빈곤한 상태를 말한다. 예를 들어 2018년 통계청 자료에 의하면, 대한민국의 국제 빈곤선 미만의 인구 비율은 0.2%로 매우 낮은 편에 속한다. 하지만 같은 해 우리나라의 상대적 빈곤율은 16.7%로 OECD (Organization for Economic Cooperation and Development, 경제협력개발기구) 회원국 중 4위, OECD 평균치인 11.1%보다 훨씬 높은 수치를 보인다. 이처럼 상대적 빈곤은 '최소한'의 기준으로서의 절대적 빈곤에 해당하지 않는 많은 경우에 적용할 수 있으며, 경제적 관념은 물론이고 복지 등 전반적 생활수준과도 밀접하게 관련되어 있다.

상대적 빈곤선은 사회 상황이나 특성에 따라 기준을 다르게 적용할 수 있으며, 이 기준에 미치지 못하는 경우를 빈곤한 상태로 본다. OECD에서는 전체 인구의 소득수준을 순서대로 나열했을 때 절반(50%)이 되는 수준인 '중위소득'의 개념을 이용하여 이에 미치지 못한 경우를 상대적 빈곤층으로 보지만, 세계은행의 경우에는 '평균 가구소득'을 기준으로 선진국과 개발도상국을 나누어 빈곤을 측정한다. 또한 우리나라는 가구소득을 가구

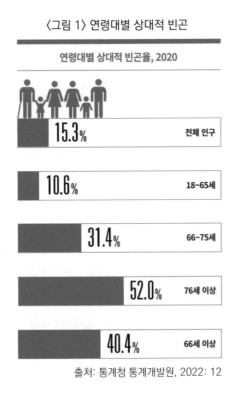

〈그림 1〉 연령대별 상대적 빈곤

출처: 통계청 통계개발원, 2022: 12

원 수의 제곱근으로 나누어 조정한 값인 '균등화 중위소득'의 50% 이하에 해당하는 가구를 상대적 빈곤의 기준으로 설정하고 있다. 이 상대적 빈곤 선을 바탕으로 노인 빈곤율이나 아동 빈곤율 같은 특정 계층에 대한 빈곤율을 나타내는데 주로 사용되는 '상대적 빈곤율'을 계산할 수 있다.

많은 국가의 소득수준이 높아지면서 생존과 직결되는 절대적 빈곤 기준선을 넘어 빈부격차로 인한 상대적 빈곤감이나 계층 간의 양극화 문제 등이 큰 과제로 부각되었고 상대적 빈곤의 개념은 더욱 강조되고 있다. 양극화(兩極化)란 사회 전체의 소득분배가 고르지 못하여 격차가 생기는 현상을 의미하며, 경제적인 양극화를 측정하는 지표로 지니계수, 분위 배율, 상대적 빈곤율 등을 사용한다. 이 소득 분배 지표들이 높을수록 그 사회의 소득 분배가 고르지 못하다는 것을 뜻한다.

(3) 주관적 빈곤

주관적 빈곤은 자신이 충분히 갖고 있지 않다고 느끼는 것으로, 절대적·상대적 빈곤과는 다르게 명확한 기준선을 제시하기가 어려우며 개인이나 집단의 주관적인 판단에 의해 빈곤의 여부가 결정된다. OECD의 기준에 따라 중위소득 50% 이상의 중산층에 해당하는 사람들도 그 이상의 상위층과 자신을 비교하며 스스로를 빈곤층이라고 느낄 수 있으며 인터넷·미디어의 발달과 함께 '상대적 박탈감'이라는 이름 아래 더욱 심화하는 추세이다.

2. 지속가능발전을 위한 2030 의제의 SDG 1

SDG의 1번 목표는 절대적·상대적 빈곤을 포함한 모든 형태의 빈곤을 모든 곳에서 사라지도록 하는 것이다. 이를 위해 1.1부디 1.b까지 7개의 세부목표를 제시하여 국가별 상황에 맞게 적용이 가능하도록 구체화하고 있다.

1.1에서는 목표 1에 구체화되어 있지 않은 빈곤의 절대적 기준을 제시하여 전 세계의 극빈층을 근절하는데 목표를 두었다면, 1.2에서는 나라별 상황에 맞는 기준 설정이 가능하게 했다. 이에 한국(K-SDG 1.1)의 경우 남녀노소, 장애 여부 등과 관계없이 빈곤인구 비율을 OECD 평균 이하 수준으로 줄이는 것으로 그 기준을 정하고 있다. 1.3에서는 빈곤층에 대한 실질적 보장 달성을, 1.4는 기본적 생활, 소유권, 기술 및 경제적 자원에 대한 동등한 권리를 목표로 한다.

〈그림 2〉 개발도상국의 생활비 위기 해결

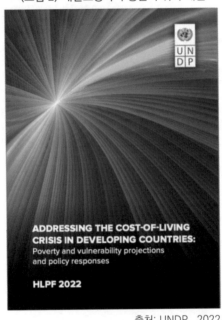

출처: UNDP, 2022

세계은행에 의하면 코로나-19 팬데믹으로 2020년 극심한 빈곤(2022년 9월에 상향 조정된 1일 소득 2.15달러 미만)에 처한 사람들의 수가 약 7,000만 명 증가했다. 또한 러시아와 우크라이나 전쟁으로 치솟은 물가에 개발도상국 빈곤층의 수가 7,100만 명 증가했다는 UNDP(United

Nations Development Program, 유엔개발계획)의 보고도 주목할 만하다. 이처럼 경제·사회·환경적 충격 및 재난은 빈곤층과 취약계층에 더욱 심각하게 작용하며, 이들이 외부의 충격과 재난 상황을 이겨내고 이들의 회복력 강화를 목표로 삼는 것이 1.5의 주된 내용이다.

앞선 사례들에서 알 수 있듯 전쟁이나 물가상승 등 빈곤에 직접적인 영향을 주는 여러 요인은 개인의 노력만으로 해결되지 못하는 부분이 많다. SDGs는 빈곤의 원인을 개인의 무능력이나 노력 부족에서 찾는 것이 아닌, 사회 구조적인 관점에서 해결하고 빈곤층의 회복력을 증진하는 것에 중점을 둔다. 이런 관점에서 알파벳으로 표기된 세부목표 1.a와 1.b에서는 빈곤의 종식이라는 목표를 달성하기 위한 이행 수단과 관련한 내용이 제시된다. 빈곤종식 프로그램과 정책을 이행하기 위해 개발 협력 강화를 포함하여 다양한 출처의 자원을 동원하도록 보장(1.a)하고 빈곤층에 친화적이고 생물학적 성별의 차를 고려한 개발전략을 기반으로 국가·지역·국제 수준의 건전한 정책 프레임 워크를 만드는 것(1.b)을 목표로 한다.

3. 키워드로 읽는 SDG 1

… 3포 세대, 5포 세대, 그럼 난 육포가 좋으니까 6포 세대,
언론과 어른들은 의지가 없다며 우릴 싹 주식처럼 매도해 …

- 방탄소년단(BTS) 노래 '쩔어' 가사 中 -

위 글은 가수 방탄소년단의 2015년 앨범 수록곡 '쩔어'의 일부이다. 가사에 등장하는 '3포 세대'는 연애, 결혼, 출산의 3가지를 포기한 세대란 뜻의 신조어로, 장기화된 불황과 경쟁률의 심화, 고물가·저임금, 취업난 등 사회, 경제적 현상이 맞물려 여러 문제에 시달리는 청년층의 암울한 현실을 반영하는 용어로 주로 쓰인다. 기사에서처럼 일각에서는 이런 세

태를 두고 청년의 의지나 노력의 부족으로 여기는 경우도 있지만, '노력'한 대부분이 '성과'를 얻을 수 있었던 과거 경제성장의 시대와 현재 3포세대가 사는 시대는 사회·환경·경제적으로 분명히 다른 점이 있다. '3포 세대'로 대표되는 'N포 세대', 부의 대물림과 관련된 '금수저·흙수저', '이생망'(이번 생은 망했다) 등의 단어는 이 시대에 만연한 상대적 빈곤의 심화와 양극화를 강조하고 있으며, 다양한 빈곤과 양극화의 원인이 개인에게만 있지 않음을 단적으로 보여준다.

UN에 의하면 2015년 SDGs의 채택 이후 극빈 인구 비율은 2015년 10%에서 2018년 8.6%로 줄어들며 전 세계적으로 빈곤의 감소는 꾸준하게 유의미한 발전을 보여 왔으나, 2019년 코로나-19로 심각한 타격을 입는다. 2018년 8.6%이던 빈곤율은 2019~2020년 사이에 다시 9.2%로 급격히 증가했으며, 이것은 팬데믹으로 극빈층이 9,300만 명 증가했음을 보여주는 수치이다. 여기에 인플레이션 상승과 같은 경제적 위기나 우크라이나 전쟁 등 사회적인 영향으로 SDG 1의 진전은 많은 위기를 맞고 있다.

'가장 나쁜 우박은 언제나 가난한 사람의 밭에 떨어진다.'라는 라트비아

〈그림 3〉 코로나-19 발생 이전 (2015~18)과 이후 (2019~2022 추정치)
하루 1.90달러 미만으로 생활하는 사람의 수 (단위:백만명)

···· No pandemic projection   --- COVID-19-baseline projection   − − Pessimistic projection

출처: UN, 2022

속담처럼, 사회·환경·경제적 타격은 언제나 극빈층에 가장 먼저, 가장 혹독한 영향을 준다. 또한 이러한 위기와 극빈의 증가는 더욱 심각한 불평등을 초래한다. 2030 의제에서 SDG는 빈곤의 근본적인 원인으로 불평등, 인권, 평화, 환경, 에너지 문제의 중요성을 강조한다(이창언, 2022). 특히 아동빈곤과 노인 빈곤에서 이 점은 더욱 두드러지게 나타난다.

UNICEF(the United Nations Children's Fund, UN아동기금)의 2016년 보고서에 의하면 일일 평균 1.90달러 미만의 극빈층에 속한 인구 중 절반이 어린이이며, 가장 나이가 어린 아이들이 가장 높은 위험에 노출되어 있다. 또한 극빈층이 아닌 가정에서도 빈곤의 영향은 어른에 비해 아이들에게 더욱 크게 작용했다. 세계에서 가장 부유한 나라에서조차 어린이 7명 중 1명은 여전히 빈곤 속에 살고 있다고 보고했다.

〈그림 4〉 극빈의 종식; 어린이를 중심으로

아동빈곤의 문제는 여기서 끝이 아니다. 빈곤하게 자란 아이들은 그렇지 않은 아이들에 비해서 열악한 생활 수준의 지속으로 교육이나 기술 습득의 기회를 덜 얻게 될 가능성이 높다. 이는 성인이 되어서도 빈곤에서 벗어나지 못하게 되어 불평등의 심화 및 빈곤의 세습까지 연결될 수 있다.

노인 빈곤율은 한국사회에서도 심각한 빈곤문제 중 하나이다. 통계청 통계개발원이 발간하는 「한국의 SDGs 이행보고서」에 따르면 2020년 기준 18~65세 빈곤율은 10.6%지만, 66세 이상 고령층의 상대적 빈곤율이 40.4%로 나타나 고연령의 집단에서 특히 빈곤율이 높은 것으로 드러났다. 특히 2018년 기준으로 18~65세 빈곤율 대비 66세 이상 빈곤율로 계산한 상대적 빈곤위험도에서는 한국은 367.8%로 OECD 국가 중 가장 높은 수치를 기록했다.

연령 집단별 빈곤율과 함께 빈곤을 다각도에서 바라보고 수치화한 자료인 MPI(Global Multidimensional Poverty Index, 다차원 빈곤 지수)도 목표 1의 세부목표 달성을 검토하기 위한 지표로 사용된다. MPI는 소득 이외에도 건강, 교육, 생활 수준 분야에서 다양한 빈곤을 측정한다. 이를 적용하여 2021년 세계의 빈곤율을 해석하면, MPI의 지역 간 차이보다 민족, 인종, 성별의 차이가 더욱 두드러졌다는 결과가 주목할 만하다. 같은 지역이라 할지라도 집단에 따라 각기 다른 빈곤을 겪을 수 있다는 것이다.

「UN 지속가능발전보고서」(2022)에 따르면 코로나-19 팬데믹으로 많은 사람의 근로 시간 손실과 소득 감소가 발생했다. 특히 보고서는 청년과 여성의 근로 빈곤율의 기존 격차가 악화하였을 가능성을 시사한다. 이에 따라 이전에도 성인과 남성보다 빈곤층에 속할 가능성이 더 높았던 청년층과 여성의 빈곤율이 팬데믹 이후 더욱 심각해졌음을 강조한다. 또한 코로나-19 바이러스로 인한 생물학적 위험과 기후변화로 인한 재해 관련 사망의 증가도 함께 보고하고 있다.

종합해보면 목표 1 빈곤의 종식을 달성하기 위해서는 어떤 지역이나 집단에서 누가 어떤 종류의 빈곤을 겪느냐에 따라 각기 다른 해법과 세분된 정책과 제도의 개선이 필요하며, 반드시 사회·환경·경제적 상호 영향을 전제하여야 한다.

4. 빈곤 종식을 위한 과제

SDGs의 채택 이후 많은 지역에서 절대적 빈곤(극빈)이 감소하기는 하였으나, 여전히 극빈은 다수 존재한다. UNDP의 보고서(2022)에 의하면 장기간 지속되는 팬데믹과 전쟁의 영향으로 사하라 이남 아프리카, 발칸 반도, 카스피해 지역이 특히 심각한 빈곤의 상황에 놓여있다. 빈곤의 해결을 위해서는 직접적이고 즉각적인 실물경제의 지원이 필수적인 것은 당연하며 이와 함께 빈곤층의 삶을 개선할 수 있는 제도와 정책·구조적 개선이 수반되어야 한다.

세계은행의 자금과 캄보디아 정부 예산으로 진행된 토지배분프로젝트(Land Allocation for Social and Economic Development Project, LASED)의 사례가 좋은 예의 하나이다. 자기 소유의 토지가 없는 빈곤한 토착민에게 주거용 및 농지용 토지소유권을 보장해주고 농사에 필요한 인프라를 지원하는 정책으로, 2008년에 처음 시행하여 LASED I과 LASED II 정책을 성공적으로 마친 상태이며 오는 2026년까지 LASED III를 시행 예정이다. 세계은행의 보고에 의하면, 지난 2회의 시행을 통해 많은 시민의 농업자원 및 사회서비스에 대한 접근성을 개선하는 데 도움이 되었으며 장기적으로 빈곤율을 감소시키고 토지생산성을 끌어올리는 효과도 있었다.

대한민국의 기초생활보장제도 또한 국가가 빈곤을 사회적 문제로 인식하고 빈곤층의 최저 생활을 보장해주어 빈곤 해결을 위해 적극적으로 개입한 사례이다. 시행 초기에는 특정 계층에 제한된 선별적 복지를 지향하였으나 점차 장애인 연금, 한부모가족 지원, 고등학교 무상교육 등 보편적 복지제도로 확대되고 있다. 수급자 선정의 엄격한 기준이나 차상위계층 지원 문제 등 해결해야 할 과제와 사각지대도 분명히 존재하는 것은 사실이지만, 불평등의 문제를 해결하고 보편성과 형평성을 증진해 빈곤율 감소에 장기적 효과를 기대할 수 있는 제도적 대안 중 하나라고 할 수 있다.

위 사례들에서 볼 수 있듯, 빈곤은 당사자의 노력만으로 해결되기 어려우며 여러 복합적인 사회·경제·환경 요소들과 얽혀있다. 따라서 이들의 상호작용을 충분히 고려하여 빈곤층 스스로가 자립하여 빈곤을 극복할 수 있도록 그들의 회복력에 기반한 실질적인 지원과 사회구조적 개선, 인프라 확충이 필수적이다.

또한 기초생활보장제도처럼 20년 이상을 지속해 오고 있는 제도라 할지라도 아직 많은 개선이 필요한 것처럼, 이미 시행되고 있는 제도를 보완하고 발전시키며 상황에 대한 지속적인 모니터링과 데이터화, 연구를 통해 더욱 현실성 있는 접근이 필요하다. 이를 통해 제도·정책적 지원 이외에도 지역사회 내 다양한 거버넌스의 발전과 이들 간의 네트워크 구축, 파트너십·역량 강화를 통하여 진정으로 누구도 소외하지 않는 촘촘한 빈곤 대응이 이루어질 수 있도록 해야 할 것이다.

요약

지속가능발전을 위한 2030 의제 서문에서 밝히듯 '빈곤의 종식'은 지속가능발전 최대의 과제이자 필수 요건이다. 1번 목표의 '빈곤'은 객관적 기준에 미달하는 상태인 '절대적 빈곤', 비교 대상과 비교하여 부족한 상태인 '상대적 빈곤', 당사자의 주관적인 판단에 의해 결정되는 '주관적 빈곤'을 모두 포함하는 포괄적이고 복잡다단한 문제이다. 2030 의제에서 SDGs는 빈곤의 근본적인 원인으로 불평등, 인권, 평화, 환경, 에너지 문제의 중요성을 강조하며 개인의 노력보다는 경제·사회·환경적 측면을 고려한 다각적인 방향의 해결을 제안한다. 1.1~1.5의 세부목표와 1.a~1.b의 이행수단을 통해 누구도 소외시키지 않는 모든 차원에서의 모든 형태의 빈곤 종식을 목표로 한다. 3포세대로 대변되는 청년층의 상대적 빈곤과 우리사회의 양극화, 팬데믹으로 인한 극빈층의 세계적 증가 추세, 아동·노인 빈곤의 문제를 통해 다양한 형태의 빈곤 종식을 위해 어떤 지역이나 집단에서 누가 어떤 종류의 빈곤을 겪느냐에 따라 각기 다른 해법과 세분된 정책과 제도 개선이 필요하며, 반드시 사회·경제·환경적 상호 영향을 전제하여야 한다는 사실을 확인한다. 마지막으로 캄보디아의 LASED 정책과 대한민국의 기초생활보장제도 사례를 통해 빈곤 종식을 위한 과제를 다음과 같이 제시한다. 이미 시행중인 제도를 보완하고 발전시키며 상황에 대한 지속적인 모니터링과 데이터화·연구를 통해 더 현실성 있는 제도를 구축해야 한다. 특히 빈곤층에 직접적 지원뿐만 아니라 그들의 회복력 증진을 위한 사회 구조적 개선과 인프라 확충이 필수적이다. 정책·제도적 지원 이외에도 지역사회 내 다양한 거버넌스의 발전과 이들 간의 네트워크 구축, 파트너십·역량 강화를 통하여 진정으로 누구도 소외시키지 않는 촘촘한 빈곤 대응이 이루어질 수 있도록 해야 한다.

〈생각 나누기〉

1. 빈곤과 관련된 자신의 개인적인 경험이나 생각을 이야기해 보자.
2. 현재 우리 사회의 빈곤과 관련한 사건이나 이슈를 찾아 이 같은 문제의 해결을 위한 대안에 대해 토론해보자.
3. 빈곤층 및 취약계층의 회복력 강화를 위해 어떤 점이 필요할지 이야기해 보자.

참고 문헌

수산 외(2020). 「우리 세계의 전환 : 2030 지속가능발전의제」. 수원지속가능발
　　　전협의회.
유네스코(2019). 「지속가능발전목표달성을 위한 교육-학습목표」. 유네스코한
　　　국위원회.
이창언(2022). 「SDGs 교과서」. 도서출판 선인.
이창언 외(2013). 「사회문제를 보는 새로운 눈」. 도서출판 선인.
통계청 통계개발원(2022). 「한국의 SDGs 이행보고서 2022」. 숨쉬는책공장.
환경부 외(2022). 「2022 국가지속가능성 보고서」.
OPHI 외(2021). 「Global Multidimensional Poverty Index 2021」.
UN(2022). 「The Sustainable Development Goals Report 2022」.
UNDP(2022). 「Addressing the cost-of-living crisis in developing countries」.
UNICEF(2016). 「Ending Extreme Poverty a Focus on Children」.
World Bank(2022). 「Poverty and Shared Prosperity 2022」.

참고 사이트

국립국어원 https://stdict.korean.go.kr/
두산백과사전 https://www.doopedia.co.kr/
대한민국정책브리핑 https://www.korea.kr/
세계은행 https://www.worldbank.org/
유니세프 https://www.unicef.org/
지속가능발전포털 http://ncsd.go.kr/
티스토리 https://www.tistory.com/
한국농촌경제연구원 https://www.krei.re.kr/
GP3Korea https://blog.naver.com/gp3project/
OECD hhttps://stats.oecd.org/
UNDP https://www.undp.org//

기아 종식, 식량 안보 달성, 영양상태 개선과 지속가능한 농업 강화

이 나 현

개관

2022년 11월 15일, 아르메니아의 한 지역병원에서 80억 번째 '사람'이 태어났다. UN에 따르면 세계 인구는 지난 11월 15일 이 소녀의 탄생을 기점으로 80억 명을 넘어섰으며, 2030년에 85억 명, 2080년에 104억 명으로 정점을 찍을 것으로 전망했다. 또한 세계식량농업기구(Food and Agriculture Organization, FAO)는 2021년 세계 인구의 10%에 달하는 8억 2800만 명이 기아에 시달리는 것과 아울러 아동의 과체중과 성인 비만의 심각성도 함께 보고 했다.

인간에게 '먹는 것'은 생존과 직결되는 문제이며, 이를 해결하지 않으면 인류의 지속가능성은 절대 보장할 수 없다. 기후위기와 재난, 불평등과 분쟁 하에 기아와 비만의 문제가 공존하는 이 시대에 단순히 식량의 생산을 늘리거나 단발성 원조만으로 2번 목표를 온전히 달성할 수 없음은 매우 분명하다.

이 장에서는 기아, 식량안보, 농업 등 인류의 존속과 직결된 '먹는 것'과 관련된 세계적 동향과 실태를 파악하고, 기아의 근절과 식량 안보를 위한 과제에 대해 알아보고자 한다.

학습 목표

1. 기아, 식량안보, 농업 등 식량문제와 관련된 현황을 파악하고 원인을 인지한다.
2. 지속가능발전을 위한 2030 의제를 통해 식량문제 해결을 위한 세부목표를 이해한다.
3. 기아 종식을 위한 과제를 파악한다.

주요 용어

기아, 영양실조, 식량불안, 글로벌기아지수, 식량주권, 식품손실, 지속가능농업, 자급율, 가격경쟁율, 유전자

1. SDG 2의 '기아'의 개념

FAO에 의하면 기아(Hunger)는 정상적이고 활동적이며 건강한 삶을 살기 위해 필요한 최소한의 열량의 식사를 섭취하지 못하는 것이라 정의하고 있다. 또한 건강한 삶을 위한 안전하고 영양가 있는 식품을 정기적으로 섭취할 수 없는 상태를 식량 불안 상태라 하며, 단계를 나누어 이들을 모니터링하고 있다. 이에 따르면 2021년 전 세계 7억 200만~8억 2,800만 명이 기아에 시달렸으며, 전 세계 인구 3명 중 1명에 해당하는 약 23억 1천만 명이 중간 또는 극심한 수준의 식량 불안을 겪었다.

기아로 고통 받고 있는 사람들이 가장 많은 곳은 남아시아와 사하라 이남 아프리카 지역으로 집계되었는데, 그 중 인도의 아동 저체중 비율은 19.3%에 달한다. 세계에서 두 번째로 높은 기아 순위를 보이는 아프리카 사하라 이남의 카메룬, 부르키나파소, 에티오피아, 나이지리아, 남수단, 소말리아를 비롯한 많은 지역이 분쟁 지역에 속하며, 높은 빈곤율과 기후변화에 따른 취약성으로 더욱 큰 위기에 처해있는 상황이다(Concern worldwide, 2022:12 재구성).

> 전 세계 모든 사람이 먹을 수 있는 충분한 식량은 이미 존재한다.
> 다만 굶주린 사람들은 식량에 대한 접근을 하지 못할 뿐이다.
>
> - 막시모 토레로 (Maximo Torero, 2022:18) -

SDG 2의 지향점은 단순히 '굶는 것(기아, hunger)'의 근절만은 아니다. 충분한 식량 생산과 별개로 극심한 식량의 부족과 영양실조(기근, famine)로 위험에 처한 사람, 먹을 것을 구하기 위해 삶의 기본적인 필요조건마저 희생해야 하는 사람, 영양가가 없거나 신선하지 못한 것을 단지 저렴하다는 이유만으로 사야 하는 사람 등 이들을 포함한 전 세계인이 '먹는 것'의 문제에서 자유로워지는 것이나. 모든 사람이 소외받지 않고 정기적으로 안전하고 영양가 있는 식품을 섭취할 수 있으며, 이 식품이 지속가능한 방법으로 생산·유통·소비·폐기 되는 모든 과정이 목표 2에 포함된다.

2. 지속가능발전을 위한 2030 의제 속 SDG 2

SDG 2번 목표는 모든 형태의 기아와 기근, 식량 불안을 해소하고 모두를 위한 지속가능한 식량 생산과 공급 달성을 위해 2.1~2.5, 2.a~c의 8가지 세부목표를 제시하고 있다.

2.1에서는 기아의 근절 및 충분하고 안전하고 영양가 있는 식량의 공급 보장, 2.2에서는 모든 형태의 영양 결핍의 해소를 목표로 한다. 특히 2025년까지 5세 미만 아동의 발육부진과 체력 저하 대응 강화가 이에 포함된다. 또한 청소년기 여아, 임신 여성, 모유 수유 여성 및 노년층(2.2), 소규모 식량생산자(2.3), 최빈개발도상국(2.a) 등 신체·사회적 약자의 편에서 그들의 결핍 해소와 역량 강화를 우선 과제로 삼는다. 2030 의제 도입부의 'no one will be left behind(누구도 소외되지 않도록)'의 서약을 다시 한 번 확인할 수 있다.

생산과 관련하여, 생산자들의 권익 보장과 자연재해에 대한 적응력 강화(2.3), 식량 생산시스템의 지속가능성 보장(2.4)을 통해 생산성 향상과 생태계 유지에도 도움이 될 수 있도록 하고 있다. 더 나아가 종자 및 농작물, 가축과 관련된 야생종의 유전적 다양성 유지와 이를 통해 발생하는 이득의 공정한 분배(2.5) 또한 세부목표에 포함된다. 과거 아일랜드 대기근의 감자, 상업적(집약적) 농장에서 발생하는 가축의 질병 등 단일품종 대량생산의 의존으로 식량의 위기를 겪었던 과거의 일을 생각해보더라도 유전자의 다양성 및 지속가능한 생산 시스템은 무엇보다 중요한 일임에 틀림이 없다.

2.a~2.c까지는 앞의 세부목표들을 달성하기 위한 이행수단으로 식량 생

산역량 강화를 위한 국제적 협력과 무역구조 개선, 시장의 기능관리를 목표로 하고 있다.

3. 데이터로 읽는 SDG 2

글로벌 기아 지수(GHI)는 세계의 기아 상황을 다양한 지표로 측정하고 산출하는 자료로써 아일랜드(Concern Worldwide)와 독일(Welthungerhilfe)의 NGO와 미국의 연구기관 International Food Policy Research Institute, IFPRI)이 협력하여 매년 발표한다. 2022년 GHI 자료에 의하면 세계적 기아 퇴치의 진전은 최근 몇 년간 크게 정체되어있다. 특히 영양결핍 지표에서 보면, 충분한 칼로리를 정기적으로 섭취하지 못하는 사람들의 비율이 점점 증가하고 있다.

〈그림 1〉 기아 및 영양실조 변화 추이
(2021년의 예상 값은 점선으로 표시되며 음영 영역은 예상 범위의 하한과 상한을 나타냄)

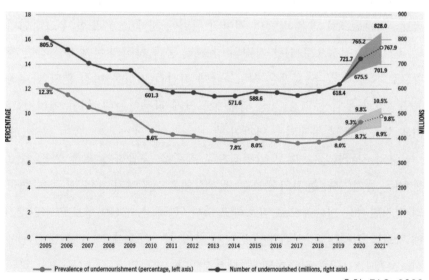

출처: FAO, 2022

FAO에 따르면 코로나-19 확산과 함께 세계의 기아는 더욱 증가되어 팬데믹 발생 이전에 비해 약 1억 5000만 명이 증가하였으며, 전 세계 인구 중 중간~심각한 수준의 식량불안을 겪은 사람이 약 3억 5천만 명 증가했다(2021년 기준). 이들을 위한 체계적이고 안정적인 식량 공급이 이루어지지 않으면 2030년까지 SDG 2번 목표의 달성은 어려워질 것이다.

이처럼 식량의 문제는 취약계층(극빈층, 어린이, 여성, 영세농)에 더욱 빠르고 심각하게 발생되고, 오랫동안 지속적으로 악영향을 준다.

특히 전염병의 확산은 취약계층, 저소득 국가일수록 심화되고, 실업과 빈곤율 또한 증가했다. 예를 들어 세계은행과 통계청이 수집한 40개국의 설문조사에 따르면 남성의 28%, 여성의 36%가 팬데믹 기간 동안 일을 중단해야 했다. 2021년 이후 세계소득분배 상위층이 서서히 손실을 회복해 나가고 있는 반면, 취약계층(여성 포함)의 고용과 손실은 부분적으로만 회복되고 있다. 이런 불평등과 사회·경제적 위기는 식량 불안의 근본 원인 중 하나로 취약계층을 비롯하여 전 세계 식량 문제에 악영향을 미치고 있다.

또 다른 식량 문제의 원인은 분쟁에서 찾을 수 있다. 사하라 이남 아프리카 지역의 영양결핍률과 아동 사망률은 매우 높은 수준이고, 이들 지역은 국내·외 분쟁으로 많은 사람이 기아의 위험에 처해있다. 또한 우크라이나와 러시아의 전쟁으로 식량 가격의 상승 및 공급 차질의 문제가 심각한 상황으로 치닫고 있다. 분쟁은 식량공급에 직접적 영향을 미칠 뿐만 아니라 농업생산과 무역 등의 간접적 영향에도 크게 작용하는데, 이는 에너지 가격의 상승과 조달 문제와도 연관이 있다.

식량의 자급률을 높이고 안정적으로 식량을 공급하기 위해 가장 중요한 것은 농지이다. 농지의 감소는 세계적으로 이루어지고 있고, 특히 한국의 경지면적은 지속적으로 감소하고 있다. 한국의 SDG이행보고서(2022)에 따르면 전체 국토 면적에서 경지가 차지하는 비중이 19.3%(2000년)에서 15.7%(2019)로 감소하였고, 대부분이 논 면적의 감소 때문이다. 한국은 대부분의 곡물을 수입에 의존한다. 2020년 기준으로 한국의 곡물 자급률은 20.2%에 불과하며, 1990년(43.1%) 이후 꾸준하게 낮아지고 있다. 이는 식량주권(Food Sovereignty)과도 밀접하게 연관 지어 생각해 볼 수 있다.

식량주권이란 국민(국가)이 고유한 사회·문화·경제·환경적 조건에서 생산, 소비(수입·수출 포함)하는 식량에 대한 진정한 권리를 갖는 것을 말한다. 굳건한 식량주권을 갖기 위해서는 식량자급률을 높이고, 자급할 수 없는 부분에 대해서는 안정적인 공급망 확충이 필수적이며, 이 모든 과정이 지속가능하도록 해야 한다. 자급할 수 없는 식량은 수입에 의존해야 하므로 분쟁이나 경제위기 등의 국외 정세에 따라 불안정해질 수밖에 없다. 2022년 여름, 우크라이나 전쟁의 지속과 세계적인 작황률의 저하로 글로벌 밀 공급 2위인 인도는 밀에 이어 밀가루 수출도 규제하기로 하였다. 이에 인도로부터 밀가루를 수입하던 많은 국가에서 제품가격 인상의 압박을 받았으며, 밀 이외에도 다수의 수입식품 또한 비슷한 상황에 놓였다. 이러한 상황이 지속되면 결국 가장 빠르게 큰 피해를 받는 것은 결국 빈곤층이 되는 악순환의 연속인 것이다.

〈그림 2〉
아프리카와 예멘의 그레이터 혼 지역
메뚜기 대응에 관한 경과 보고서

출처: FAO, 2021

기후변화와 환경적 영향으로 2020년 초반부터 사막메뚜기(Schistocerca gregaria)떼가 동아프리카, 서남아시아, 홍해 주변 지역에서 발생하고 있다. 이들은 세계에서 가장 파괴적인 해충으로 불릴 만큼 엄청난 식성과 높은 밀도, 이동성을 자랑한다. 특히 케냐나 에티오피아 같은 동아프리카 지역은 팬데믹과 전쟁의 피해 이외에도 심각한 가뭄과 사막메뚜기떼의 습격으로 심각한 식량문제에 직면해있다.

　기아·영양실조 문제와 함께 전 세계적으로 비만 인구도 꾸준히 상승하고 있다. 세계보건기구(World Health Organization, WHO)에 의하면 2016년 18세 이상의 성인 39%가 과체중이었고, 13%가 비만이었으며, 2020년 5세 미만 어린이 3,900만 명이 과체중 또는 비만이었다. 과거 선진국의 문제로 여겨졌던 과체중과 비만은 현재 저·중 소득 국가, 특히 도시에서 증가하는 추세이다. 기아 문제가 심각한 아프리카에서조차 5세 미만의 과체중 어린이 수가 2000년 이후 거의 24% 증가했고, 2019년 5세 미만 과체중 또는 비만 어린이 절반이 아시아에 거주하는 것으로 조사되었다. 이처럼 많은 저·중 소득 국가에서는 영양실조와 비만이라는 이중고에 직면하고 있다. 식품의 비용은 저렴하고 영양의 품질이 낮은 고지방·고당·고염분인 식품에 노출되는 저소득 국가 어린이들 특히 나이가 어릴수록 이런 문제에 더욱 취약하다.

　앞서 인용한 막시모 토레로 (Maximo Torero)의 이야기처럼, 우리 세계는 모든 구성원을 먹일 수 있을 정도로 충분한 식량을 생산하고 있음에도 아직 다수의 사람이 기아와 영양실조에 시달리고 있다. 그렇다면 그들에게 전달되지 못한 식량은 어디로 가는 것일까? 누군가에게는 영양과잉이 되어 비만을 유발하거나, 생산 및 유통 과정에서 손실되거나, 음식물 쓰레기로 버려진다. 이렇게 먹을 수 있음에도 손실되어 사라지는 음식을 두고 식품손실(Food loss)이라고 한다.

　FAO와 UNEP의 보고서에 의하면 매년 생산하는 식품의 약 14%는 생산 및 유통과정에서 손실되고, 나머지 17%는 소매업체와 소비자, 특히 가정

〈그림 3〉 음식쓰레기지수 2021

에서 낭비된다. FAO의 추정치에 따르면 손실되는 식량은 매년 12억 6천만 명을 먹일 수 있을 정도로 막대한 양이다. 식품손실과 쓰레기는 전 세계 온실가스 배출량의 8~10%를 차지할 정도로 지구환경시스템의 지속가능성에도 극심한 영향을 미치고 있다. 이런 영향은 미래의 식량 생산에 부정적인 영향을 미치고 장기적으로 SDG 2번 목표의 달성에 커다란 지장을 초래할 것이다.

2020년 세계 곡물 수확량의 36%가 육류 생산에 쓰였다. 선진국의 계속적인 육류 소비 증가 또한 기아 발생의 원인 중 하나라 할 수 있다. 대량 생산을 위한 공장식 축산은 앞서 이야기 한 것처럼 유전자 다양성 측면과 질병관리 측면에서도 좋지 못한 영향과 건강한 산림을 파괴하고 엄청난 양의 온실가스를 발생시킨다.

기아는 '소비 패턴, 토지와 다른 천연자원, 자본금과 시장, 분배 네트워크의 불균형'으로도 발생한다(이창언, 2022). 충분하고 안정적인 식량의 생산과 공급을 위해 농지의 관리와 보호, 시스템의 개선이 필수적이다.

4. 기아 종식을 위한 과제

SDG 2의 성공적 이행을 위해서는 식량의 안정성이 우선 확보되어야 한다. 우크라이나 전쟁 이전, 러시아와 우크라이나는 전 세계 밀과 옥수수의 30%, 20% 분만 아니라 해바라기씨 제품의 80%를 공급하던 중요한 농산물 생산 국가들이었다. 이들 국가 간의 전쟁과 팬데믹의 영향까지 겹쳐, 이들로부터 수입하던 식품과 비료에 의존하는 많은 국가가 피해를 입었다. 이에 가용성, 접근성, 활용성을 고려한 식량공급의 안정성을 높이는 것이 기아 종식을 위해 무엇보다 중요할 것이다(이창언, 2022: 193 인용).

일본의 밀 자급율은 2019년 기준 17%에 달한다. 한국(2020년)의 밀 자급율이 0.5%(2020년)인 것에 비하면 얼마나 높은 수치인지 가늠할 수 있을 것이다. 이는 국가적인 지원과 적절한 정책·시스템이 동반되었기에 가능한 일이었다. 가령 일본의 밀은 국가의 지원으로 수입산 밀과 비교할 때 충분한 가격 경쟁력을 갖는다. 특히 밀을 수입하는 민간 기업에게 일정 수준의 보조금을 받아 이를 다시 농가에 지원하는 형태인 '마크업' 같은 보조제도와 고품질의 종자 개발 및 밀 관련 상품의 다양화 등의 소비 대책도 이에 보탬이 되었다.

일본의 사례에서도 알 수 있듯 식량의 안정성을 확보하기 위해서는 생산자 즉, 농가의 소득이 안정적으로 이루어져야 한다. 농업소득은 환경적 여건이나 농산물의 수급 등에 따라서 변동성이 매우 높다. 2022년 한국 SDGs이행보고서에 따르면 2020년 기준 농가의 소득수준은 도시근로자의 가구 소득의 62.2%에 지나지 않는다. 도농 간의 소득격차의 심화는 농가의 지속가능성을 저해하는 요인 중 많은 부분을 차지한다. 농업의 지속가능성 및 국가 식량의 안정성을 확보를 위해서는 농가 소득의 안전망 확충이 꼭 필요하다.

식량의 문제는 단순히 생산증대만으로 해결될 수 없으며, 지속가능한 미래를 위한 SDG 2의 달성을 위해 더 많은 식량의 생산에 집중하는 것보다는 지속가능한 농업방식과 시스템이 요구된다. 과거 생산량에만 집중했던 생산방식은 다수의 환경오염과 생물다양성에 위해를 가져왔다. 지속가능하고 친환경적인 농업으로의 진전이 필요할 때다.

SDG 12번의 세부목표인 12.3에서 '소매 및 소비자 수준에서 전 세계적으로 1인당 식량 낭비를 1/2로 줄이고' 라고 강조하는 것처럼 음식쓰레기 중 많은 부분이 소매 및 소비자에 의해 발생한다. 특히 식품손실과 쓰레기는 기아문제에 영향을 주는 어떤 요소보다 일반인이 가장 많이 연관되어 실천할 수 있는 부분이다. 과잉 주문, 과잉 소비를 지양하는 생활습관과 시스템, 교육과 의식의 확산이 필요하다.

앞서 이야기한 것처럼 생산된 식품이 사용되지 못하고 소실되는 것을 식품손실이라고 하는데, 많은 식품이 수확 후 질병, 해충, 부적절한 수확기술과 취급 방법, 열악한 포장 및 운송 등의 조건에서 손실되고 있다. 문제해결의 한 사례로 방글라데시의 망고는 신선하고 높은 수분 함량과 섬세한 성질 때문에 빠르게 상하는 성질을 가졌다. 그래서 올바른 수확과 취급, 유통이 이루어지지 않으면 품질과 양적, 경제적 측면에서 커다란 손실을 가져오는 문제가 있었다. 해결을 위해 FAO가 방글라데시의 농부들에게 적절한 교육과 처리 관행의 개선에 도움을 주었다. 낮은 투입비용만으로도 놀라운 식품손실의 감소를 가져왔으며, 버려지는 쓰레기의 감소와 유통기한의 연장으로 생산자와 소매상에게 상당한 금전적 이익도 가져오는 결과를 낳았다. 이처럼 농민에 대한 적절한 교육과 농업기반시설의 확충 또한 기아종식에 도움이 될 수 있다.

그리고 이들이 정성스럽게 생산한 농작물을 공정한 가격을 받고 팔 수 있도록 제도를 개선하여 생산자와 소비자가 함께 잘 살 수 있는 시스템을 조성해야 한다. 또한 국가 차원에서 농업의 경쟁력을 강화하고 미래세대의 참여를 높이기 위해 다양한 지원과 교육을 늘려나가야 한다.

　기아의 종식이라는 목표 달성에 다가가기 위해 다양한 이해자들간의 대화와 협력이 필요하다. 대화와 협력을 통해 활발히 현장의 목소리를 정책과 제도에 적극적으로 반영하고, 지속적인 관심과 교육, 투자와 관리도 필요하다. 보다 포괄적이고 지속가능한 세계의 달성을 위해 보다 더 적극적인 관심과 변화가 필요한 시기이다.

요약

인간에게 '먹는 것'은 생존과 직결되는 문제이며, 이를 해결하지 않고 인류의 지속가능성은 절대 보장할 수 없다. SDG 2는 정상적이고 활동적이며 건강한 삶을 살기에 필요한 최소한의 열량을 식사를 통해 섭취하지 못하는 상태인 '기아'를 종식하고, 누구나 건강한 삶을 위해 안전하고 영양가 있는 식품을 정기적으로 섭취할 수 있도록 하며(식량안보), 이 식품이 지속가능한 방법으로 생산·유통·소비·폐기 되는 모든 것을 담고 있다(지속가능한 농업과 폐기물 관리). 이를 위해 2.1~2.c의 세부목표 8가지를 제시하고 있다. 세계적 기아 퇴치의 진전은 최근 몇 년간 크게 정체되어 있으며, 코로나-19 확산·우크라이나 전쟁, 기후변화와 환경영향 등으로 SDG 2번 목표의 달성은 위협받고 있다. 식량의 문제는 취약계층에 더욱 빠르고 심각하게 나타나고, 지속적으로 악영향을 준다. 기아와 영양실조 문제와 함께 전 세계적으로 비만 인구도 꾸준히 상승하고 있다. 많은 저·중 소득 국가는 영양실조와 비만이라는 이중고에 직면하고 있다. 식품손실과 음식쓰레기 문제, 육류 생산과 소비의 증가도 기아 종식을 방해하는 요인이다. 기아는 '소비 패턴, 토지와 다른 천연자원, 자본금과 시장, 분배 네트워크의 불균형'으로도 발생한다(이창언, 2022).

충분하고 안정적인 식량의 생산과 공급을 위해 농지의 관리와 보호, 시스템의 개선이 필수적이다. SDG 2의 성공적 이행을 위해서는 식량의 안정성이 우선 확보되어야 하며 지속가능하고 친환경적인 방식의 농업으로의 진전과 식품손실·음식쓰레기의 감량도 중요하게 고려하여야 한다. 농민이 공정한 가격에 식품을 팔 수 있도록 제도를 개선하고 국가적 차원의 지원과 교육이 필요하다. 이해자들간의 협력과 정부 지자체의 지속적인 관심과 지원, 변화가 필요한 시기이다.

〈생각 나누기〉

1. 발전도상국, 특히 최빈국의 농업생산역량 강화를 위한 대책을 토론해보자.
2. 식품손실을 줄이기 위한 방법을 말해보자.
3. 기아 종식 및 지속가능농업의 증진에 기여하기 위해 생활 속에서 실천할 수 있는 생산 및 소비습관 변화에는 어떤 것이 있는지 이야기해 보자.

참고 문헌

수산 외(2020). 「우리 세계의 전환 : 2030 지속가능발전의제」. 수원지속가능발
　　전협의회.
유네스코(2019). 「지속가능발전목표달성을 위한 교육-학습목표」. 유네스코한
　　국위원회.
이창언(2022). 「SDGs 교과서」. 도서출판 선인.
통계청 통계개발원(2022). 「한국의 SDGs 이행보고서 2022」. 숨쉬는책공장.
환경부 외(2022). 「2022 국가지속가능성 보고서」. Concern worldwide(2022).
　　「2022 세계기아지수보고서」.

참고 사이트

경주신문 http://www.gjnews.com/
국제연합(UN) https://www.un.org/
세계보건기구(WHO) https://www.who.int/
세계식량계획(WFP) https://www.wfp.org/
세계식량농업기구(FAO) https://www.fao.org/
유엔인구기금(UNFPA) https://www.unfpa.org/
평택시민신문 http://www.pttimes.com/

모든 연령층의 모두를 위한 건강한 삶 보장과 웰빙 증진

김 지 현

개관

지난 20여 년 동안 전 세계는 모든 연령대, 모든 사람의 건강한 생활양식의 보장, 복지의 증진, 지속가능한 삶을 위한 공동의 목표를 세워 노력하였고 상당한 성과를 이루어냈다. 그러나 새천년개발목표(MDGs) 8개 목표 중 3개(아동사망 감소, 모성 건강 보호, 전염병 질병 감소)가 건강과 연관된 목표일 만큼 건강한 삶을 위한 전 세계의 노력에도 불구하고, 특히 일부 목표(산모·신생아·아동 보건, 생식 보건 관련 목표 등)는 달성이 미흡한 상태였다.

미흡한 목표를 포함한 모든 새천년개발목표(MDGs)의 완전한 이행을 다짐하며 2015년 9월, 유엔총회는 지속가능발전목표(Sustainable Development Goals, 이하 SDGs)를 회원국 만장일치로 합의·채택했다.

이 장에서는 「지속가능발전을 위한 2030 의제」를 통해 SDG 3번 목표와 세부목표에 대해 알아보고, 세계적 이행 현황·대한민국의 추진 현황과 성과·달성을 위한 과제들을 「지속가능발전보고서 The Sustainable Development Goals Report」와 「한국의 SDGs 이행보고서」 데이터를 통해 짚어보고자 한다.

3 건강과 복지

학습 목표

1. SDG 3번 목표 속 건강과 건강권의 의미를 이해한다.
2. SDG 3번 목표와 SDGs 모든 목표들과 상호 연계성을 이해한다.
3. SDG 3번 목표의 달성을 위한 국제적-국가적-지역적 이행 노력과 과제를 이해한다.

주요 용어

웰빙, 건강도시, 건강권, UHC, 국민건강보험제도

1. 모두가 건강하고 보다 잘 살기 위한 초월적 가치

1946년 7월 뉴욕에서 열린 국제보건회의에서 채택된 세계 보건기구(World Health Organization)의 헌법에는 건강의 의미를 '질병이나 허약함이 없는 것뿐만 아니라 신체적·정신적·사회적으로 안녕(安寧)한 상태'라 정의하고 있다. '건강권'에 대해서는 성취할 수 있는 최고 수준의 신체적·정신적 건강을 누릴 권리(the right to the highest attainable standard of physical and mental health)라 정의하고 있다. 건강권은 인종·종교·정치적 신념·경제적·사회적 조건의 차별 없이 모든 인간이 누려야 할 기본 권리로서, 정부는 국민의 건강에 대해 분명한 책임이 있다고 밝히고 있다. 이는 국민의 지속가능한 삶이 정부의 적절한 건강과 복지 정책, 사회적 대책의 수립에 의해서 충족될 수 있음을 언급한 것이다.

WHO는 1974년 '건강'의 의미를 확장하여 단순히 질병이 없는 상태가 아니라 보다 광범위한 차원의 웰빙(Well-Being)으로 확대하였다. '행복'이나 '삶의 만족'을 추구하는 웰빙은 현대를 살아가는 인간이 어떻게 살아가야 하는가에 대한 해답으로 제시되었다. 육체적·정신적 건강의 조화를 이루는 라이프스타일이나 문화로 일상에서 사용되는데 외국에서는 웰빙과 같은 개념으로 웰니스란 용어를 보편적으로 사용하고 있다.

도시의 물리적, 사회적, 환경적 여건을 창의적이고 지속적으로 개발하고, 개인의 잠재 능력을 최대한 발휘하며, 지역사회의 참여주체는 상호 협력하여 시민의 건강과 삶의 질을 향상하기 위하여 지속적으로 노력하는 도시를 일컫는 '건강도시'는 SDG 3번 목표 달성의 정점일 것이다.

> "인생의 안일도, 예지도, 학식도, 미덕도, 건강이 아니면 빛을 잃고 사라져 버릴 것이다."

프랑스의 철학자인 미셸 드 몽테뉴는 건강이야말로 지속가능한 삶의 기본 전제임을 위와 같이 표현했다. 이 밖에도 인류가 지속가능한 공동체의 삶을 이어가는 데 구성원들 모두의 건강과 복지에 힘써야 함은 지속가능 발전목표(SDGs)의 곳곳에 드러나 있다. 이 장에서 언급하고 있는 SDG 3번 목표만을 살펴보면 SDGs 5p(사람, 번영, 환경, 평화, 파트너십) 영역 중 사람(people)에 대한 측면이 강하다. 그러나 사실상 지속가능발전의 3개(경제, 사회, 환경)의 측면에서 건강과 복지 각 세부목표의 달성이 개별적이지 않고 SDGs 모든 목표들과 직·간접적으로 상호 연계되어 있다.

예를 들자면 SDG 3.8 세부목표는 '재정적 위험 보호, 양질의 필수 의료 서비스에 대한 접근, 모두를 위한 안전하고 효과적이며 품질이 좋고 저렴한 필수 의약품 및 백신에 대한 접근을 포함한 보편적인 건강 보장을 달성하는 것'에 중점을 두고 있다. 매년 거의 9천만 명이 의료비로 인해 빈곤해지는 현실에서 '모든 곳에서 모든 형태의 빈곤 종식' 달성을 요구하는 SDG 1번 목표와 3.8 세부목표의 상호 연관성은 명확하게 드러난다. 또한 공동체 구성원들의 건강한 삶은 '지속가능한 도시와 거주지 조성' 이행 노력을 담은 SDG 11번 목표와도 직·간접적으로 연관되어 있다. 지속가능발전의 온전한 달성을 위한 전제 조건으로써 SDG 3번 목표 달성의 당위성 또한 강조된다.

2. 「지속가능발전을 위한 2030 의제」의 SDG 3 훑어 읽기

SDG 3번 목표는 전 세계 모든 사람이 전 생애에 걸쳐 건강한 생활을 영위하며 살아가는 것을 목표로 하고 있으며 이를 3.1에서 3.d까지 9개의 세부목표(target)와 4개의 세부실행목표로 구체화하고 있다. 신생아·아동·모성 등 보건 취약 계층을 위한 세부목표는 2개이며 전염성 질병·비전염성 질병 등 질병관리를 위한 세부목표도 2개이다. 건강한 삶을 위협하는 약물 남용·교통사고·공해와 오염을 줄이기 위한 세부목표 3개, 필수

보건서비스인 성 생식 건강과 보편적 필수 보건서비스 보장을 위한 세부목표는 2개이다. 국제적인 노력이 필요한 담배 규제·의약품 지적 재산권·의료 인력·국제보건 위험관리를 강화하기 위한 세부실행목표는 4개이다.

9개의 세부목표를 성격이 유사한 분류로 나눠보면 다음과 같다. 첫 번째, 생애 특정 기간에서의 사망률 감소를 목표로 하는 3.1과 3.2는 산모 사망률과 신생아 및 5세 미만 영유아 사망자수 감소에 관한 것이다. 이는 출산 후 사망하는 임산부의 비율이 개발도상국에서 선진국보다 14배 이상 높게 나타나고, 5세 미만 영유아 사망자 수가 5백만 명 이상에 달하는 현실을 개선하고자 함이다. 두 번째, 3.3과 3.4는 질병의 예방과 관리에 관한 목표이다. 3.3은 에이즈나 결핵과 같은 전염성 질환의 감염과 확산 방지, 3.4는 암이나 당뇨병과 같은 비감염성 질병으로 인한 사망자 수 감소와 정신 건강 증진이 주요 주제이다. 세 번째는 외부 위험 요인에 관한 예방과 치료 관련 목표들로 3.5는 약물이나 알코올 남용, 3.6은 교통사고, 3.9는 유해물질과 오염 등이다. 세부목표 3.7과 3.8은 보건서비스에 대한 보편적 접근과 의료 보장에 관한 것이다. 4개의 세부실행목표는 3.a에서 3.d까지는 보건 의료를 정비하기 위한 실시체계 강화를 목표로 하며 3.c는 개발도상국의 보건 분야 재정과 인적 자원의 역량 향상, 3.d는 세계적 규모의 보건 위험에 대한 조기 대응을 강조하고 있다.

SDG 3번 목표는 개별적인 보건 이슈의 해결뿐만 아니라 인간의 보편적인 권리로서 건강권을 인식하고 있다. 건강권의 보장을 통해 임산부나 영유아의 기본적인 건강 보호와 말라리아·결핵과 같은 감염병의 억제, 생활습관으로 생기는 비감염병의 예방, 의료 및 보건 서비스, 의약품에 대한 접근성을 향상할 것을 강조하고 있다. 이는 모든 국가에서 국민 건강의 큰 위협 요소가 되는 비전염성 질병, 담배, 약물 남용, 교통사고 등을 포함하고 있어 변화하는 국제 상황을 적절히 담아낸 것으로 평가받고 있다.

3. 데이터로 읽는 SDG 3번 목표 이행 진행 상황과 한계

유엔(United Nations, UN)은 2022년 7월에 발표한 「지속가능발전보고서 2022, The Sustainable Development Goals Report 2022」에서 COVID-19, 기후변화 및 분쟁의 위기가 식량과 영양, 건강, 교육, 환경, 평화 및 안보에 영향을 미쳤음을 밝히고 있다. 위의 상황들이 지속가능발전목표(SDGs) 이행에 부정적인 영향을 끼치고 있음을 200개 이상의 국가 및 지역의 데이터를 기반으로 작성한 「지속가능발전보고서」로 밝히고 있다.

주요 수치를 살펴보자면, 2020년과 2021년에 COVID-19와 그로 인해 의료 시스템과 사회에 미치는 영향으로 1,490만 명이 사망한 것으로 추정되며, 2021년 말 조사 대상 129개국 중 92%에서 필수 의료 서비스 중단이 보고되었다.

또한, 2022년 5월까지 고소득 국가에서는 80% 이상의 사람들이 최소 1회 백신을 접종받았지만 저소득 국가에서는 그 비율이 약 17%에 불과했다.

〈그림 1〉 지속가능발전보고서 2022

2020년 1월부터 2021년 5월 사이에 COVID-19 팬데믹은 전 세계적으로 115,500명의 의료 및 관리 종사자의 생명을 앗아갔을 것으로 추정되며 전 세계적으로 불안과 우울증의 유병률이 약 25% 증가했고 젊은이와 여성이 가장 큰 영향을 받은 것으로 나타났다.

2015년부터 2021년 사이 출생의 약 84%가 숙련된 의료 전문가의 도움을 받았는데, 이는 2008년부터 2014년 사이의 77%에서 증가한 수치이다. 2015년부터 2020년까지 전 세계 5세 미만 아동 사망률은 14% 감소했으나, 2020년에만 500만 명의 어린이가 5세가 되기 전에 사망했다. 2010년부터 2020년까지 청소년 출생률은 15세에서 19세 사이 청소년 1,000명당 47.9명에서 41.2명으로 감소했고, 보편적 건강 보장은 2015년 100명 중 64명이었던 전 세계 평균에서 2019년 67명으로 개선되었다.

2020년에는 약 150만 명이 새로 HIV 진단을 받았으며 680,000명이 AIDS 관련 원인으로 사망했고, HIV 감염률은 2010년에서 2020년 사이에 전 세계적으로 39% 감소했으나 이는 2016년 총회에서 합의한 75% 목표치보다 훨씬 낮은 수치이다. 결핵 사망자가 2019년 120만 명에서 2020년 130만 명으로 증가했으며, 2020년에는 627,000명이 말라리아로 사망했다.

2019년부터 2020년까지 영유아 예방 접종률은 86%에서 83%로 떨어졌고, 2020년에는 700만 명의 어린이가 백신 접종을 받지 못했으며 이는 2019년보다 370만 명이 더 많은 수치이며 2005년 이후 가장 많은 수이다.

또한 세계은행(THE WORLD BANK)과 WHO의 연구에 따르면 팬데믹은 사회적 고립, 재정적 어려움, 의료 서비스 중단을 가져와 사람들의 정신 건강에 부정적인 영향을 미쳤다고 밝혔다. 최근 추정치에 따르면 2020년에 전 세계 정부는 정신건강에 의료 예산의 평균 2% 이상을 지출했고 많은 저소득 국가에서 10만 명당 정신건강 종사자가 1명 미만인 것으로 보고되었다고 밝히고 있다.

암, 심혈관 질환 및 당뇨병과 같은 비전염성 질병(NCD)의 부담이 증가하고 있다. 세계 여러 지역에서 영양실조·성 생식 건강 서비스에 대한 충족되지 않은 요구와 산모 사망률에 대한 비율이 여전히 높다. 심각한 건강 및 경제적 비용이 발생하고 있고 많은 국가의 보건 시스템은 전염병, 고령화 인구 및 생활 습관병의 증가로 인한 문제에 직면하고 있다.

위 데이터를 바탕으로 살펴보면 필수 의료 서비스의 중단은 팬데믹으로 인한 인명의 손실을 더욱 심화시키고 있으며, 백신 접종률의 차이는 국가 간 불평등의 모습으로 드러난다. 영유아 예방접종률의 하락은 예방적 보건의료의 퇴보이며, 이는 차후에 발생될 수 있는 의료비의 부담을 가중시킬 수 있다. 또한 전 세계적인 불안과 우울증의 유병률 증가는 건강하고 안전한 삶을 보장받지 못하는 사회적·환경적 요인에 기인한 것으로 볼 수 있다.

대한민국의 지속가능발전목표 이행 상황을 담아 매년 발행하고 있는 「한국의 SDGs 이행보고서」에 따르면, 한국은 SDG 3번 목표 추진의 여러 분야에서 세계 상위 수준이다. 공중보건 위기를 예방·감지·평가·대응하기 위한 체계가 얼마나 잘 구비되었는지를 측정하는 역량지표는 100점 만점 중 97점을 기록했다. 4대 비감염성 질환으로 인한 사망 확률은 OECD 국가 중에서 가장 낮은 편에 속한다. 신종 감염병 발생 및 확산과 같은 공중보건 위기 상황에 성공적으로 대응하기 위해 역량을 키우고 공공의료 자원 확충을 위해 노력해왔다. 공중보건 위기 상황에서의 핵심 역량은 꾸준한 성과를 보이고 있으나 공공보건의료 자원 확충의 필요성이 계속적으로 제기되고 있다. 또한 공공의료에 대한 지역별 접근성에서 차이가 컸다.

한국의 보편적 의료 보장 서비스(Universal Health Coverage, UHC) 수준은 빠르게 개선되어 주요 선진국 중에서 한국보다 UHC 서비스 보장 지수가 높은 국가는 캐나다와 영국뿐이다. 다만, 보건의료 종사자의 수는 인구 1,000명당 임상 의사 2.5명, 임상 간호사는 4.2명으로 OECD 국가와 비교하면 부족한 편이다.

〈표 1〉 SDGs 3 Infographics

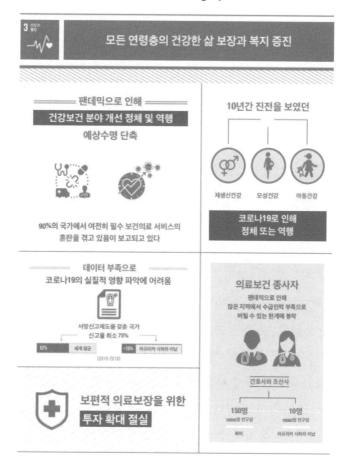

또한 지불 능력 대비 의료비 지출 수준이 10% 또는 25%를 넘어가는 가구가 어느 정도 되는지를 분석하는 과부담 의료비 지출 가구 비중은 다른 OECD 국가와 비교해 가장 높다.

WHO를 중심으로 한 국제사회는 결핵환자와 그로 인한 사망자를 줄이기 위한 전략을 운용 중이며, 이를 통해 결핵 발생률을 2025년까지 50%, 2023년까지 80%까지 줄이고자 한다. 한국의 2019년 결핵 발생률은 인구 1만 명당 59명으로 이는 OECD 국가 중에 가장 높은 수치이다.

4. 누구나 건강할 권리의 실현을 위한 과제

(1) 국민건강보험제도와 보편적 의료보장(UHC)

2019년 미국 뉴욕에서 개최된 보편적 의료보장 고위급 회의를 통해 158개 UN 회원국 정상들과 장관들은 2030년까지 보편적 의료보장 달성을 위한 UN 회원국들의 적극적인 노력과 재투자를 약속하였다. 보편적 의료보장 달성과 인구 고령화 대응 및 보건 위기, 항생제 내성 대응에 대한 논의와 함께 건강 향상·사회적 화합·경제발전의 전제조건이자 주요지표로서의 건강과 UHC의 중요성을 재확인하였다.

UN은 모든 국민에게 양질의 의료서비스를 제공하는 '보편적 건강보장'의 모범 사례로 우리나라의 '국민건강보험제도'를 주목하고 있다. 복지부는 국민건강보험제도를 '생활상의 질병이나 부상에 대한 예방·진단·치료·재활과 출산·사망 및 건강증진에 대하여 보험급여를 실시함으로써 국민보건을 향상시키고 보험의 원리를 이용하여 의료비의 지출 부담을 국민건강보험가입자 모두에게 분산시켜 국민생활의 안정을 도모하기 위한 사회보험'이라고 규정하고 있다. 의료 보장 및 사회연대, 소득재분배의 기능을 수행하고 있는 우리나라의 국민건강보험제도는 2020년 초에 발생한 COVID-19 대규모 확산을 차단하기 위한 방역 대책이 성공적으로 추진될 수 있었던 중요한 요인 중 하나로 평가받고 있다. 또한 베트남, 볼리비아 등의 개발도상국에 그 시스템을 수출할 정도로 우수성을 인정받고 있다.

(2) 누구나 건강할 권리의 실현을 위한 과제

유네스코한국위원회에서 2021년에 발행한 「SDGs(지속가능발전목표) 돋보기」에서는 인류가 COVID-19 팬데믹 시기를 지나오면서 가족과 동료, 이웃뿐만 아니라 전 세계 누구든지 감염시킬 수 있는 바이러스의 위협

앞에 '건강하고 행복한 삶'이라는 SDG 3번 목표의 중요성과 필요성을 재확인하고 있고, 어느 한 국가의 노력만으로는 대응이 어려운 글로벌 보건복지 과제 공동대응의 필요성을 체감하고 있다고 언급하고 있다.

UHC 및 건강과 보건 관련 지속가능발전목표(SDGs) 달성을 위한 모든 회원국의 노력을 지지하기 위한 보편적 의료보장 고위급회담 선언문은 지속가능발전목표 3번의 이행이 궁극적으로 확장해나가야 하는 바를 보여주고 있다.

'모든 사람이 가장 높은 수준의 신체적, 정신적 건강을 누릴 권리'를 재확인한 선언문에서는 △사회·경제·환경 및 기타 보건 문제의 통합적 관리 △노년층의 삶의 질 개선을 위한 노력의 확대 △국가별 상황과 우선순위에 맞춘 전통적인 의료 서비스와 보완 의료 서비스 간 적절한 통합 방법의 모색 △양질의 저렴한 필수보건 서비스의 평등한 제공과 접근성 확대를 강조하고 있다. 이의 성공적인 달성을 위해서는 국가와 지역사회 차원에서의 이행 전략의 수립, 사회적·경제적·인적 자원의 육성과 역량 강화 등의 대비와 관리가 전제되어야 한다.

건강한 삶의 보장과 모든 세대의 복지 증진은 공공성의 증진이라는 관점을 견지할 때 비로소 가능하다. 건강과 복지의 평등한 제공과 접근성의 확대를 위해서는 지역사회의 보건 및 의료자원의 분포에 대한 충분한 검토가 필요하다. 여기에 더해 의료 수요에 대한 조사와 현황 파악이 우선되어야 한다. 지역 주민의 생활 현실을 변화시키고 인식을 바꾸어 나갈 수 있으려면 건강과 보건 관련 각종 통계, 정보의 공유와 이에 기초한 현실적 지표가 개발되어 실행력을 높여야 한다. 더불어 지역의 변화 과정과 결과에 대한 냉철한 평가와 피드백 작업이 원활하게 진행될 수 있도록 지역적 역량을 강화해야 한다.

요약

2015년 9월 유엔총회에서 채택된 17개의 지속가능발전목표 (SDGs) 중의 다수는 건강과 관련된 목표들이다. 특히 SDG 3 번 목표는 건강한 삶을 보장하고 전 연령대의 복지를 촉진시키는 데에 중점을 두고 있다. 세부목표 3.8인 보편적 의료보장 (Universal Health Coverage, UHC)을 달성하는 것은 의료비에 대한 재정적인 위험 보호와 필수 의료 서비스에 대한 접근, 모두가 안전하고 효과적인 고품질의 약과 백신을 적절한 가격에 제공받을 수 있을 것을 포함한다. 이는 SDGs의 건강 관련 다른 목표들뿐만 아니라 전체 목표를 달성하는 데 있어서도 핵심적이다. 인류는 COVID-19 팬데믹 시기를 지나오면서 가족과 동료, 이웃뿐만 아니라 전 세계 누구든지 감염시킬 수 있는 바이러스의 위협 앞에 '건강하고 행복한 삶'이라는 SDG 3번 목표의 중요성과 필요성을 재확인하고 있다. 건강과 복지의 평등한 제공과 접근성의 확대를 위해서는 국가와 지역사회의 보건 및 의료자원·의료 수요의 현황과 분포 파악, 현실적 지표의 개발, 평가와 피드백 작업을 진행할 수 있는 지역적 역량의 강화가 필요하다.

〈생각 나누기〉

1. 보편적 의료 보장의 국내 사례를 더 찾아보고, 중요성을 생각해보자.
2. 누구나 건강할 권리의 실현과 SDG 3번 목표의 연관성을 생각해보자.
3. 건강하고 행복한 삶이란 무엇인지 이야기 나누어 보자.

참고 문헌

보건복지부 보도자료(2019.09.24.) "박능후 장관, 유엔 총회에서 보편적 의료
　　보장 국제협력 당부"
수산 외(2020). 「우리 세계의 전환 : 2030 지속가능발전의제」. 수원가능발전협
　　의회.
윤선이 외(2021). 「SDGs 돋보기」. 유네스코한국위원회.
이창언(2022). 「SDGs 교과서」. 도서출판 선인.
통계청 통계개발원(2022). 「한국의 SDGs 이행보고서 2022」. 숨쉬는책공장.

참고 사이트

UN https://www.un.org/sustainabledevelopment/health/
WHO https://www.who.int/
경주신문 이창언 교수의 SDGs ESG 톺아보기 http://m.gjnews.com/
기록으로 만나는 대한민국 https://theme.archives.go.kr/
보건복지부 https://www.mohw.go.kr/
세계은행 https://www.worldbank.org/
유엔 글로벌 콤펙트 한국위원회 http://unglobalcompact.kr/
제주인권회의 발표문 개헌과 '건강권' https://blog.naver.com/juste/22104183/
지속가능발전포털 http://ncsd.go.kr/
평택시민신문 이창언 교수의 지속가능한 평택 http://www.pttimes.com/
　　news/
한국학술지인용색인 https://www.kci.go.kr/

제5장

SDG 4

모두를 위한 포용적이고 공평한 양질의 교육 보장 및 평생학습 기회 증진

개관

SDG 목표 4는 '모두를 위한 포용적이고 공평한 양질의 교육보장 및 평생학습 기회 증진과 양질의 교육'으로 구성되어 있다. 교육은 2030 지속가능발전의제 실현의 핵심요소로써, 목표 4에만 한정되어 있는 것이 아니라, 다른 목표의 세부목표로, 대부분의 지속가능발전목표들과 연관되어 있다. 이 장에서는 SDG 목표 4에 대해 알아보고, SDG 4 목표 달성을 위한 사례들과 잔여 문제점들에 대해 알아보고 해결책을 고민해 보고자 한다.

학습 목표

1. SDG 4번 목표에 대해 알아보자.
2. SDG 4번 목표의 성과에 대해 알아보자.
3. SDG 4번 목표의 이행에 직면한 문제를 알아보자.
4. SDG 4번 목표의 앞으로 과제에 대해 알아보자.

주요 용어

2030 의제, 교육, 평생교육, 양질의 교육, EFA, 아동의 취학률, 문해력, 양성평
등, 권리기반 접근, MDGs

1. SDG 4번 목표 소개

(1) SDG 4번 목표 개요

2015년에 채택된 SDG 4는 모두에게 포용적이고 공평한 양질의 교육과 평생 학습 기회를 제공하는 것을 목표로 한다. 교육은 기본적인 인권이며 불평등을 줄이고 평화롭고 포용적인 사회를 구축하기 위한 강력한 도구이다. 경제발전에도 불구하고 수백만 명의 사람들이 여전히 양질의 교육을 받지 못하고 있다. SDG 4 목표에는 모두를 위한 양질의 무료 초·중등 교육과 저렴한 고등교육에 대한 평등한 접근을 보장하는 것이 포함된다. 진행 상황을 측정하는 지표에는 취학 전 교육 및 식자율이 포함된다. 그러나 불충분한 자금, 불평등한 자원 분배, 갈등과 같은 문제는 교육을 방해한다. 이를 극복하기 위한 전략에는 접근성 개선, 교사 교육, 지속가능한 개발을 위한 교육 촉진이 필요하다. SDG 4는 양질의 교육과 평생 학습기회를 제공함으로써 지속가능한 개발과 빈곤 감소에 필수적이다.

(2) SDG 4의 중요성과 역사적 배경

지속가능한 개발을 위한 UN 2030 의제의 일부인 SDG 4는 포용적이고 공평한 양질의 교육을 보장하고 평생학습을 촉진하는 것을 목표로 한다. 교육은 기본적인 인권이며 사회 및 경제 개발을 촉진하고 빈곤을 줄이며 불평등, 젠더, 기후변화 및 포용과 같은 글로벌 문제 해결의 열쇠이다. 평생학습은 변화하는 조건에 적응하고 보다 지속가능한 사회를 육성하는 데 중요하다. 2000년, 전 세계 빈곤, 기아, 보건 문제를 해결하기 위해 수립된 새천년개발목표와 모두를 위한 교육 운동(EFA)은 SDG 4의 목표의 토대가 되었다. 2015년 채택 이후 SDG 4의 진전은 국가별로 큰 격차가 있다. 일부 국가들은 괄목한 성과를 거두고 있으나, 전 세계적으로 2018년 기준 2억 5,800만 명의 어린이와 청소년이 학교에 다니지 않는 등 국가와 지역 간 교육 및 식자율의 상당한 격차가 지속되고 있다. COVID-19 팬데믹은 이러한 문제를 더욱 악화시켰다. SDG 4를 달성하기 위해 정부, 시민사회단체, 민간 부문 및 개인은 모두를 위한 양질의 교육 및 평생 학습 기회에 대한 접근성을 개선하기 위해 협력해야 한다.

(3) SDG 4 달성에 있어 교육의 중요성

SDG 4 달성을 위한 교육의 중요성은 아무리 강조해도 지나치지 않다. 교육은 개인에게 더 나은 직업 기회에 접근하는 데 필요한 기술과 지식을 제공함으로써 가족과 지역 사회를 빈곤에서 벗어나도록 한다. 더 나은 일자리 기회를 통해 빈곤을 감소하고, 경제 성장과 경쟁력 강화를 돕는다. 동등한 교육은 여성과 소녀들이 사회에 완전히 참여하고 그들의 삶에 대한 정보에 입각한 결정을 내릴 수 있는 지식과 기술을 갖추게 함으로써 양성 평등을 촉진한다. 교육을 받은 개인은 더 건강한 라이프스타일을 영위하고 더 나은 의료 서비스를 이용할 수 있으며 더 긴 기대 수명을 경험할 수 있다.

교육은 다양한 공동체 간의 상호 이해, 관용 및 존중을 촉진함으로써 사회적 결속을 촉진한다. 또한 교육받은 인구는 민주적 절차에 참여하고 평화와 안정을 옹호할 가능성이 높다. 양질의 교육은 개인이 인간과 환경 시스템의 상호 연결성을 이해하도록 도와 정보에 입각한 결정을 내리고 지구 보호 및 보존에 기여하여 환경적 지속가능성을 가능하게 한다.

(4) SDG 4 달성을 위한 평생학습의 중요성

평생학습은 평생 동안 지식, 기술 및 역량의 지속적인 습득을 강조하므로 SDG 4 달성에 필수적이다. 그리고 다음과 같은 방법으로 지속가능한 개발에 중요한 역할을 한다.

평생학습은 첫째, 개인이 진화하는 직업 시장, 새로운 기술 및 변화하는 사회적 요구에 적응하도록 돕고, 자신의 경력에서 관련성과 경쟁력을 유지하도록 한다. 개인의 성장, 자신감, 자각의 촉진 및 사회에 의미 있게 기여할 수 있도록 한다. 둘째, 모두에게 접근 가능한 학습 기회를 제공함으로써 다양한 그룹 간의 사회적 통합, 이해 및 존중을 장려하여 보다 통합적인 사회에 기여한다. 셋째, 다양한 연령대 간의 지식과 경험 공유를 촉진하고 사회적 결속을 높이며 세대 간 격차를 해소한다. 넷째, 복잡한 글로벌 문제를 해결하고 지속가능한 개발을 추진하는 데 필수적인 창의성, 비판적 사고 및 문제 해결을 장려한다. 다섯째, 민주적 절차에 참여하고 지역사회 개선에 기여하는 정보에 입각하고 책임감 있는 시민, 참여하는 시민을 양성한다.

(5) SDG 4를 위한 데이터 수집 및 모니터링 방법

SDG 4를 달성하기 위해 효과적인 데이터 수집 및 모니터링은 진행 상황 측정을 위해 매우 중요하다. 가구 조사, 행정 데이터, 학습 평가, 교육 지표 및 데이터 대시보드는 데이터를 수집하고 SDG 4의 진행 상황을 모니터링하는 데 필수적인 도구이다. 이 자료들은 학교 출석, 등록, 식자율, 학습 결과 및 교육의 질에 대한 정보를 제공한다. 이러한 데이터 소스를 활용함으로써 정책 입안자는 개선이 필요한 영역을 식별하고 자원을 효과적으로 할당하며 모두를 위한 포용적이고 공평한 양질의 교육을 보장하기 위한 목표를 구현할 수 있다.

(6) SDG 4의 이행을 위한 다양한 정책 및 규제 프레임워크

SDG 4의 이행을 촉진하기 위해서는 다양한 정책 및 규제 프레임워크가 필요하다. 주요 프레임워크 다음과 같다.

첫째, 정부는 양질의 교육을 촉진하고 교육에 대한 평등한 접근을 보장하며 소외된 지역 사회의 요구를 해결하는 교육 정책을 개발해야 한다. 정책은 또한 제공되는 교육의 질을 향상시키기 위해 교사의 훈련과 지원을 우선시해야 한다. 둘째, 정부는 모든 아동, 특히 소외된 지역 사회의 아동이 양질의 교육을 받을 수 있도록 교육 재정에 투자해야 한다. 여기에는 학교 건물, 교과서 및 디지털 리소스와 같은 교육 인프라에 대한 투자가 포함된다. 셋째, 교육의 형평성을 촉진하는 정책은 모든 아동이 양질의 교육에 동등하게 접근할 수 있도록 보장하는 것이 중요하다. 정부는 성별 격차를 해소하고 장애아동의 통합을 촉진하며 소외된 지역사회에 교육 기회를 제공하는 정책을 개발해야 한다. 넷째, 데이터는 SDG 4를 달성하기 위한 진행 상황을 모니터링하고 교육 정책 및 프로그램이 효과적인지 확인하는 데 중요하다. 정부는 의사 결정이 증거에 기반하도록 보장하기 위해 교육 데이터 수집, 분석 및 보고에 투자해야 한다. 다섯째, 정부, 시민사회 단체 및 민간 부문 간의 협력 및 파트너십은 SDG 4를 달성하는 데 매우 중요하다. 파트너십은 자원을 동원하고, 교육 혁신을 촉진하며, 다양한 이해관계자 간의 조정과 협력을 개선하는 데 도움이 될 수 있다.

이러한 프레임워크 외에도 UNESCO 및 UNICEF와 같은 국제기구는 SDG 4를 달성하기 위해 교육 정책을 홍보하고 정부에 기술 지원을 제공하는 데 중요한 역할을 한다.

(7) 한국의 SDG 4의 역사

한국은 경제 및 사회 발전의 핵심 동인으로서 교육을 우선시한 오랜 역사를 가지고 있다. 한국 전쟁(1950-1953) 이후 정부가 문맹률이 높은 문제를 해결하고 기본 교육을 촉진하기 위해 전국적인 문해 운동을 시작하면서 교육에 대한 국가의 관심이 시작되었다. 이 캠페인은 1970년대까지 거의 보편적인 초등교육을 달성하는 데 성공했다.

1980년대와 1990년대에 한국은 경제 성장과 사회 발전을 촉진하는 수단으로 교육을 우선시했다. 정부는 새로운 대학 설립과 기존 기관의 확장을 포함하여 고등교육에 대한 접근성을 확대하는 데 막대한 투자를 했다. 1995년 한국은 태국 좀티엔에서 모든 어린이들을 위한 교육 세계대회를 개최했으며, 이 회의에서 한국은 2000년까지 모든 어린이가 양질의 기초 교육을 받을 수 있도록 하는 EFA(Education for All) 목표를 달성하기로 약속했다.

한국은 2000년 유엔 새천년개발목표를 채택한 이후 보편 초등교육을 달성하는 데 상당한 진전을 이루었다. 그리하여 2009년까지 초등학교 순 취학률 100%, 중등 교육 총 취학률 97%를 달성했다. 2015년 한국은 양질의 교육에 관한 SDG 4를 포함하여 유엔 지속가능발전목표를 승인했다. 이후 정부는 SDG 4에 명시된 목표를 달성하기 위해 다양한 정책과 이니셔티브를 구현했다.

SDG 4를 달성하기 위해 한국 정부가 시작한 주요 이니셔티브 중 하나는 2015년에 발표된 "교육을 위한 비전 2030" 정책이다. 이 정책은 한국의 교육 시스템을 학생의 창의성, 비판적 사고, 문제 해결 능력, 글로벌 시민의식 및 지속가능성과 같은 가치 증진과 교사 훈련, 커리큘럼 개혁, 디지털 교육 촉진 등 다양한 정책이 포함되어 있다.

한국은 또한 디지털 교과서 및 온라인 학습 플랫폼의 광범위한 채택을 포함하여 교육 기술의 개발 및 사용에서 선두를 달리고 있다. 2020년에 정부는 COVID-19 대유행 기간에 원격 학습을 지원하기 위해 전국의 모든 학생들에게 태블릿 컴퓨터를 제공하는 새로운 이니셔티브를 시작했다. 이러한 성공에도 불구하고 한국은 자녀에 대한 높은 수준의 학업 압박과 모든 어린이를 위한 양질의 교육에 대한 평등한 접근 보장의 필요성을 포함하여 SDG 4를 달성하는 데 여전히 어려움에 직면해 있다. 정부는 이러한 문제를 해결하고 SDG 4에 명시된 목표를 달성하기 위한 정책과 이니셔티브를 지속적으로 구현하고 있다.

2. SDG 4 이행 성과

(1) 세계의 노력

여러 국가와 조직이 SDG 4 이행에 상당한 진전을 이루었다. 이러한 성공 사례는 SDG 4를 달성하기 위한 협력 노력, 혁신적인 접근 방식 및 목표 개입의 중요성을 강조한다. 이들은 모두를 위한 포용적이고 공평한 양질의 교육을 보장하기 위해 노력하는 다른 국가 및 이해관계자들에게 모델일 뿐만 아니라 영감을 제공하기도 한다.

첫 번째 사례는 아프가니스탄의 여아 교육정책이다. 국제기구와 NGO의 지원으로 수백 개의 새로운 학교가 지어지고 기존 학교가 복구되었다. 이러한 교육 기반시설의 확충은 특히 외딴 지역에 있는 소녀들의 교육 접근성을 향상시켰다. 아프간 정부는 양성 평등과 여아 교육을 확충하는 국가 교육 전략 계획(NESP)과 같은 정책을 시행하여 국내 및 국제 이해관계자가 여아를 위한 교육성과 개선을 위해 협력할 수 있는 프레임워크를 제공하였다. 지역사회 기반 교육(CBE) 프로그램은 특히 농촌 및 분쟁 지역의 소녀들에게 교육 기회를 높이는 데 중요한 역할을 했다. 지역 사회에서 수업을 제공함으로써 거리의 접근성 및 보안 문제와 같은 여아 교육의 장벽을 줄여주었다. 2001년에서 2021년 사이에 학교에 다니는 소녀의 수는 50,000명 미만에서 350만 명 이상으로 증가했으며 등록률이 눈에 띄게 증가한 것은 여아 교육 진흥을 목표로 한 이니셔티브의 성공을 반영한다.

두 번째 사례는 르완다의 "어린이 1인당 노트북 한 대"(OLPC) 정책이다. 2008년에 시작된 이 정책은 디지털 격차를 해소하고 초등학생의 학습 기회를 향상시키는 것을 목표로 상당한 진전을 이루었고 주목 할만한 이정표를 달성했다. 2018년 현재 이 프로그램은 르완다 전역의 1,500개 이상의 학교에서 학생들에게 280,000대 이상의 노트북을 배포하여 젊은 학습자들에게 최신 기술 및 디지털 리소스에 대한 액세스를 제공했다. 이 정책은 학생들의 디지털 리터러시를 육성하여 21세기 직업 시장에서 성공하는 데 필요한 필수 기술을 갖추도록 했다. 노트북에 대한 액세스를 통해 학생들은 컴퓨터 능력을 개발하고 교육 콘텐츠에 보다 효과적으로 참여할 수 있다.

노트북 배포 외에도 이 프로그램은 학교의 ICT 인프라 개발과 인터넷 연결 확장에 기여하여 학생과 교사가 온라인 리소스에 액세스할 수 있도록 한다. 이 정책은 남학생과 여학생 모두에게 노트북에 대한 동등한 액세스를 제공함으로써 교육의 성평등을 촉진하고 디지털 성별 격차를 줄여주었다.

세 번째 사례는 브라질의 Bolsa Família 정책이다. Bolsa Família는 2003년부터 브라질에서 시행된 조건부 현금 이전 정책으로, 빈곤을 줄이고 교육 및 건강 결과를 개선하는 것을 목표로 한다. 이 프로그램은 자녀가 학교에 다니고 정기적인 건강 검진을 받는 조건으로 저소득 가정에 재정적 지원을 제공한다. 이 정책은 브라질 저소득 가정의 빈곤 완화, 교육 결과 개선, 더 나은 건강 증진에 상당한 성공을 거두었다.

이 정책은 극심한 빈곤을 줄이고 수백만 가족의 재정적 스트레스를 완화하며 기본적인 필요를 충족할 수 있는 안전망을 제공하는 데 성공했다. 특히 저소득 가정에서 학교 등록률이 크게 증가하는 데 기여했다. 금전적 인센티브를 제공함으로써 부모가 자녀를 학교에 보내도록 장려하여 교육 수준을 높였다. 재정 지원을 학교 출석을 조건으로 함으로써 수혜자들의 중퇴율을 효과적으로 감소시켜 저소득 가정의 아이들이 학교에 남도록 했다.

예방 접종 및 산전 관리 요구 사항과 같은 프로그램의 건강 관련 조건은 수혜자 가족 간의 아동 건강 지표 개선에 기여했다. 결과적으로 이러한 가정의 어린이는 영양실조 및 기타 건강 문제로 고통받을 가능성이 적어졌다. Bolsa Família는 주로 어머니에게 현금 송금을 지시함으로써 가정 내 여성 권한 부여에 기여했다. 재정적 자율성이 높아짐에 따라 여성은 자녀의 교육과 건강에 대해 더 나은 결정을 내릴 수 있다. Bolsa Família에서 제공하는 현금 이전은 수혜자 가족이 추가 수입을 상품과 서비스에 사용하여 지역 사회의 경제 성장을 촉진하므로 지역 경제에도 기여한다.

네 번째 사례는 핀란드의 성공적 교육정책이다. 핀란드의 SDG 4 달성 성공은 형평성과 포괄성에 대한 강한 강조, 높은 교사 자질과 전문성, 학생 중심 접근 방식, 혁신과 협력을 촉진하는 신뢰 기반 시스템을 비롯한 여러 요소가 결합된 결과이다. 이러한 요인들은 모두를 위한 포용적이고 공평한 양질의 교육이라는 목표를 향해 노력하는 다른 국가들에게 모델이자 영감을 주고 있다.

핀란드는 글로벌 교육 순위에서 지속적으로 최상위 국가 중 하나로 선정되었으며 SDG 4를 달성한 성공 사례로 간주된다. 핀란드의 탁월한 성과에 기여한 주요 요인은 유아부터 고등교육까지 무료로 양질의 교육을 제공하여 배경에 관계없이 모든 어린이가 강력한 교육 기반에 접근할 수 있도록 한다. 핀란드 교사는 모든 교사에게 석사 학위가 요구되는 높은 자격을 갖추고 있다. 교직은 존경받는 직종이며 최고의 인재들을 유치하고 교사들 또한 자신의 기술을 향상시키기 위해 지속적인 전문성 개발에 참여한다.

핀란드 교육은 개별 학습, 창의성 및 문제 해결 능력을 강조한다. 특수 교육 및 상담 서비스를 쉽게 이용할 수 있는 등 학생 복지 및 지원에 중점을 두고 있다. 최소한의 표준화된 시험에 의존하고 대신 형성 평가를 우선시하여 교사가 학생의 필요에 맞게 교수법을 조정할 수 있는 유연성을 제공한다. 핀란드 교육은 중앙 정부의 간섭을 최소화하면서 신뢰를 기반으로 운영된다. 학교와 교사는 커리큘럼을 설계하고 교수법을 개발하고 혁신과 창의성을 육성하는 데 자율성을 가진다. 모든 학생들이 양질의 교육을 받을 수 있도록 학교 간 격차를 줄이는 것을 목표로 한다. 다른 많은 국가보다 핀란드의 사회경제적 요인이 교육 결과에 미치는 영향이 적다. 핀란드 학교와 교육자들은 경쟁을 조장하기보다 학생과 교사 간의 협력과 협력을 우선시한다. 이러한 협업 문화는 지식 공유와 상호 지원을 촉진한다.

(2) 한국의 노력

한국에서 SDG 4를 달성한 좋은 사례 중 하나는 저소득층 가정의 아이들에게 동등한 교육 기회를 제공하려는 정부의 노력이다. 2018년 한국 정부는 가계 소득과 상관없이 공립 초중고교에 다니는 모든 학생들에게 무상 교육을 제공하는 것을 목표로 하는 "등록금 100% 무상 교육" 정책을 시행했다. 이 정책에 따라 정부는 학교 급식, 교과서 및 기타 교육비뿐만 아니라 방과후 프로그램 및 과외 활동에 대한 자금을 지원한다. 이 정책에는 특수 교육 수업 제공 및 보조 기술 지원과 같은 장애 아동 지원 조치도 포함된다.

이 정책이 시행된 이후 대학에 진학한 저소득층 학생의 수가 크게 증가했다. 2021년 정부는 모든 어린이가 어릴 때부터 양질의 교육을 받을 수 있도록 하는 정책을 모든 유치원으로 확대하겠다고 발표했다.

한국에서 100% 교육비 무상 정책의 성공은 정부 정책과 이니셔티브가 SDG 4 달성, 특히 모두를 위한 교육에 대한 평등한 접근 촉진에 중요한 역할을 할 수 있음을 보여준다. 교육에 투자하고 소외된 지역 사회의 필요를 우선시함으로써 국가는 모든 어린이가 배우고 잠재력을 최대한 발휘할 수 있는 기회를 갖도록 도울 수 있다.

3. SDG 4 이행의 직면한 과제들

(1) SDG 4 이행에 직면한 문제

SDG 4 이행에 직면한 문제 중 하나는 분쟁 지역에 거주하는 아동은 교육을 받을 수 없다는 것이다. 분쟁지역의 갈등은 교육에 엄청난 영향을 미친다. 학교 시스템을 방해하고, 학생과 교사를 쫓아내고, 교육 인프라에 장기적인 피해를 준다. 시리아, 예멘, 남수단과 같은 국가에서는 계속되는 분쟁으로 인해 학교가 폐쇄되고 수백만 명의 어린이가 강제 이주되었다. UN에 따르면 전 세계적으로 7,500만 명 이상의 어린이가 분쟁과 위기로 인해 학교에 가지 못하고 있다.

교육에 대한 접근성 부족은 어린이의 즉각적인 복지에 영향을 미칠 뿐만 아니라 그들의 미래에 장기적인 영향을 미친다. 교육을 받지 못한 아이들은 빈곤에 갇히고 차별을 받으며 사회적 배제를 경험할 가능성이 높다. 교육 부족은 또한 사회 및 경제 발전을 저해하여 국가가 지속가능한 발전을 달성하기 어렵게 만든다.

분쟁 지역에 거주하는 아동의 교육 기회 부족은 SDG 4 이행이 직면한 중대한 과제이다. 이 문제를 해결하려면 대안 교육 기회, 학교의 안전과 보안 보장, 비상 상황에서의 교육 지원, 분쟁 후 교육에 대한 투자 등 다양한 개입이 필요하다. 분쟁의 영향을 받는 지역에서 교육을 우선시함으로써 우리는 모든 아동이 양질의 교육을 받을 수 있도록 돕고 보다 지속 가능하고 공평한 세상을 만드는 데 기여할 수 있다.

(2) 한국의 SDG 4 이행에 직면한 문제

한국은 SDG 4 달성에 진전을 이루었지만 교육 기회의 불평등, 높은 사교육비 부담, 교육의 다양성 부족, 성과에 대한 압박, 고령화와 같은 문제에 직면해 있다. 이러한 문제를 해결하려면 모두를 위한 양질의 교육에 대한 동등한 접근, 다양한 교육 기회 촉진, 웰빙을 우선시하는 문화 조성, 고령 인구의 요구 수용에 초점을 맞춰야 한다. 이러한 과제를 해결하기 위해서 공교육의 강화, 통합교육 확대, 전체론적 교육의 장려, 정신건강 증진, 평생학습기회 향상으로 포용적이고 공평하며 양질의 교육을 향해 지속적으로 발전할 수 있다.

이러한 추가 조치를 통합함으로써 한국은 SDG 4를 달성하고 모두를 위한 보다 포용적이고 공평하며 양질의 교육 시스템을 만들기 위해 지속적으로 발전할 수 있다.

4. 결론

2030년 목표의 마무리 단계가 다가오고 있다. SDG 4의 달성을 위한 나머지 과제들은 다음과 같다. 모든 아동, 특히 불우한 배경의 아동이 양질의 초등 및 중등교육을 받을 수 있도록 보장하는 것이 중요하다. 교수법, 커리큘럼 및 리소스를 개선하면 교육의 질, 학습 결과 및 학생들의 관련 기술 개발이 향상된다. 소녀와 여성의 교육 접근을 방해하는 문화적, 사회적 환경으로부터 안전 장벽을 해결하는 것은 교육 기회에서 양성 평등을 달성하는 데 필요하다. 장애인, 토착민, 난민과 같은 소외되고 취약한 집단을 위한 교육을 지원하기 위한 정책 및 인프라를 개발하여 포용성과 형평성을 촉진한다. 국내 및 국제 자원과 교육 투자를 동원하여 접근성, 품질 및 형평성을 개선하기 위한 지속가능한 자금 조달이 보장되도록 하여야 한다. 교육 시스템을 노동 시장의 요구에 맞추면 실업과 불완전 고용을 줄이고 진화하는 세계 경제와 관련된 기술을 육성한다. 기술을 교육에 통합하고, 디지털 리터러시를 촉진하고, 학생과 교사에게 급속한 기술 발전에 적응할 수 있는 도구를 제공하는 것이 필수적이다. 효과적인 교육 성책 및 프로그램을 설계, 구현 및 모니터링하는 정부 및 지역 조직을 지원하려면 모범 사례를 공유해야 한다.

COVID-19의 영향을 완화하려면 원격 학습 솔루션, 따라잡기 프로그램, 확대된 불평등을 해결하기 위한 조치와 같은 교육 중단에서 복구하기 위한 전략을 개발하는 것이 중요하다. 지속가능발전목표 달성 기한인 2030년이 다가옴에 따라 모두를 위한 포용적이고 공평한 양질의 교육과 평생 학습 기회를 보장하기 위해 정부, 국제기구, 시민 사회, 민간 부문 및 지역 사회의 공동 노력이 필요하다.

요약

SDG 4는 포용적이고 공평한 양질의 교육을 보장하고 모두를 위한 평생 학습 기회를 촉진하는 것을 목표로 10가지의 목표와 그 세부목표들로 구성되어 있다.

그 내용은 모든 아동에게 양질의 초등 및 중등 교육을 무료로 제공하고, 저렴한 기술, 직업 및 고등교육에 대한 동등한 접근을 보장하며, 성인을 포함한 모든 사람의 문해력과 수리력을 높인다. 교육 인프라 및 학습 환경을 개선하고, 자격을 갖춘 교사의 공급을 늘려 교육을 강화한다. 이러한 목표에 초점을 맞춤으로써 SDG 4는 보다 양질의 교육을 받아 숙련되고 포용적인 사회를 만들어 지속가능발전에 기여하기 위해 노력한다.

〈생각 나누기〉

1. 현재 우리나라에서 실행하고 있는 SDG 4의 사례를 찾아보자.
2. SDG 4의 성공적인 교육의 모범 사례 중 현재 우리나라에 적용 가능한 사례에 대해 토론해보자.
3. SDG 4의 향후 개선 및 개발을 위한 제안 중 실행가능한 아이디어를 토론해보자.

참고 문헌

경제협력개발기구(2018). 「한 눈에 보는 교육 2018: OECD 지표」.

경제협력개발기구(2021). 「OECD 기술 전략」.

교육을 위한 글로벌 파트너십(2021). 「교육을 위한 글로벌 파트너십에 대해」.

세계 경제 포럼(2019). 「2019년 직업 보고서의 미래」.

세계은행 교육 개요(2018). 「세계 개발 보고서 2018: 교육의 약속을 실현하기
　　위한 학습」.

유럽위원회(2019). 「교육 및 훈련 2020: 유럽 교육 및 훈련 협력을 위한 전략적
　　프레임워크」.

유엔개발계획(2019). 「지속발전목표 보고서 2019」.

유엔교육과학문화기구(2015). 「교육 2030: 인천선언문 및 행동강령」.

유엔교육과학문화기구(2017). 「글로벌 교육 모니터링 보고서 2017/18: 교육의
　　책임」.

유엔교육과학문화기구(UNESCO). 「글로벌 교육 모니터링(GEM) 보고서」.

참고 사이트

대한민국 교육부 http://english.moe.go.kr/

한국교육개발원(KEDI) http://english.kedi.re.kr/khome/main/main.do/

한국교육과정평가원(KICE) https://www.kice.re.kr/eng/

한눈에 보는 교육 https://www.oecd.org/education/education-at-a-
　　glance/

제6장

SDG 5

성평등 달성과 모든 여성 및 여아의 권한 강화

김 지 현

개관

여성 노동자들의 동등한 권리를 위한 투쟁에서 유래된 세계 여성의 날은 1975년, UN에 의해 공식 지정되었다. 매년 3월 8일은 세계 곳곳에서 여성들이 사회, 경제, 정치 등 사회 전반에 걸친 '동등한 권리'와 '존중'을 쟁취하기 위한 노력을 기념하고 축하하는 날이 되고 있다.

미국 뉴욕의 여성 노동자들이 그들의 노동시간 단축, 임금 인상, 노동환경 개선과 여성 투표권 쟁취를 위해 거리로 나섰던 1908년 이후 110여년의 시간이 흐른 지금도 여전히 세계 곳곳에서 여성의 인권과 권리가 억압당하는 사례들이 발생하고 있다. 이런 연유로 지속가능발전목표의 5번째 의제로 '성평등 달성과 모든 여성 및 여아의 권익 신장'이라는 목표를 설정하고 이를 달성하기 위한 노력에 전 세계가 동참하길 요구하고 있다.

이 장에서는 지속가능발전목표의 비전을 여성과 여아들을 위해 현실로 만들려는 세계적 노력들을 알아보고 삶의 모든 측면에서 진정한 성평등을 달성하기 위한 과제들을 찾아보고자 한다.

학습 목표

1. SDG 5번 목표 속 성평등 의미를 이해한다.
2. SDG 5번 목표와 SDGs 모든 목표들과의 상호 연계성을 이해한다.
3. SDG 5번 목표 달성을 위해서 포용과 존중이 전제되어야 함을 이해한다.

주요 용어

82년생 김지영, 젠더, 성 역할, 성차별, 유엔세계인권선언(UDHR),
성평등, 리더십, 젠더 x

1. 그때의 '지영이'들은 지금 정말 괜찮을까?

2016년에 출간된 조남주의 소설 『82년생 김지영』은 한국사회가 젠더 갈등으로 뜨거웠던 2010년대 말을 대변하는 키워드이다. 여기서 젠더란 생물학적인 성과 대비되는 사회적인 성을 뜻하며, 남녀 간의 대등한 관계와 모든 사회적 동등함의 실현을 담고 있다. 『82년생 김지영』은 차별 받고 있다고 여기는 20~40대 여성들의 공감을 이끌어내었지만 또 다른 한편으로는 남성들의 볼멘소리를 들어야 했다. 많은 여성이 공감했고 기꺼이 본인들을 '82년생 김지영'에 투영시켰는지는 제도적 사회적 노력에도 불구하고 한국 사회가 성평등한 사회로 더디게 변화하고 있음을 드러내는 부분이기도 하다.

그때의 '지영이'들이 가정에서, 직장에서 느꼈던 차별은 수천 년 동안 이어진 남성 중심의 사회가 견고히 만들어 낸 성 역할(gender role)의 고정 관념으로부터 기인한 것이다. 성 역할(gender role)이란 개인이 속한 사회에서 성별에 따라 적합하다고 여겨지는 특징들이 일상에 반영된 것으로 여성은 여성에게 적합한 특성을, 남성은 남성에게 적합한 특성을 가져야 함을 요구한다. 성 역할은 사회의 발달에 따라 변화되고 수용되어야 함에도 불구하고 아직도 일부 국가에서는 고전적인 성 역할이 남녀 모두에게 강요되고 있는 것이 사실이다. 전통적 성 역할은 여성을 수동적이고 나약하며 열등한 존재로 관념화시켰다고 평가받고 있다.

> "평등은 중력과 같고 필수적이다."

어벤져스의 영화감독 조스 웨던(Joss Whedon)은 우리에게 중력처럼 평등 또한 필수적이며, 차별 없는 남녀의 가치 확립이 중요함을 주장했다. 우리는 지구에서 중력 없는 삶이 불가능하다는 것을 알고 있다. 그러나 안타깝게도 2023년을 살아가는 모든 이들이 이 보편타당한 원칙에 적용을 받는 것은 아니다.

2. 그녀들에게 보내는 전 세계의 응원과 지지, SDG 5

생물학적인 성별을 기준으로 한 차별 대우, 특정 성(性)을 다른 성에 비하여 하찮게 여기거나 비하하고 폄훼하는 등의 부정적 인식을 성차별이라고 한다. 이런 성 차별은 가부장제, 성별 분업, 차별적 성 규범 등 다양한 형태와 방식으로 사회 곳곳에서 구조화되어 나타나고 있다.

1948년에 채택된 유엔세계인권선언문(Universal Declaration of Human Rights, UDHR) 제2조에는 '모든 사람은 어떠한 종류의 차별 없이, 이 선언에 규정된 모든 권리와 자유를 누릴 자격이 있다.' 라고 명시하고 있다. 이 조문을 시작으로, 1995년 제4차 세계여성회의에서의 '북경행동강령' 선포 등 여성과 여아의 보다 나은 삶을 위한 전 세계적인 노력은 꾸준히 진행되어 왔다. 그러나 수십 년간의 노력에도 불구하고 코로나-19 팬데믹의 사회적, 경제적 여파는 상황을 더욱 암울하게 만들었다. 여전히

〈사진 1〉 바르셀로나_여성의 날

출처: https://pixabay.com

많은 여성이 각종 폭력에 노출되어 있고 정치, 경제, 교육 등 다양한 영역에서 존중받지 못하고 있다.

UN은 지속가능발전목표(SDGs) 5번을 통해 성평등이 인권의 문제이며, 여성에게는 존엄성을 갖고 궁핍과 두려움으로부터 자유롭게 살 권리가 있음을 밝히고 있다. 성평등이란 사회적으로 가치 있는 재화와 기회, 보상 등을 여성과 남성이 동등하게 누릴 것을 요구하는 것으로, 그들의 제반 기회와 삶의 가능성이 평등하다는 것을 의미한다. 또한 SDG 5번 목표는 인권 실현, 빈곤 감소, 개발 촉진 등 지속가능한 삶을 영위하는데 여성의 역량 강화가 중요함을 강조하고 있다.

〈그림 1〉 SDGs 각 목표와 5번 목표와의 연계성

지속가능발전을 위한 2030 의제 속 SDG 5번은 6개의 세부목표와 3개의 이행수단 관련 세부목표로 구성되어 있다. 세부목표 5.1, 5.2, 5.3은 차별과 폭력으로부터의 자유에 관한 목표로 5.1은 모든 형태의 차별 철폐, 5.2는 인신매매, 성 착취 등 모든 형태의 폭력 철폐, 5.3은 모든 악습 철폐에 관한 목표이다.

5.4, 5.6, 5.a, 5.b는 여성의 능력 및 자원에 대한 평등한 권리의 보장에 관한 목표들이다. 5.4는 공공서비스, 인프라, 사회보장 정책의 제공 및 무급 가사노동 가치 인정, 세부목표 5.6은 성 및 임신 보건과 임신 권리에 대한 동등한 접근 보장에 관해 언급하고 있다. 5.a는 법이 보장하는 경제

적 자원, 토지, 자산, 재정서비스, 상속 및 자연 자원에 대한 평등한 권리의 보장을 위한 개혁의 수행을, 5.b는 여성의 역량 강화를 위해 ICT를 포함한 기술의 사용을 확대하는 것을 목표로 하고 있다.

5.5는 모든 의사결정에 완전하고 효과적인 참여 및 동등한 리더십 기회 보장에 중점을 두고 있고 5.c는 건전한 정책과 강제력 있는 법안의 채택과 강화를 요구한다.

"두 성별은 한쪽이 열등하거나 우월하지 않으며, 단순히 다를 뿐이다."

스페인의 의사이자 사상가인 그레고리오 마라뇽(Gregorio Marañón)은 성별의 차이는 육체적일 뿐 지적·감정적 차이는 없으며, 사람은 누구나 동일하므로 동일한 권리를 가져야 한다고 주장했다. SDG 5번 목표의 달성은 남녀의 동등한 권리 보장을 통하여 지속가능발전목표의 완전하고 유기적인 달성을 가능하게 하는 밑바탕이다. '사람 중심'의 목표인 Goal 1. 빈곤 종식(1.2), Goal 2. 기아 종식(2.2, 2.3), Goal 3. 건강과 웰빙 (3.1), Goal 4. 양질의 교육 (4.1. 4.2. 4.3, 4.4, 4.6, 4.7. 4.a)의 세부목표 곳곳에 여성과 여아의 안전과 역량 강화에 대해 언급하고 있다.

Goal 6. 건강하고 안전한 물관리(6.2)는 여성과 여아 및 취약 계층의 요구에 주의를 기울일 것을 요구하고 있다. Goal 8. 양질의 일자리와 경제성장(8.5, 8.8), Goal 10. 불평등 해소(10.2), Goal 11. 지속가능한 도시와 공동체(11.2, 11.7), Goal 13. 기후변화 대응(13.b)은 사회적 측면에서 5번 목표의 달성과 연관 지을 수 있다.

Goal 17. 글로벌 파트너십 강화(17.18)는 역량 강화를 위한 지원에 대해 언급하고 있다 이렇듯 성평등 달성과 모든 여성 및 여아의 역량 강화는 여성만의 문제나 한 부문만의 노력이 아닌 사회 전체의 공통적 이해와 인식을 바탕으로 하는 종합적 접근과 노력이 필요하다.

3. 「지속가능발전 보고서 2022」와 「한국의 SDGs 이행 보고서 2023」 속 그녀들의 이야기

2015년 유엔 총회에서 지속가능발전목표가 채택된 후 8년이 흘렀고, 2030년 달성 기한까지 남은 시간이 그리 길지 않다. 그동안 인류는 COVID-19 팬데믹이라는 지구적 위기를 겪으면서 경제적, 환경적, 사회적 붕괴를 경험했고, 회복과 복원을 향해 다시 나아가기 시작했다. '어느 누구도 뒤처지지 않게 한다(Leave No One Behind)'는 원칙에 가장 부합하는 목표인 SDG 5번의 달성 현황 속에 담긴 그녀들의 이야기를 다시 한번 짚어 볼 시점인 것이다.

「지속가능발전 보고서 2022」에서는 현재 속도로 국가 정치 리더십에서 여성과 남성이 대등하게 대표가 되려면 40년이 더 걸릴 것으로 예상한다. 국회에서의 여성 비율은 2015년 22.4%에서 2022년 26.2%로 소폭 상승했지만 여전히 만족할 만한 수준은 아니다.

2019년 전체 고용의 39%를 여성이 차지했지만 코로나-19 팬데믹 동안 전 세계 고용 손실이 45%에 달했고, 많은 여성이 그들의 일자리와 커리어(career)를 잃어야 했다.

또한 여성 4명 중 1명 이상이 평생 동안 한 번 이상 친밀한 파트너에게 폭력을 당하며, 여성의 57%만이 정보에 기준하여 성과 생식 건강관리에 대한 결정을 내린다. 남성 중심의 사회구조와 학습된 고정관념으로 인해 그녀들은 여전히 고통받고 있다. 이는 SDG 5번 목표의 이행을 촉구하고 성인지 예산의 편성 및 확충, 학습과 역량 강화를 위한 노력에 세계 각국이 보다 적극적으로 나서야 할 이유이기도 하다.

「한국의 SDGs 이행보고서 2023」 속 여성들은 여전히 지방정치에서 낮은 비율을 차지하고 있다. 2005년 공직선거법 개정 이후 지방의회 여성의원 비율은 꾸준하게 증가했지만, 지방 정부의 최고 의사결정권자이자 지방행정을 총괄하는 여성 자치단체장은 아직 탄생하지 않았다. OECD

국가들의 중앙정부 최고 관리직 여성 비율을 보면, 한국은 8.5%로, 4.2%인 일본과 함께 최하위 수준이다. 이는 한국의 바로 앞 순위인 벨기에(21.1%)와도 큰 차이가 날 정도로 매우 낮은 수준이다.

　여성 농민의 토지 소유 비율 또한 남성에 비해 현저히 낮으며, 농촌 마을의 책임자인 이장의 비율은 여성이 9.4%, 남성이 90.6%로 나타나고 있어 여전히 한국 농촌에 가부장적 문화가 강하게 남아있음을 알 수 있다.「지속가능발전 보고서 2022」와「한국의 SDGs 이행보고서 2023」속 데이터들은 수많은 노력의 결과로 성평등 달성 및 여성과 여아의 권익 신장

〈표 1〉 Sustainable Development Goals Report 2022

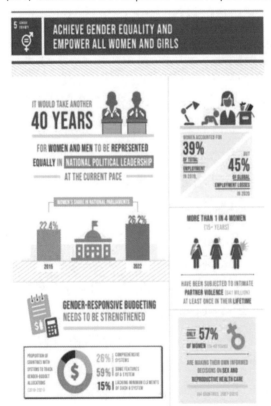

출처: https://www.un.org

94

에 다소의 개선이 있었음을 보여주고 있다. 더불어 남은 기간 더욱 치열하게 목표 달성을 향해 매진해야 함도 보여주고 있다.

4. 그와 그녀, 그리고 젠더 X의 지속가능한 삶을 위한 과제

성평등 달성 및 여성과 여아의 권익 신장을 위한 전 세계적 노력에 발맞추어 한국도 여러 가지 노력을 진행해오고 있다. 첫째, '북경행동강령' 선포 이후 양성평등기본법(1995년), 가정폭력방지 및 피해자보호 등에 관한 법률(1997년), 여성폭력방지기본법(2018년) 등의 법률 제정으로 SDG 5번 목표 달성을 제도적으로 견인하고 있다. 둘째, 2011년 성별영향분석평가법과 성별영향평가시스템을 도입하여 정부 정책이 성별에 미치는 영향과 성차별 발생 원인 등을 체계적·종합적으로 평가하여 합리적으로 개선함으로써 실질적인 성평등 실현을 위해 노력하고 있다. 이런 법률 제정을 통한 실천 의지의 표명과 정부 정책의 개선은 성평등 사회로 나아가기 위한 공동목표 설정에 효과적으로 작용한다.

2022년 4월, 미국이 여권 성별 표기란에 여성(F)과 남성(M)외에 또 다른 성(X)을 선택할 수 있는 새로운 여권 신청서 접수를 시작했다. 호주, 뉴질랜드, 네덜란드 등 10개 이상의 나라에 X 성별을 선택할 수 있는 여권

〈표 2〉 광역 및 기초자치단체장 성별 현황, 2002-2022

구분	2002	2006	2010	2014	2018	2022
광역자치단체	16	16	16	17	17	17
남성	16	16	16	17	17	17
여성	0	0	0	0	0	0
기초자치단체	232	230	228	226	226	226
남성	230	227	222	217	218	219
여성	2	3	6	9	8	7

출처: 중앙선거관리위원회, 필자 재구성

이 이미 도입된 상태이다. 젠더 X는 성별 구분으로 특정되지 않거나 생물학적 성과는 다른 성 정체성을 가진 사람으로 정의된다.

현재의 사회는 전통적인 성 역할의 구분이 무의미해지고, 젠더의 경계가 사라지고 있다. 이런 시점에서 인류의 오래된 숙제인 성평등을 풀어가는 열쇠는 생물학적 차이와 다름의 인정, 존중과 포용이다. 성소수자를 포함한 여성과 남성 모두의 자유와 존엄, 평등을 보호하고 증진하는 것이야말로 지속가능한 삶을 위한 첫걸음이다.

전통적 가족 구조가 변화하고 기존의 가부장적인 질서와 규범이 재구성되는 등 인류가 경험해보지 못한 변화가 진행되고 있다. 그러나 이런 변화에 적응하는 것만으로는 부족하다. 새로운 젠더 규범과 갈등 해소의 전략을 적극적으로 모색하는 자세가 필요하며 포용과 존중이 전제되어야 한다. 그 노력에 SDG 5번 목표의 달성을 위한 각국의 노력들이 나침반이 되어 줄 것이다.

요약

수십 년간에 걸친 노력의 결과로 성평등과 여성의 권익에 대한 유의미한 진전을 이뤄냈지만, 지구적 위기가 가져온 경제적, 환경적, 사회적 변화는 그런 노력들을 우선순위에서 밀려나게 만들었다. 여전히 세계의 많은 여성들이 수 천년동안 이어져 온 가부장적 전통이 만들어 낸 성 역할에 맞추기를 강요당하며 성차별(gender discrim- ination)과 억압 등 폭력 속에 놓여 있다.

SDG 5번 목표의 달성은 남녀의 동등한 권리 보장을 통하여 지속가능발전목표의 완전하고 유기적인 달성을 가능하게 하는 밑바탕이다. '어느 누구도 뒤처지지 않게 한다(Leave No One Behind)'는 SDGs 원칙에 가장 부합하는 5번 목표의 달성 현황을 점검하고, 변화에 적극적으로 대처해야 한다. 새로운 젠더 규범과 갈등 해소의 전략을 모색하는 적극적인 자세가 필요하며 포용과 존중이 전제되어야 한다. 성평등 달성 및 모든 여성과 여아의 권익신장은 한 부문만의 노력이 아닌 사회 전체의 공통적 이해와 인식을 바탕으로 하는 종합적 접근과 노력이 필요함을 다시 한번 되새길 필요가 있다.

〈생각 나누기〉

1. 성평등과 양성평등의 차이점에 대해 생각해보자.
2. SDG 5번 목표의 이행 노력이 전통적 성 역할에 끼친 영향에 대해 생각해 보자.

참고 문헌

수산 외(2020). 「우리 세계의 전환 : 2030 지속가능발전의제」. 수원가능발전협
　　의회.
이창언(2022). 「SDGs 교과서」. 도서출판 선인.
통계청 통계개발원(2023). 「한국의 SDGs 이행보고서 2023」. 숨쉬는책공장.

참고 사이트

UN https://www.un.org/
경주신문 이창언 교수의 SDGs ESG 톺아보기 http://m.gjnews.com/
국가법령정보센터 https://www.law.go.kr/법령/양성평등기본법/(2023.3.24
　　접속)
유엔 글로벌 콤펙트 한국위원회 http://unglobalcompact.kr/
중앙선거관리위원회 https://www.nec.go.kr/
지속가능발전포털 http://ncsd.go.kr/
평택시민신문 이창언 교수의 지속가능한 평택 http://www.pttimes.com/
　　news/
한국학술지인용색인 https://www.kci.go.kr/
● 세계 여성의 날은 왜 3월 8일일까? https://www.bbc.com/korea/interna
　　tional-60656384(2023.3.22. 접속)
● 미국서 '젠더 X' 여권 신청 시작…증빙 필요 없어 https://www.pressian.
　　com/pages/articles/2022041217183886090(2023.3.23. 접속)
● 女가 연기하는 데미안·살리에리… 공연계 '젠더프리 캐스팅' 활발 https://
　　www.segye.com/newsView/20230320513829?OutUrl=naver

제7장

SDG 6

모두를 위한 물과 위생의 이용가능성과 지속가능한 관리 보장

정 정 애

개관

건강하고 존엄적인 삶을 유지하는데 가장 기본적으로 필요한 것은 물이다. 물은 안전해야 한다. 안전한 물이 되려면 어떤 목적으로 사용하든 위생적이어야 한다. 물은 빈곤문제, 식량, 평화, 인권, 생태계 유지뿐 아니라 교육에도 필수이다. 유엔 지속가능발전목표를 달성하기 위한 가장 기초적인 목표이며, 핵심이라 할 수 있다. 지구 탄생 이후 물은 마음껏 쓸 수 있는 자원이었다. 그러나 사람들은 물의 중요성을 인식하지 못하였고 그 관리는 부실하였다. 도시는 점점 커지고 그에 따른 지하수는 과잉 추출되었다. 산업 발전으로 인한 담수원의 오염은 나날이 증가하였으며 기후변화와 사막화, 가뭄으로 인한 물 부족은 물 분배의 불평등을 초래하였다. 이러한 물 스트레스는 지속적으로 악화되고 있으며 효율적인 물관리와 협력은 지구와 인간의 미래를 보장하는 중요한 문제가 되었다. 이에 깨끗하고 안전한 물관리와 안전한 위생 보장을 향한 방법과 노력들을 살펴보고자 한다.

학습 목표

1. 안전하고 접근이 쉬운 물과 위생시설은 인류의 생존을 지속하게 하는 가장
   기본 목표임을 이해한다.
2. 물 사용의 불평등과 이를 해소하기 위한 과제와 전략에 대하여 공감한다.
3. SDG 6의 목표를 확인하고 공동의 노력을 통해 모두가 협력해야 함을 깨닫
   는다.

주요 용어

홍수와 가뭄, 위생시설, 물복지, 불평등, 가상수, 사막화, 불투수면 비점오염원,
침출수, 생존율

1. 지구와 인간과 물(water)

　물은 생물들의 생존에 필수요소로서 생물체의 70~80%가 물로 구성되어 있다. 사람은 물을 마시지 않고 1주일 이상 생존할 수 없다. 성인 1인이 1일 2.75리터의 물을 섭취해야 하는데 정상보다 체내에 5% 정도 물이 부족할 경우 혼수상태에 빠지게 되며, 12% 정도 부족할 경우에는 사망에 이른다. 물은 대류현상에 의해 지표의 물(하천, 바다 등)이 증발되어 구름이 형성되고 구름 입자가 결합하여 중력에 의해 다시 떨어지는 순환과정을 거친다. 지구상 물의 총량은 약 14억㎦이다. 이 중 97.5%는 바닷물이고 담수는 2.5%에 불과하다. 존재 형태로 보면 빙하, 만년설이 69.6%, 지하수 30%, 나머지가 하천이나 호소에 0.4%로 구성되어 있다. 물은 생물체의 생존뿐 아니라 경제활동에 필수 요소이다. 생활용수, 농업용수 외에 제조업, 광업, 석유·가스, 에너지 발전, 엔지니어링, 건설업 등 많은 산업 분야에서 물을 사용하고 있다. 특히, 의류와 식품 분야의 의존도가 높다. 식량과 문화 서비스의 공간을 제공하기도 한다. 물은 인간의 삶인 것이다.

2. 물은 기본이다

　물이 얼마나 안전한 상태로, 접근하기 쉬워야 하는가에 따라 인류의 생명 유지와 생활의 형태가 달라진다. 우리의 선조들은 터를 잡기 위해 배산임수(背山臨水)를 최상의 정주 조건으로 보았다. 세계 문명 발상지도 큰 강 주변에서 발생하였고, 대도시도 강을 중심으로 형성된 것이 그 이유일 것이다. 그렇다면 물과 관련하여 갖추어야 할 위생문제, 우리나라의 물 상황, 국제적 이슈에 대해 알아보자.

　UN은 11월 19일을 세계 화장실의 날로 지정하고 2013년부터 화장실과 관련된 위생문제와 안전한 위생시설을 이용하지 못하고 사는 사람들에

<그림 1> 인간과 물   <그림 2> 물의 환경

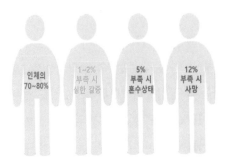

출처: k-water

대한 인식을 높이고 있다. 우리는 원하는 장소 어디에서나 화장실을 갈 수 있어야 한다. 화장실은 중요한 위생시설로 환경문제, 사회문제, 인간의 존엄성 문제와도 연관이 있다. 그러나 전 세계 35%에 해당하는 약 24억 명 정도가 화장실이 없어 자유로운 배변을 하지 못한다. 음식을 섭취하면 배설을 하는 것은 당연하다. 위생적인 배설시설이 갖춰지지 않으면 감염병의 원인이 된다. 특히 성장기의 아동들에게 이런 상황이 지속되면 성장과 발육에 문제가 생긴다. 페루에서는 각 가정의 화장실을 수세식으로 바꾸기만 해도 신생아의 생존률을 60%나 높일 수 있다고 한다. 최근 발생한 재해의 4분의 3은 물과 관련된 것이다. 폐수의 80%가 처리되지 않은 상

<사진 1> 2021년 UN의 물과 위생 목표 미달에 따른 손씻기 캠페인

출처: 유니레버

태로 배출되고, 인류의 절반인 36억 명이 안전하게 관리되는 위생시설 없이 살고 있으며, 전세계 30억명이 집안에 손을 씻기 위한 설비를 갖추지 못하고 있다.

우리나라는 연평균 강수량이 1,300㎜로 세계 평균의 1.6배이고 수자원 총량은 1,323억㎥/년이다. 그러나 국토 면적에 비해 인구밀도가 높아 1인당 연 강수 총량은 2,660㎥로 세계평균의 1/6정도에 지나지 않는다. 1인당 물 사용량은 물 사용의 효율성을 진단하는 지표인데, 우리나라는 여름철에 집중되어 실제 1인당 가용수량은 58%에 불과하고 국토의 65%가 산악지형이라 홍수의 위험도 안고 있다. 급속한 도시화, 산업화는 쉽게 수질오염에 노출되었고 기후변화로 인한 수생태계에 끼치는 영향, 도시화로 불투수면 증가, 비점오염원에 의한 지표수 오염 등 많은 과제를 안고 있어 물 상황이 그리 좋은 편이 아니다.

물과 관련한 세계적 이슈는 많으나 그 중 끊이지 않는 것이 공유하천에 대한 문제이다. 300여 개가 넘는 강들이 두 국가 이상에 걸쳐 흐르고 있다. 국제 공유하천 유역 50여 개국 중 세계 인구의 35~40%가 살고 있다. 국제 공유하천을 둘러싼 물 분쟁은 예전부터 심각한 문제이다. 인구 증가와 산업 발달로 물 사용량이 늘어나 이에 대처하기 위한 수자원 확보는 국가 중요 정책과제가 되었다. 1900년부터 본격적으로 물 분쟁이 시작되었고 지구온난화로 지구 곳곳에서 진행된 사막화는 20~30년 안에 물을 둘

〈그림 3〉 우리나라의 연평균 강수량

연평균 강수량

세계
807mm

우리나라 (세계평균의 1.6배)
1,274mm

1인당 강수량

세계
16,427 (㎥/년)

우리나라 (세계평균의 1/6)
2,660 (㎥/년)

출처: MyWater 물정보포털

러싼 정치적 충돌이 일어날 것으로 예상한다.

　대표적인 물 분쟁 사례로는 이집트, 수단, 에티오피아를 관통하는 나일강의 댐이나 수로 건설로 인한 물 분쟁과 중국, 미얀마, 라오스, 태국, 캄보디아, 베트남 등 6개국을 거쳐 흐르는 메콩강 상류에 위치한 중국의 수력발전소 건설로 인해 하류의 국가들에게 생활과 관련하여 직접적인 피해를 주게 된 사례가 있다. 에티오피아가 나일강의 물을 대량으로 이용한다고 하면 나일강에 물을 전적으로 의존하고 있는 이집트는 메말라버릴 것이다. 이집트의 한 정치가는 만약 그렇게 된다면 전쟁은 피할 수 없게 될 것이라고 하였다. 이스라엘은 물이 항상 국가의 안전보장 문제가 되었다. 자국의 수자원을 과잉 개발하여 물의 압력이 낮아졌고, 이로 인해 팔레스타인의 거주지에서 바닷물이 들어와 우물물을 점점 마실 수 없게 되었다.

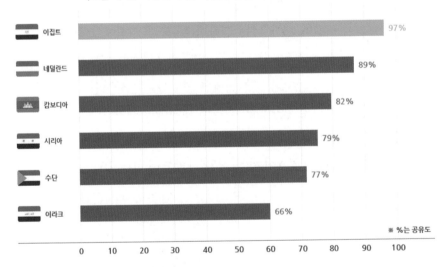

〈그림 4〉 물 사용량의 반 이상을 인접 국가와 공유하는 국가

〈표 1〉 남북한 공유하천 현황

유역명	구분	전체	남한	북한
북한강	유역면적(㎢)	10,124	7,787(76.9%)	2,337(23.1%)
	유로연장(km)	291.3	158.8	132.5
임진강	유역면적(㎢)	8,118	3,009(37.1%)	5,109(62.9%)
	유로연장(km)	273.5	91.1	182.4

※유로연장은 본·지천의 총 연장을 의미

출처: k-water

이라크와 시리아와 터키는 티그리스강과 유프라테스강의 수리권을 지키기 위해서 군대를 동원하여야 했다.(이 광, 2007). 이렇듯 국가 간 물 분쟁은 큰 강이 흐르는 주변 국가에서 발생한다. 국내에서도 도시 간 댐 건설이나 수질오염 문제, 가뭄 등에 의한 가용수량 감소로 인한 취수율 감소 등이 물 분쟁의 원인이 된다. 우리나라의 물 분쟁 사례는 2001년 영천 및 대구에 위치한 금호강의 수질 개선과 포항 등에 공업용수, 농업용수 및 생활용수를 공급하기 위해 안동의 임하댐 물을 영천댐으로 이송하기 위해 건설된 도수로로 인하여 발생하였다. 또한 우리나라가 북한과 공유하는 임진강과 북한강은 지형상 안보의 위험성도 가지고 있어 때때로 남북 긴장의 원인이 되기도 한다.

1991년 구미공단의 페놀 유출로 인한 낙동강 오염사고는 아직도 기억하는 사람이 많다. 유출된 페놀이 대구의 상수원인 다사취수장으로 유입되어 대구시민들이 사용하는 수돗물이 급속히 오염되었다. 페놀은 낙동강 하류인 함안과 밀양, 부산의 상수원에서도 검출되는 사태가 발생하게 된 것이다.

기름유출, 산성 오염물질, 광산폐기물과 플라스틱 등 수질오염의 원인은 다양하다. 그 어떤 오염보다 수질오염은 생명과 직결되는 문제이기 때문에 예민한 관심사가 아닐 수 없다. 대형 수질오염사고의 경우 주변 생태계에 끼치는 영향이 매우 크며 회복되는 시간도 적지 않게 걸린다. 수질오염은 평소의 잘못된 생활습관에서 생기는 경우가 많다. 누구도 소외되지 않는 물을 제공받기 위해서는 우리 모두가 오염원임을 깨닫는 것이 중요하다.

6-1. 2030년까지 모두를 위한 안전하고 저렴한 식수에 대한 보편적 접근을 달성한다.

6-2. 2030년까지 여성과 여아 및 취약 계층의 요구에 특별한 주의를 기울이면서, 모두를 위한 적절하고 공평한 공중위생 및 개인위생에 대한 접근을 달성하고 노상 배변을 근절한다.

6-3. 2030년까지 오염 감소, 유해 화학물 및 물질의 투기 근절과 배출 최소화, 미처리 폐수 비율을 절반으로 감축, 전 세계적으로 재활용과 안전한 재사용의 대폭 확대를 통해 수질을 개선한다.

6-4. 2030년까지 모든 부문에서 물 사용 효율을 높이고, 물 부족 문제에 대응하기 위해 담수의 지속가능한 취수와 공급을 보장하며, 물 부족으로 고통받는 인구의 수를 대폭 감소한다.

6-5. 2030년까지 초국적 협력 등을 통해 모든 수준에서 통합된 수자원 관리를 이행한다.

6-6. 2020년까지 산, 산림, 습지, 강, 대수층 및 호수를 포함한 물 관련 생태계를 보호하고 복원한다.

6-a. 2030년까지 집수, 담수화, 물 효율성, 폐수 처리, 재활용 및 재사용 기술을 포함한 물 및 위생 관련 활동과 프로그램에 있어서 국제적 협력과 발전도상국에 대한 역량 구축 지원을 확대한다.

6-b. 물과 위생 관리 개선에 있어 지역 공동체 참여를 지원하고 강화한다.

3. 물은 어디든지 흐른다

물은 물길이 나 있는 곳으로 어디든지 흐른다. 자연적으로 생성된 물길도 있으나 인위적으로 사용 목적에 따라 물길을 만들어 내기도 한다. 얼마 전까지만 해도 물은 공기처럼 존재가치의 중요성을 인정받지 못하였다. 늘 우리에게는 공짜로 주어진 혜택처럼 걱정 없이 사용하였다. 그러나 시간이 흐름에 따라 치수(治水)는 국가의 중요과제가 되었을 뿐 아니라 이해관계자들의 협력이 무엇보다 중요한 분야가 되었다.

1993년 UN 총회에서 3월 22일을 세계 물의 날로 정하고, 2003년에는 세계 담수의 해(International Year of Freshwater)를 선언하였다. UN

〈그림 5〉 세계물의 날 행사

출처: 환경부

은 2030년까지 모두를 위한 안전하고 저렴한 식수에 대한 보편적 접근과 적절하고 공평한 위생, 물 공급 및 오염방지에 대한 국제적 협력을 통한 통합 수자원 관리를 SDG 6번으로 정하고, 달성을 위한 노력을 하고 있다. 도시화는 수질을 악화시키는 큰 원인 중 하나다. 모두에게 안전한 물을 공급하기 위해서는 폐수처리 관리도 중요하다. 수자원의 오염 원인이 되는 것을 정부가 효과적으로 조절하고 통제해야 한다. 그러기 위해서 수질측정은 정기적으로 시행되어야 한다. 물관리는 어떤 분야보다 거버넌스의 힘을 발휘하여야만 한다. 또한, SDG 6은 지역사회의 참여 없이는 달성할

〈그림 6〉 제2차 물 환경관리 기본계획의 3가지 핵심가치

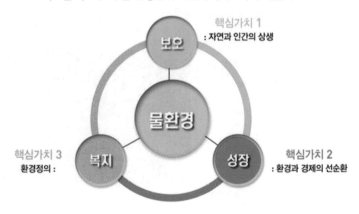

수 없다. 정부는 물관리를 최우선 정책으로 설정하고, 기획, 수행, 모니터링 등 의사결정의 전 과정에서 지역사회와 논의해야 한다. 물관리는 지속가능발전을 위한 모든 목표들의 바탕이 되며, 가난을 총체적으로 다루기 위한 식수 위생 분야의 기본 원칙이 될 것이다.

우리나라에서는 제2차 물 환경관리 기본계획(2016~2025)을 세워 다양한 이해관계의 충돌과 갈등이 예상되는 물 환경정책을 조정하면서 물 순환 체계를 정립해 나가는 노력을 진행하고 있다.

4. 모든 사람이 접근할 수 있는 물

물 위기는 식량 위기의 발생 가능성을 높인다. 곡물 1톤을 생산하기 위해서는 대략 1,000톤의 물이 필요하며 전 세계적으로 담수 사용량의 70% 정도가 농업생산에 이용되고 있다.

물은 다른 농업 생산요소인 에너지나 비료 등과 달리 대체재가 없기 때

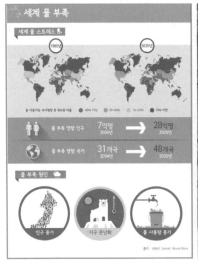

〈그림 7〉 세계 물 스트레스

출처: k-water

〈사진 2〉 식수 확보와 여성노동력

출처: 워터저널

문에 물 부족이 안정적인 식량 수급에 작용하는 제약은 매우 크다. 따라서, 개인, 기업, 국가 등 어느 한 집단에서 소비되는 물 발자국을 고려하여 각국에서는 효과적이고 누구도 소외되지 않는(Leave no one behind) 물 관리 정책이 수립되어야 할 것이다. UN에 따르면, 2015년 기준 세계 인구의 약 10%가 안전한 음료수에 접근하지 못하고 있다. 물 부족 문제는 농업, 공업과 같은 생산활동뿐 아니라 사회생활에도 악영향을 미치며, 기후위기와 도시화로 인한 물 문제는 심각한 상황이다. 특히, 식수에 대한 접근이 어려운 아프리카나 아시아의 일부 지역에서는 식수 확보를 위해 아동과 여성의 노동력을 필요로 한다. 그것은 여성과 아동들에게서 교육의 기회를 박탈할 가능성이 높아진다.

또한 물로 인한 생태계 악화는 기후변화 문제와 육상생태계와도 깊은 연관이 있다. 물 관리에 대한 투자는 충분하지 않으며, 식량, 에너지 생산 경제성장을 위해서 물 관리는 더욱 책임 있게 진행되어야 한다.

(재)기후변화센터에서는 '환경데이터 플랫폼 활용보고서'를 발간하였는데 이 보고서에 따르면 우리나라 500대 상장기업과 발전공기업 7개사 중 2019년 물 재활용률을 공개하는 국내 기업 110개의 평균 물 재활용률은 16.2%에 지나지 않다고 밝혔다.

최근 이슈가 되고 있는 섬유나 의류산업 분야의 물 소비량과 폐수량은 전 세계 산업의 20%를 차지하고 있다. 제품의 생산, 유통, 소비 전 단계에 걸쳐 소비되는 물을 보이지 않는 물, 즉 가상수(假想水, Virtual Water)라고 한다. 125ml 커피 한잔에 소비되는 물은 단순히 125ml에 커피만 더해진 것이 아니다. 그 한잔의 커피를 뽑아내기 위해서 커피나무를 재배하고 수확, 포장과 운송과정을 거치는 전 과정에서 소비되는 물은 약 132L의 물이 필요한 것이다. 우리나라는 가상수 수입국으로는 100개국 중 15번째이다. 가상수 수입률이 62%로 의존도가 높은 국가이다. 이렇듯 물은 우리 눈에 보이는 것이 다가 아니다.

특히, 가뭄이 발생한다면 물에 대한 접근은 우리를 더욱 고통스럽게 한

〈표 2〉 제품들의 가상수

생산품	커피	우유	닭고기	돼지고기	소고기	피자	청바지	면티	A4용지	자동차
가상수 (리터)	132	27	4,325	5,988	15,425	1,259	12,000	4,000	15,500	400,000

다. 우리나라의 상수도 보급률은 97.5%에 이른다. 나머지 2.5% 지역은 아직 상수도가 보급되지 않아 지하수를 이용한다는 것이다. 이는 가뭄이 발생할 때 안전하게 물을 공급받지 못할 확률이 높다.

물 분야의 전문가들이 한자리에 모여 전 세계의 물 문제 해결을 위한 공동 대응을 목적으로 3년마다 개최되는 물포럼(WWF. World Water Forum)에서는 정치적 의제에서 물의 중요성 높이기, 언론 및 대중들에게 세계 물 문제에 대한 인식 높이기, 국제 물 문제 해결을 위한 지원, 지식과 글로벌 물 관련 정보를 교환할 수 있는 플랫폼 제공, 글로벌 물 평가, 과제 및 잠재력 솔루션에 대한 지식 제시, 물 관리 개선을 위한 정치적 약속 생성을 목표로 한다. 다양한 지리적, 부문적 배경을 가진 모든 이해당사자들이 함께 물 문제를 해결해 나갈 수 있도록 하자는 것이다. 지속가능한 물과 위생을 위한 목표를 달성하기 위해서는 전 세계 모든 사람이 이해당사자다.

요약

2022년 11월 15일 이집트에서 열린 UN 기후변화회의 (COP27)는 물과 지구온난화의 연관성에 초점을 맞추어 공식 의제에 물을 포함시킨 최초의 당사국회의(COP)가 되었다.

기후변화는 지구의 자연적인 물 순환을 방해하여 홍수와 가뭄을 초래하고 수백만 명의 사람을 이주시키고 안전한 식수와 농업에 대한 접근에 부정적인 영향을 미치고 있다. 오늘날 지하수는 전 세계 도시 인구의 거의 50%를 공급하는 것으로 추정될 정도로 도시의 지하수 의존도는 높다. 따라서 인권 문제로 기본적으로 필요한 물에 대한 접근을 보장하고, 생계와 소규모 생산에 필요한 지하수 접근, 자연 지하수 함량 및 유출 과정에서 유해한 영향을 미치는 토지 이용에 대한 규제, 지하수 분배, 모니터링, 정책적 책임 부문 관련자로 구성된 협회의 형성과 역할에 대한 규제 등 정부는 지하수를 주요 공유재로써 관리하는 역할을 담당하여야 한다.

〈생각 나누기〉

1. 물 없는 하루를 체험한 후 어떤 불편함을 느꼈는지 서로 이야기 해봅시다.
2. 물과 관련된 여러 산업들을 알아보고 물이 주는 사회, 경제적 영향에 대해 이야기 해봅시다.
3. 물 사용의 불평등에 대해 이야기 해보고 해결책을 제시해 봅시다.

참고 문헌

UN(2022). 「세계물개발보고서」.
UN(2023). 「Water Conference 보고서」.
김태진(2022). "물 분쟁 사례 분석 및 논의". 『물과 미래: 한국수자원학회지』.
　　　55(7): 43-51.
이광(2007). "세계 물전쟁". 『과학과 기술』. 40(5): 100-101.
환경부(2017). 「제2차 물환경관리 기본계획서」.

참고 사이트

K-water https://www.kwater.or.kr/
워터저널 http://www.waterjournal.co.kr/
유니세프 https://www.unicef.or.kr/
유일하 통일부기자단 블로그 https://blog.naver.com/
헤럴드경제 http://biz.heraldcorp.com/
환경미디어 http://www.ecomedia.co.kr/

모두를 위한 적정가격의 신뢰할 수 있고 지속가능하며 현대적인 에너지에 대한 접근 보장

성 은 진

개관

SDG 7번 목표는 모든 사람들이 적정가격에, 지속가능한 청정에너지를 이용할 수 있도록 보장하는 것을 지향한다. 인간의 모든 활동에는 반드시 에너지의 투입이 필요하다. 과거의 주요 에너지원은 인력과 축력이었지만 기술 발전과 경제활동의 증대로 더 많은 에너지가 필요하게 되었고, 이에 인류는 필요한 에너지원의 대부분을 화석연료에 의존하게 되었다. 하지만 화석연료 사용이 대기오염물질과 온실가스 배출 등 사회적 비용을 발생시킨다는 것이 알려지게 되었고, 지속가능발전을 위해 청정에너지원으로 전환할 필요성이 대두되었다.

청정에너지원으로의 효과적 전환을 위해서는 우선 에너지 효율 향상을 통해 전체적인 에너지 수요를 절감함으로써 화석연료에 대한 의존을 낮출 필요가 있다. 이와 동시에 재생에너지(수력, 태양광, 풍력, 지열, 바이오매스) 보급을 확대해 화석연료 사용을 대체해야 한다. 개발도상국과 빈곤지역에서 연료를 구하는 활동의 대부분이 여성과 어린이 몫이므로 이들이 그 시간을 교육과 같은 유익한 활동에 사용할 수 있도록 SDG 7번 목표 달성을 위해 노력해야 할 것이다.

학습 목표
1. SDG 7번 목표에 대해 알아보자.
2. SDG 7번 목표의 성과에 대해 알아보자.
3. SDG 7번 목표의 이행에 직면한 문제를 알아보자.
4. SDG 7번 목표의 앞으로 과제에 대해 알아보자.

주요 용어

2030 의제, 청정에너지, 화석연료, 지구온난화, 온실가스, 재생에너지, 국제에
너지기구(IEA), 국제에너지기구(IEA), 에너지 믹스, 스마트 그리드

1. SDG 7번 목표 소개

(1) SDG 7번 목표 개요

SDG 7은 UN이 2015년 지속가능발전을 위한 2030 의제의 일환으로 설정한 17개 글로벌 목표 중 하나이다. SDG 7의 목표는 모두를 위해 저렴하고 안정적이며 지속가능하고 현대적인 에너지에 대한 접근을 보장하는 것이다. 특히 이 목표는 세 가지 주요 목표에 초점을 맞추고 있다. 전 세계 에너지 믹스에서 재생에너지의 비중 증가, 에너지 효율성 개선, 현대 에너지 서비스에 대한 보편적 접근 보장 등의 목표를 달성함으로써 SDG 7은 지속가능한 개발을 촉진하고 온실 가스 배출량을 줄이며 기후변화의 영향을 완화하는 것을 목표로 한다.

(2) 인간과 에너지

에너지는 인간의 생존과 발달에 필수적이다. 인류 역사 초기부터 사람들은 일상 활동을 위해 장작, 축력, 물레방아 등 다양한 에너지원을 사용해 왔다.

18세기 후반에 시작된 산업혁명은 에너지 사용 방식에 상당한 변화를 가져왔다. 석탄, 석유 및 천연 가스와 같은 화석 연료는 산업 생산 및 운송을 위한 주요 에너지원이 되었으며 에너지 수요는 기하급수적으로 증가했다.

오늘날 세계는 기후변화, 대기오염, 에너지 빈곤 등 에너지와 관련된 수많은 문제에 직면해 있다. 이러한 과제를 해결하려면 지속가능한 에너지원으로의 전환과 보다 효율적인 에너지 사용이 필요하다.

태양열, 풍력, 수력 및 지열 발전과 같은 재생 가능 에너지원은 지속가능한 에너지 솔루션을 제공할 수 있는 큰 잠재력을 가지고 있다. 또한 건물 단열, 효율적인 가전제품, 스마트 에너지 시스템과 같은 에너지 효율 측정을 통해 에너지 수요를 줄이고 비용을 절감할 수 있다.

인간과 에너지의 관계는 기본적인 필요를 충족시키는 것뿐만 아니라 사회 및 경제 발전과도 관련이 있다. 신뢰할 수 있고 저렴한 에너지에 대한 접근은 빈곤 감소, 건강 및 교육 결과 개선, 경제 성장 촉진에 필수적이다.

(3) SDG 7의 역사적 배경

SDG 7의 역사적 배경은 1992년 브라질 리우데자네이루에서 개최된 유엔 환경 및 개발 회의로 거슬러 올라간다. 지속가능한 에너지 시스템의 필요성은 지속가능한 개발의 핵심 요소로 인식되었다. 이후 지속가능한 에너지는 2002년 지속가능발전 세계정상회의에서 채택된 요하네스버그 이행계획(Johannesburg Plan of Implementation), 2011년 유엔에서 출범한 모두를 위한 지속가능한 에너지(Sustainable Energy for All) 이니셔티브 등 다양한 국제 협약에서 강조되어 왔다.

2015년 9월 유엔 총회에서 채택된 지속가능발전을 위한 2030 의제에는 SDG 7이 17개의 지속가능발전목표 중 하나로 포함되어 있다. 목표는 2030년까지 모든 사람이 저렴하고 안정적이며 지속가능하고 현대적인 에너지에 접근할 수 있도록 하는 것이다.

SDG 7은 2015년에 채택된 기후변화에 관한 파리 협정과 일치하며 지구 온도 상승을 산업화 이전 수준보다 섭씨 2도 훨씬 아래로 제한하는 것을 목표로 한다. SDG 7이 추진하는 재생에너지원의 사용은 온실 가스 배출을 줄이고 기후변화의 영향을 완화하기 위한 핵심 전략으로 간주된다.

(4) SDG 7의 목표와 세부목표

SDG 7의 목표와 세부목표의 내용은 다음과 같다.

저렴하고 안정적이며 현대적인 에너지 서비스에 대해 보편적 접근 보장한다. 이 목표는 모든 사람이 전기 및 깨끗한 요리 솔루션에 접근을 할 수 있도록 보장하는 것을 목표로 한다.

전 세계 에너지 믹스에서 재생에너지의 비중을 증가시킨다. 이 목표는 태양열, 풍력, 수력 및 지열 발전과 같은 재생에너지원의 사용을 늘리는 것을 목표로 한다.

에너지 효율의 전 세계적인 개선 속도를 두 배로 늘린다. 이 목표는 건물, 운송 및 산업의 에너지 효율을 개선하여 상품과 서비스를 생산하는 데 필요한 에너지의 양을 줄이는 것을 목표로 한다. 청정에너지 연구 및 기술에 대한 접근을 용이하게 하기 위한 국제 협력을 강화한다. 이 목표는 개발도상국에 청정에너지 기술 이전을 촉진하고 청정에너지 기술의 연구 및 개발을 지원하는 것을 목표로 한다. 개발도상국의 모든 사람들에게 현대적이고 지속가능한 에너지 서비스를 제공하기 위한 인프라 확장 및 기술 업그레이드를 한다. 이 목표는 개발도상국의 에너지 인프라를 개선하고 저렴하고 지속가능한 에너지 서비스에 대한 접근을 보장하는 것을 목표로 한다.

(5) SDG 7을 위한 데이터 수집 및 모니터링 방법

SDG 7 달성을 위한 진행 상황을 측정하기 위해 가구 조사, 국가 에너지 통계, 원격 감지 및 GIS, 에너지 감사, 국가 에너지 정책 및 계획 등 다양한 데이터 수집 및 모니터링 방법이 사용된다. 효과적인 모니터링을 위해서는 신뢰할 수 있고 일관된 데이터를 보유하는 것이 필수적이며, 이를 위해서는 데이터 수집 및 모니터링 시스템에 대한 투자, 데이터 수집 및 분석을 위한 역량 구축, 데이터 공유 및 투명성 촉진이 필요하다.

(6) SDG 7의 이행을 위한 다양한 정책 및 규제 프레임워크

SDG 7의 이행에는 다양한 정책 및 규제 프레임워크, 재정 지원 및 국제 협력을 포함하는 포괄적이고 조정된 접근 방식이 필요하다.

첫째, 재생 가능 에너지 정책. 정부는 태양열, 풍력, 수력 및 지열 발전과 같은 재생 가능 에너지원의 사용을 촉진하기 위한 정책을 시행할 수 있다. 이러한 정책에는 병입 관세, 세금 인센티브 및 재생 가능 에너지 목표가 포함될 수 있다.

둘째, 에너지 효율 기준정책. 정부는 건물, 가전제품 및 산업에 대한 에너지 효율 기준을 설정할 수 있다. 이러한 표준은 에너지 수요를 줄이고 비용을 절감하는 동시에 지속가능한 개발을 촉진하는 데 도움이 될 수 있다.

셋째, 청정 요리 정책. 정부는 LPG, 바이오가스, 전기스토브와 같은 청정 요리 솔루션의 사용을 장려하는 정책을 시행할 수 있다. 이러한 정책에는 전통적인 바이오매스의 사용을 줄이기 위한 보조금, 인식 제고 캠페인 및 규정이 포함될 수 있다.

넷째, 금융 접근성 정책. 정부는 재생에너지 프로젝트 및 에너지 효율 측정을 위한 금융 접근성을 제공할 수 있다. 여기에는 지속가능한 에너지 솔루션의 개발 및 배치를 지원하기 위한 보조금, 대출 및 기타 금융 수단이 포함될 수 있다.

다섯째, 국제 협력. 국제 협력은 개발도상국에 대한 기술 이전, 역량 강화 및 재정 지원을 촉진함으로써 SDG 7의 이행을 지원할 수 있다.

여섯째, 탄소 가격 책정정책. 탄소세 및 배출권 거래 제도와 같은 탄소 가격 책정은 온실 가스 배출량을 줄이고 지속가능한 에너지원으로의 전환을 장려할 수 있다.

(7) 한국의 SDG 7의 역사

한국은 화석연료 의존도를 줄이기 위해 1990년대부터 재생에너지를 보급한 역사가 있다. 정부는 1999년 재생에너지개발법을 제정하여 태양광, 풍력, 지열 등 재생에너지원을 육성하였다. 이후 한국은 재생에너지 개발에 상당한 진전을 이루었으며 재생에너지 비중을 국가 전체 에너지 소비량의 20%까지 늘리는 것을 목표로 하고 있다. 이 목표를 달성하기 위해 정부는 FIT(Feed-In-Tariff) 시스템, 태양광 패널 보조금, 유휴 토지에 태양광 발전소 설립 등 다양한 정책을 시행했다. 정부의 약속과 정책 프레임워크는 국가의 총 에너지 소비에서 재생에너지의 비율을 높이는 데 도움이 되었다. 그러나 2030년까지 20%의 재생에너지 목표를 달성하려면 더 많은 노력이 필요하다.

2. SDG 7 이행 성과

(1) 세계의 노력

모로코는 SDG 7을 달성하는 데 상당한 진전을 이룬 국가 중 하나이다. 모로코는 2020년까지 재생에너지원에서 전기의 42%를 생산하는 목표를 설정하고 2030년까지 52%로 증가시키는 등 재생에너지 및 에너지 효율성을 촉진하기 위한 여러 정책과 프로그램을 시행했다.

모로코는 대규모 투자 정책을 통해 이 목표를 달성했다. 세계에서 가장 큰 태양열 발전소 중 하나인 Noor Ouarzazate Solar Park를 포함한 대규모의 재생에너지 프로젝트 및 Green Mosque 프로그램과 같은 에너지 효율 프로그램 구현, 재생 가능 에너지 프로젝트 개발을 지원하기 위한 재정 메커니즘을 수립했으며 세계은행, 유럽연합, UN 개발 프로그램과 같은 국제기구의 지원을 받았다. 그 결과 모로코는 전기에 대한 접근성을 확대하고 화석연료에 대한 의존도를 줄이며 에너지 효율성을 개선하였다.

(2) 한국의 노력

한국은 총 발전량에서 재생에너지의 비중을 높이는 데 초점을 맞춤으로써 SDG 7을 달성하는 데 상당한 진전을 이루었다. 한국은 2030년까지 재생 가능 에너지의 20%에 도달한다는 야심찬 목표를 설정했으며 재생 가능 에너지원의 사용을 늘리기 위해 재생 가능 에너지 포트폴리오 표준(RPS) 및 발전차액지원제도(FIT)와 같은 정책 및 이니셔티브를 구현했다. 한국은 태양광 발전 분야에서 상당한 진전을 이루었고 세계 최고의 태양광 에너지 생산국 중 하나가 되었다. 밀양 수상 태양광 발전소는 한국이 신재생에너지 발전 용량을 늘리기 위한 노력의 한 예다. 또한 풍력발전에 많은 투자를 하고 있는데, 동해 1호기 해상풍력 사업은 국내 최초의 부유식 해상풍력 사업이다. 바이오에너지센터는 음식물쓰레기를 안전하고 위생적으로 처리하고 신재생에너지원인 바이오가스를 생산하는 최첨단 시설이다. 정부는 태양광 패널 설치를 촉진하기 위해 보조금, 세제 혜택 및 순 계량을 제공하고 태양 에너지 기술을 개선하고 비용을 절감하기 위해 연구 개발에 막대한 투자를 해왔다.

3. SDG 7 이행의 직면한 과제들

(1) 전 세계 전력이용 현황과 불평등

인구 증가, 도시화 및 경제 발전으로 인해 전 세계적으로 전력 소비가 증가하고 있다. 화석 연료는 여전히 전 세계 전기 생산의 63%를 차지하는 지배적인 발전원이다. 주로 사하라 사막 이남의 아프리카와 남아시아에 거주하는 세계 인구의 10%는 여전히 전기에 대한 접근성이 부족하다. 중국, 미국, 인도 및 러시아는 최대 에너지 소비국이다. 전기 요금 및 사용량은 경제 발전, 천연 자원 및 정부 정책에 따라 크게 다르다. 북미의 평균

주거 요금은 미국에서 13.31센트/KWh, 캐나다에서 14.31센트/KWh였다. 유럽에서는 요금이 KWh당 약 8센트에서 KWh당 30센트 이상까지 다양하다. 아시아에서는 일본과 한국이 요금과 사용량이 높은 반면 인도와 인도네시아는 요금과 사용량이 낮다. 아프리카의 전기 이용은 제한적이며 전기 요금은 다른 지역보다 높은 경향이 있다. 많은 국가에서 전기에 대한 접근성을 높이고 비용을 줄이기 위해 재생 가능 에너지에 투자하고 있다.

(2) SDG 7 이행에 직면한 문제

SDG 7의 이행은 정치적 의지 부족, 제한된 자금 조달, 기술적 장벽, 제한된 기반 시설, 정치적 불안정, 환경 및 사회적 문제를 포함한 여러 가지 문제에 직면해 있다. 정부의 약속은 SDG 7을 달성하는 데 매우 중요하지만 많은 국가에서 재생에너지 프로젝트를 위한 자금이 부족하고 숙련된 인력의 가용성이 제한적이다. 재생에너지 기술의 효과적인 보급을 위해서는 송전선로 및 저장 시스템과 같은 재생에너지 기반 시설의 개발이 필요하다. 정치적 불안정과 갈등은 재생에너지 프로젝트에 부정적인 영향을 미칠 수 있으며 환경 및 사회적 문제를 해결하지 못하면 반대와 지연으로 이어질 수 있다. 이러한 문제를 해결하는 것은 전 세계 에너지 믹스에서 재생 가능 에너지의 비중을 늘리고 지속가능발전을 촉진하는 SDG 7 목표를 달성하는 데 매우 중요하다. 민간 부문 투자, 국제 금융 기관 및 공공-민간 파트너십은 재생에너지 개발을 위한 자금 조달에 필수적이다. 적절한 기술과 기술 전문성에 대한 접근은 SDG 7의 성공적인 이행에 매우 중요하다.

(3) 한국의 SDG 7 이행에 직면한 문제

2020년 한국의 1차 에너지 공급량은 231.2 Mtoe였으며, 석탄이 36.6%로 가장 큰 공급원이었다. 2020년 한국의 총 발전량은 630.8TWh이며, 석탄이 41.9%로 가장 큰 전력원이다. 한국이 SDG 7을 달성하는 데 직면한 과제에는 화석연료에 대한 과도한 의존도, 에너지 접근성의 차이, 재생에너지 개발에 대한 인센티브 부족, 제한된 대중 인식 및 참여, 복잡한 규제 프레임워크가 포함된다. 이러한 문제를 극복하기 위해 한국은 에너지원을 다양화하고, 에너지 인프라에 투자하고, 재생에너지 투자에 대한 더 많은 지원과 인센티브를 제공하고, 대중의 인식과 참여를 높이고, 규제 프레임워크를 간소화해야 한다. 어려움에도 불구하고 한국은 지속가능한 에너지 개발을 촉진하고 SDG 7을 달성하는 데 진전을 이루었지만 2030년까지 20% 재생에너지 목표를 달성하려면 더 많은 노력이 필요하다.

4. 결론

에너지 부문의 새로운 트렌드에는 재생 가능 에너지, 에너지 저장, 분산 에너지 시스템, 차량 전기화 및 스마트 그리드를 통한 디지털화의 성장이 포함된다. 배터리 기술, 스마트 그리드 시스템, 탄소 포집 및 저장, 재생에너지, 전기 자동차 및 충전 인프라의 혁신은 지속가능한 에너지 전환을 지원하는 잠재적인 방법이다. 이러한 부문에 투자함으로써 비용 절감, 에너지 효율 개선 및 온실 가스 배출 감소를 달성하고 안정적이고 저렴한 에너지 공급을 보장할 수 있다.

SDG 7의 달성은 깨끗하고 저렴한 에너지에 대한 접근성을 높이고, 기후변화 완화에 기여하며, 에너지 안보를 강화하고, 혁신적인 신기술을 촉진하고, 지속가능하고 포용적인 경제 성장을 지원한다. 신뢰할 수 있고 저렴한 에너지에 대한 접근은 빈곤 감소와 건강 및 교육 개선에 필수적이다. 보다 지속가능한 에너지 시스템으로 전환하면 온실 가스 배출을 줄이고 일자리 창출과 지속가능한 산업 발전을 촉진할 수 있다. 에너지 믹스를 다양화하면 에너지 안보와 회복력을 강화할 수 있다. 청정에너지 기술에 대한 투자는 에너지 제품 및 서비스에 대한 새로운 시장을 창출할 수 있다. SDG 7을 달성함으로써 우리는 모두를 위해 보다 공평하고 번영하며 지속가능한 세상을 만들 수 있다.

요약 모두를 위한 저렴하고 지속가능하며 청정한 에너지에 대한 접근을 보장하는 것을 목표로 하는 SDG 7은 지속가능발전에 필수적이다. 에너지는 경제 성장의 핵심 동인이며 빈곤 감소, 건강 및 교육 결과 개선, 전반적인 인간 개발을 위해서는 안정적이고 저렴한 에너지에 대한 접근이 필요하다.

많은 국가의 주요 에너지원인 화석 연료의 사용은 환경 파괴와 인간 건강에 부정적인 영향을 미쳤다. 태양열, 풍력, 수력 및 지열 발전과 같은 지속가능한 에너지원으로 전환하면 온실 가스 배출량을 줄이고 기후변화의 영향을 완화할 수 있다. 이러한 전환은 또한 에너지 빈곤을 줄이고 소외된 지역 사회의 에너지 접근성을 높이는 동시에 새로운 일자리와 경제적 기회를 창출할 수 있는 기회를 제공한다.

SDG 7의 달성은 다른 지속가능발전목표의 달성과 밀접하게 연결되어 있다. 예를 들어, 깨끗하고 저렴한 에너지에 대한 접근은 호흡기 질환의 주요 원인인 실내 공기 오염을 줄임으로써 건강상태를 개선할 수 있다. 또한 학교에 안정적인 전력을 공급하고 학생들이 야간에 공부할 수 있도록 하여 교육성과를 향상시킬 수 있다.

SDG 7의 달성을 위해서는 지속가능한 에너지원으로의 전환 촉진을 위한 정부, 민간 부문 및 시민사회의 공동 노력이 필요하다.

〈생각 나누기〉

1. 세계의 에너지 불평등에 대해 이야기해 보자.
2. 재생에너지 정책을 위해 우리가 할 수 있는 일을 토론해 보자.
3. 에너지 절약을 위한 개인이 할 수 있는 일을 이야기해 보자.

참고 문헌

국제에너지기구(2020). "2020년 세계 에너지 전망".
국제에너지기구(2021). "에너지 기술 관점 2020".
국제재생에너지기구(2020). "2020년 전 세계 재생에너지 전망".
세계보건기구(2018). "가정 에너지 사용이 건강에 미치는 영향: 지식 격차 해소".
세계은행(2020). "2020년 전력 접근성 보고서".
유엔 개발 계획(2019). "SDG 7 정책 브리핑".
유엔 개발 계획(2019). "재생에너지 확장: 행동을 위한 프레임워크".
유엔 개발 계획(2021). "SDG 7: 저렴하고 깨끗한 에너지".
유엔(2015). "우리 세계의 전환: 2030 지속가능발전 의제".
유엔기후변화협약(2015). "파리협정".

참고 사이트

21세기를 위한 재생에너지 정책 네트워크 https://www.ren21.net/
국제에너지기구 https://www.iea.org/
국제재생에너지기구 https://www.irena.org/
기후 행동 추적기 https://climateactiontracker.org/
블룸버그NEF https://about.bnef.com/
산업통상자원부 https://www.motie.go.kr/motie/ne/medu/eng/main/
     main.do/
세계은행 https://www.worldbank.org/
스마트 전력 연합 https://www.sepapower.org/
에너지 저장 협회 https://energystorage.org/
청정 에너지 장관회의 https://www.cleanenergyministerial.org/
코리아 헤럴드 https://www.koreaherald.com/
코리아타임스 https://www.koreatimes.co.kr/
탄소 포집 연합 https://carboncapturecoalition.org/
한국에너지공단 https://www.kea.or.kr/

제9장

SDG 8

모두를 위한 지속적이고 포용적이며 지속가능한 경제성장, 완전하고 생산적인 고용과 양질의 일자리 증진

강 민 옥

개관

17개의 지속가능발전목표들은 인류의 생존과 관련한 중요한 전지구적 과제를 포함하고 있다. 이것이 가능하려면 빈곤 퇴치와 경제발전 전략이 함께 수반되어야 한다. 하지만 경제발전 전략을 국가나 기업이 수립할 때 경제성장에만 목표를 두고 일하는 사람의 안전이나 지속적인 교육, 고용안정 및 적정 임금의 산출을 소홀히 한다면 사람은 인간다운 생활을 영위할 수 없다.

이에 유엔과 국제사회는 각 국가가 규모만 키우는 경제성장이 아닌 포용적이고 질적인 성장을 추구하기 위해 '양질의 일자리와 지속가능한 경제성장'을 2030년까지 인류가 달성해야 할 8번째 목표로 정했다. 이 목표에는 국가별 상황에 맞춰 경제성장의 지속화 및 모든 남녀에 동일 노동에 대한 동일 보수 달성, 근로 환경 조성 및 일자리 창출 등에 관한 내용을 담고 있다.

이 장에서는 SDG 8번 목표를 달성하기 위해 의미하는 바가 무엇인지 알아보고 실현을 위한 앞으로의 과제에 대해 생각해 보고자 한다.

학습 목표

1. SDG 8번 목표에서 말하는 '양질의 일자리'가 의미하는 바를 이해한다.
2. SDG 8번 목표와 다른 SDGs 목표들과의 상호관련성을 이해한다.
3. SDG 8번 목표 달성을 위해 함께 실천 방향을 모색한다.

주요 용어

양질의 일자리, 경제성장, 삶의 질, 불평등, 환경, 경제활동, 기술변화, 빈곤감소, 직업의 안정성

1. SDG 8번에서 의미하는 양질의 일자리와 경제성장

개인이 경제생활을 영위하는데 문제가 발생하면 경제성장률이 줄어든다. 소비는 경제성장률을 계산하기 위한 하나의 구성요소이기 때문이다. 양질의 일자리와 경제성장이라는 목표는 서로가 연결된 병렬적 구성이다. 양질의 일자리가 제공되면 개인의 소득이 증가하고, 소득은 소비로 이어져 경제성장을 달성할 수 있다. 사회적 가치를 양질의 일자리와 경제성장으로 분류하기 위해서는 이 두가지가 어떤 의미를 가지는지에 대해 알아야 한다.

(1) 양질의 일자리

'양질의 일자리(decent work)'란 '생산적이고 공정한 소득을 가져다주는 기회를 수반하고, 안전한 일터의 제공뿐만 아니라 노동자와 그의 가족들에게도 사회적 보호를 제공하는 것을 담고 있다. 그리고 개인의 발전을 위해 그 가능성을 제공해 주고, 노동자 스스로의 생각에 따라 자유롭게 의사결정에 참여하며, 모두에게 동일한 처우와 기회를 보장하는 일자리'를 의미한다. 이것은 일반적으로 말하는 일자리의 질(job quality)과는 다른 개념이다. 일자리의 질은 그 대상이 취업상태의 노동자이지만, 양질의 일자리는 모든 사람에게 적용된다. 또한 노동권을 포함하는 개념이다. 다시 말해, '양질의 일자리'는 일자리의 양적인 증가뿐만 아니라 사회적 안전망 등 여러 요소를 아우르는 개념이다.

(2) 지속가능한 경제성장

경제성장은 국민이 새로이 창출한 부가가치의 증가 즉 GDP의 증가를 의미한다. 그렇다면 지속가능한 경제성장이 의미하는 바는 무엇일까?

그것은 바로 고부가가치 생산성을 얻을 수 있는 새로운 경제활동이 가능한 시스템과 기술 변화가 수반되어야 하는 지속적인 경제성장과 더불어 양질의 일자리를 만들고 사회의 모든 구성원에게 기회를 제공하는 것이다. 동시에 사회적 부의 재분배, 사회통합, 인간 존엄성, 불평등 해소 등을 고려하며 나아가는 포괄적인 경제성장이어야 한다. 단순히 경제적 번영을 말하는 것이 아니라 사람들의 삶의 질(well-being)까지도 고려해야 한다는 개념이며 장애인, 여성, 비주류계층, 소수인종 등이 차별 받지 않도록 하고, 불평등을 줄여나가야 한다는 포괄적인 개념을 내포하고 있다. 또한 경제정책과 관련한 의사 결정에 있어 환경을 배제해서는 안된다. 경제성장 과정에서 발생한 환경 파괴, 지구 시스템의 훼손은 지속적인 경제성장을 저해하는 요소로 작용하기 때문이다.

2. 모두가 보편적 권리를 보장받는 '양질의 일자리'

헌법 제 34조 1항에 "모든 국민은 인간다운 생활을 할 권리를 가진다"고 하는 생존권적 기본권을 규정하고 있다. 인간다운 삶을 위해서는 경제적으로 최소한의 인간다운 생활을 실현할 수 있는 소득과 경제활동의 자유가 보장되어야 한다. 또한 개인의 안전한 삶의 보장과 사회적 위험으로부터 보호해 주는 사회 안전망 및 사람이 살아가는 데 있어서 최소한의 문화적 수준이 보장되어야 한다. 즉 눈에 보이는 생활 상태뿐만 아니라 만족, 행복과 같은 내면적인 심리 상태를 아우르는 넓은 개념으로써 삶의 질을 높여 인간다운 삶을 영위할 수 있어야 한다는 것이다.

이 중 경제적으로 최소한의 인간다운 생활을 할 수 있는 경제활동이 가능하려면 임금으로 대표할 수 있는 노동에 대한 보상에 관심을 가지는 것은 당연하다 할 수 있다. 2019년부터 코로나 19로 인해 경제적으로 많은 피해를 입고 있고 이로 인한 불평등은 더욱 심화되었다. 불평등은 사회 구성원의 삶의 질에 영향을 미치게 된다. 2021년 통계청이 발표한 「국민 삶의 질 2020 보고서」를 살펴보면, 2019년 우리 국민의 삶의 만족도는 6.0(10점 만점)으로 나타났다. OECD 37개국 중 34위이다. 그림 1을 보면 가구소득이 100만원 미만인 저소득층은 5.3점이며, 600만 원 이상인 고소득층은 6.2점을 기록했다. 삶의 만족도는 소득이 증가할수록 높아지는 경향을 보이는데 이는 노동자들에게는 경제적 측면이 삶의 만족도를 높일 수 있는 하나의 요소가 될 수 있다.

〈그림 1〉 2019년 가구 소득별 삶의 만족도

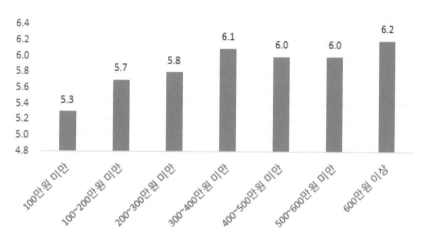

출처: 한국행정연구원, 「사회통합실태조사」. 저자 재구성

경제적 측면이 삶의 만족도를 높일 수 있는 요소라고 해서 일의 노예가 되어 일만 하는 과거 우리의 삶을 살아가고 싶어하는 사람은 없을 것이며, 그런 삶의 방식에서 벗어나야 한다. 풍요로운 문화생활과 만족스러운 직장 생활이 보장되고, 일상생활에서의 안정성이 높아야 한다. 문화체육관광부에서 조사한 2018년 12월 주요 정책 시계열 조사 「노동시간 단축에 대한 인식조사 보고서」에서는 근로기준법 개정에 의한 노동시간 단축 이후 근로자들은 시간을 어떻게 활용하고 있는지의 결과를 살펴볼 수 있다. 〈그림 2〉를 보면, '취미, 여가, 여행 활동'이 43.5%, '자기개발'이 14.8%로 나타

난다. 개정된 근로기준법(주 52시간으로 근무시간 단축) 시행 이후 시간적인 여유가 생긴 덕분에 일하기 바빠 멀리했던 문화생활을 즐길 수 있다는 점을 일상에서 가장 긍정적인 부분으로 꼽는 사람들이 많아졌다.

국제노동기구(International Labour Organization, ILO) 사무총장은 1999년 ILO 총회에서 "오늘날 ILO의 가장 중요한 목표는 남녀 모두에 대하여 자유, 평등, 안전 및 인간적 존엄성을 갖춘 조건에서 이루어지는 적절하고(decent) 생산적인(productive) 일자리의 기회를 촉진하는 것"이라고 언명한 바 있다 (ILO, 1999). 여기에서 언급된 "적절한(decent)" 일자리란 고용, 사회보장, 근로자 권리 및 사회적 대화 등 〈표 1〉에서 제시한 네 가지 요소에 초점을 맞추고 있다(Ghai, 2002).

이처럼 양질의 일자리라는 조건을 갖추기 위해서는 다각적인 부분에서의 개념들을 담고 있어야 한다. 하지만 전 세계 노동 인구의 61%가 넘는 20억 명 이상의 사람들이 노동자를 위한 사회보장제도의 손길이 미치지 않는 곳에서 일하고 있다. 또한 전 세계 15~24세의 젊은이 중 22%는 제대로 된 교육과 직업훈련을 받지 못한 채 직업도 없는 NEET(Not in

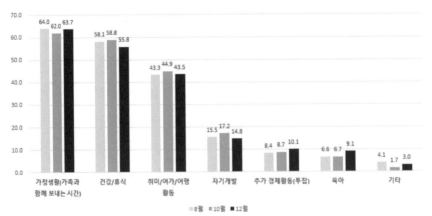

〈그림 2〉 노동시간 단축 이후의 시간활용

출처: 문화체육관광부 2018.12
「12월 주요 정책 시계열 조사_노동시간 단축에 대한 인식」보고서. 저자 재구성

<표 1> Decent Work의 네 가지 관점

관점 유형	설명
일터에서의 권리 (Rights at Work)	ILO 1988 Declaration of Fundamental Principle's and Right at Work의 네 가지 핵심 노동 기준(△freedom of association and the right to collective bargaining, △강제노동의 제거, △아동노동 폐지, △고용 차별 폐지)을 포함
고용 촉진 (Fostering Employment)	빈곤감소 수단으로서 적절한 임금과 함께 완전 고용 달성을 위한 정책, 목표 및 전략을 요구함. 양질의 일자리의 아이디어는 모든 노동자를 위한 고민을 동반하는 데, 이는 사회에 기여하는 어떤 유형의 일자리 즉, 무급 가사노동, 비공식 임금 노동의 모든 유형, 자영업 및 농업까지를 포함
사회적 보호 (Social Protection)	억압받는 근무환경 및 산업재해를 예방하고 유급휴가, 고령사회 보장, 질병, 장애, 실업, 임신과 같은 상화에서 의미 있는 사회보호 시스템을 수립하는 정책을 요구
사회적 대화 (Social Dialogue)	삼자협의, 협상 및 노동자와 고용자 간의 필요시 합의할 수 있는 것을 요구할 수 있는 대화 촉진

출처: ILO(2009)

Employment, Education or Training) 상태에서 불안정하고, 위험하며, 일한 만큼의 보상을 받을 수 없는 삶을 강요 받고 있는 것이 현실이다(윤선이 외, 2021 ;18).

3. 양질의 일자리와 경제성장 실현을 위한 과제

전 세계 인구의 약 절반은 여전히 하루 2달러라는 빈곤선 근처에서 생계를 유지한다. 또한 일자리가 빈곤에서 벗어날 수 있는 환경을 반드시 보장하지는 않는다. 거의 모든 국가들에서 양질의 일자리 창출은 중요한 과제이다. 지속가능한 경제성장이 되려면 환경 친화적이면서 사회평등을 증진할 수 있도록 질 좋은 일자리를 제공해야 한다. 빈곤감축은 안정적이고 충분한 소득이 보장되는 일자리를 통해서만 가능하며, 실업문제가 해결되지 않고 장기간 방치된다면 국제적인 안정과 평화를 위협하는 잠재적 요인이 될 것이다.

SDG 8번 목표는 '번영(Prosperity) 영역'의 '모두를 위한 에너지 보장', '경제성장과 양질의 일자리', '사회기반시설 산업화 및 혁신', '불평등 감소', '지속가능한 도시와 주거지'의 5개 목표 중 하나이다. 계속되는 양질의 일자리 부족과 불충분한 투자, 소비의 감퇴는 '모두가 성장을 나누어야 한다'는 민주사회에 기반을 둔 사회의 기초적인 합의를 점점 더 악화시킨다. 국가 전체 차원에서 환경과 사회적인 측면을 고려한 지속가능한 경제성장의 정량적인 목표치를 제공함과 동시에 고용에 관한 포괄적인 비전이 제시되어야 한다. SDGs 시대의 경제성장과 일자리 창출과 관련된 국제환경은 MDGs 시대에 비해 많은 변화를 겪게 되었고, 이는 국제사회 의제 변화에도 큰 영향을 미치고 있다. MDGs에도 세부목표에 "완전하고 생산적인 고용 및 여성과 청년층을 포함한 모두에게 '양질의 일자리'를 제공한다"라고 명시는 있었지만, 이는 절대빈곤과 기아퇴치의 하위목표 중 하나로만 설정되어 있을 뿐 그 중요성은 크게 강조되지 못했다. 이 목표는 경제성장과 양질의 일자리를 바탕으로 한 완전고용을 목표로 하며, 특히 지속성과 포용성을 바탕으로 한 경제성장을 지향한다고 볼 수 있다. 여기서 지속성과 포용성은 목표가 경제적 지수 향상 자체(양적인 소득증대)에 있지 않고 사회, 경제, 환경 부문의 가치 회복에 바탕을 둔 일자리 창출, 경제 발전을 지향하고 있음을 의미한다(임소영 외, 2016).

SDG 8번 목표에서는 성별을 고려한 양질의 일자리 창출 또한 강조하고 있는데, 2018년 여성 노동력 참여율은 남성의 75%에 비해 48%에 그쳤다. 2018년 노동인구 35억명 중 5명 중 3명이 남성이었다. ILO와 갤럽의 「2017년 글로벌 리포트」에 따르면 70%의 여성이 무급가사노동보다 유급노동을 선호하며, 남자들도 이에 동의한다고 했다. 하지만 아직도 대부분의 국가에서는 여성에 비해 남성이 더 많은 비율로 노동시장에 참여하고 있다. 2005년부터 2015년까지 6세 이하 아이를 가진 여성들의 고용률과 아이가 없는 여성들의 고용률의 차이는 38%이다. ILO는 여성이 고용의 어려움을 겪는 첫 번째 이유로 성별 고정관념을 들었다. 이는 선진국 및 개발도상국의 경우 배우자가 있는 여성의 노동 참여율이 더 낮은데 '가장으로서의 남성', '주부로서의 여성'에 대한 고정관념이 고착화되어 있기 때문이다. 일과 가정 양립 촉진, 여성이 속한 직업군에 대한 임금 및 업무 환경 개선, 동일노동 동일임금과 성별 블라인드 채용 및 성과 평가가 해결되어야 할 숙제로 남아있다.

우리는 모든 국가가 포용적이고 지속가능한 경제 성장, 그리고 양질의 일자리를 누릴 수 있는 세상이기를 원한다. 현재 지속가능발전은 큰 위기에 직면해 있다. 수십억 명의 시민들이 빈곤하고 인간의 존엄성이 보장되지 않는 삶을 살고 있다. 국가 내 그리고 국가간 불평등 또한 고조되고 있다. 기회, 빈부, 권력의 격차가 심각하며 실업, 특히 청년실업은 심각한 문제이다. 이러한 전 세계적 문제점을 해결하기 위해서는 모든 국가의 경제적 기반 구축과 지속적이고 포용적이며 지속가능한 경제 성장은 번영의 필수요건이며, 부의 공유와 소득 불균형 해소를 통해서만 가능한 일이다(수산 외, 2020; 12, 16). 국가별로 상황에 맞춘 지속가능한 경제성장을 추구하고, 일자리 창출과 성장 기업을 지원하기 위한 정책을 펼쳐야 한다. 이를 위해 안전한 근로 환경을 조성하는 것과 동시에 청년고용, 교육 및 훈련을 촉진하고 이주 노동자 등 취약계층의 보호도 추구해야 한다.

SDG 8번 목표는 총 12개의 세부목표로 구성되어 있다. 이 세부목표들은 주제별로 △일자리 창출, △사회적 보호, △경제 성장으로 구분할 수 있다(오수현, 2017). SDG 17개 목표 중 다른 목표들 보다 SDG 1. 빈곤퇴치, SDG 4. 양질의 교육, SDG 5. 성평등, SDG 10. 불평등 감소, SDG 12. 지속가능한 생산과 소비, SDG 13. 기후변화와 대응, SDG 16. 정의·평화·효과적인 제도 등의 목표들과 밀접하게 관련되어 있어 상호연결을 통해 달성해야 할 것이다.

4. '얼마나'가 아닌, '어떻게' 성장할 것인가에 대한 사회적 합의

SDG 8번 목표에서의 양질의 일자리는 사회정의가 강조되기 보다는 경제성장의 측면에서 접근하기 시작했다. 이는 SDGs가 수립되는 과정에서 정부, 학계, 시민사회뿐만 아니라 기업이 주요 이해관계자로 참여하여 일자리에 대한 논의 과정에서 경제성장 접근방식과 인권 중심의 접근 방식을 놓고 팽팽히 맞섰으며, 두 가지의 접근방식이 하나의 목표로 수렴됨으로써 양질의 일자리의 개념은 지속적이고, 포용적이며, 지속가능한 경제 성장과 완전하고 생산적인 고용과 함께 다루어지기 시작했다.

양질의 일자리가 중요한 이유는 양적인 고용 증가만으로는 빈곤감소에 한계가 있기 때문이다. 일자리의 수가 늘어난다고 해도, 직업의 안정성이 낮고 사회보호 시스템 등의 혜택을 받지 못하는 직업을 가지고 있는 빈곤계층은 지속적인 소득을 만들어 내는 것이 어렵게 되고 빈곤을 벗어나는 것이 어렵다.

모든 국가의 경제적 기반 구축은 포용적이며, 지속가능한 경제 성장과 번영을 위한 필수요건이다. 이는 부의 공유와 소득 불균형 해소를 통해서 이룰 수 있다. 즉 나 혼자만의 번영인 '얼마나'이기 보다는 함께 이뤄갈 수 있는 '어떻게'에 방점을 두어야 한다. 청년고용, 특히 여성의 경제적 권익 신장, 모두를 위한 양질의 일자리 확대를 통해 역동적이고 지속가능하면서 혁신적인 사람 중심의 경제를 구축하기 위해 노력해야 한다. 각국의 노동계층은 생산적이며 보람있는 직무수행과 온전한 사회참여를 위해 습득되어야 할 지식과 기술을 갖출 수 있는 건강하고 적합한 훈련과 교육을 받아야 한다. 그것으로 인해 생산 역량과 생산성이 증대되며, 생산적인 고용의 증진 그리고 지속가능한 산업 발전이 가능할 수 있다(수산 외, 2020).

기업윤리 브리프스 2020년 5월호 'SDGs로 알아보는 기업윤리-국내 기업 지속가능발전목표 실천 사례(2)'를 살펴보면, 코스피 100대 기업을 대상으로 실시한 설문조사 결과 우리 기업들이 중점적으로 실천하고 있는 SDGs는 SDG 13. 기후변화와 대응(71%), SDG 8. 양질의 일자리와 경제성장(55%), SDG 4. 양질의 교육(50%), SDG 12. 지속가능한 생산과 소비(42%) 순으로 나타났다. 현 정부의 국정 목표를 살펴보면 공공기관 자체 ESG역량 강화 및 민간 협력업체 ESG경영을 지원하고, 지속가능성장을 위해 K-ESG 가이드라인 고도화, 공급망 실사 대응지원 사업 신설, 소셜 택소노미 마련 등 중소·중견기업의 ESG 경영 확산을 통해 기업 성장과 사회적 가치 연계 모델 확산을 꾀하고 있다. 기업의 지속가능한 성장이 노동의 가치가 제대로 존중될 수 있는 공정한 노동시장의 구현 및 성평등 일자리 환경 조성 등 기반 마련과 함께 진행되면서 양질의 일자리가 마련될 수 있는 밑거름이 되기를 희망한다.

요약

일하는 사람이면 누구나 양질의 일자리를 원한다. 양질의 일자리는 다양한 사회, 문화 및 경제적인 요소들이 담겨 있는 복합적인 개념이다. 경제학 분야에서는 임금과 같이 일자리에서 얻는 경제적인 보상에 대해, 사회학에서는 직업의 사회적 위세, 산업심리학에서는 근로자의 직무만족도에 대해 관심을 나타낸다.

현대 사회에서 일자리는 먹고 살아가기 위한 아주 기본적인 생계 수단이다. 일자리의 질은 곧 삶의 질을 결정한다. 그러나 저성장 기조가 심화되면서 실업률은 전 세계적으로 악화되고 있고, 가난한 나라의 일자리 상황은 더욱 심각하다. 장애인, 여성, 이주노동자 등 취약계층은 임금 차별을 받는 불안정한 고용상태에 놓여 있는 것이 오늘날 현실이다. 신자유주의 정책이 경제적 불평등과 불안정을 주도하며 양질의 일자리를 위한 권리로서의 인권을 발전시키는 기회가 되었다(MacNaughton 외, 2011).

SDG 8번 목표는 인간다운 생활을 영위하기 위한 기본적인 요건 중 하나라 할 수 있다. '양질의 일자리' 부분에서는 그 중요성이 높아져 가고 있으나, 상대적으로 함축하고 있는 의미는 모호하다. SDG 8번 목표를 실현하기 위한 방법을 찾기 위한 적극적인 행동이 필요하다. 그러기 위해서는 SDGs 17개 목표 중 SDG 4번 양질의 교육, SDG 5번 성평등, SDG 10번 불평등 감소와 같은 직간접적인 연계성을 가지고 있는 다양한 목표들과의 상호연계를 통해 각 목표 하에서 주류화(mainstreaming)가 되어야 한다.

〈생각 나누기〉

1. 일하는 보람과 근무체계와 같은 노동의 '질'에 주목하는 이유는?
2. 양질의 일자리가 갖추어야 할 요건 중 내가 가장 중요하게 생각하는 것은 무엇인가?
3. SDG 8번 달성을 위해 정부가 정책으로 실천해야 하는 과제들은 무엇이 있을까?

참고 문헌

경제산업 부문의 효과적인 국내이행을 위한 기초연구. 산업연구원.

김성규(2013). "개도국 일자리 창출사업 지원방안 연구 개선방안". 성남: 한국
    국제협력단.

문화체육관광부(2018). 「12월 주요정책 시계열 조사_노동시간 단축에 대한 인
    식」. 한국리서치.

방하남 외(2006). '좋은일자리'(Good job) 의 개념구성 및 결정요인의 분석. 한
    국사회학, 40(1). 93-126.

수산 외(2020). 「우리 세계의 전환:2030 지속가능발전의제」. 수원지속가능발전
    협의회

심수진 외(2021). 「국민 삶의 질 2020 보고서」. 통계청 통계개발원.

오수현(2017). '품위 있는 일자리(decent work)'의 논의 동향이 우리 원조에게
    주는 시사점. 「국제개발협력저널」. 12(3): 113-135).

일반사단법인 Think the earth(2019). 『지구의 내일을 부탁해』. 청어람미디어.

임소영 외(2016). 지속가능발전목표(SDGs)

Ghai,D.(2002),DecentWork:Concepts,Models and Indicators,ILO Education
    and Outreach Programme Discussion paperDP/139/2002.

ILO (1999), Decent Work, Report of the Director-General to the Inter
    nationalLabourConference87thSession,Geneva.

MacNaughton, Gillian, and Diane F. Frey. 2011. "Decent Work for
    All: A Holistic Human Rights Approach." American University
    Internaional Law Review vol.26 no.2:441-83.

World Bank "Labor force participation rate", Catalyst "Labor Force
    Participation", PHYS ORG "Women are 30 percent less likely to
    be considered for a hiring process than men"

참고 사이트

ILO https://www.ilo.org/
주제네바 대한민국 대표부 https://overseas.mofa.go.kr/ch-geneva-ko/
    ndex.do/

제10장

SDG 9

회복력 있는 사회기반시설 구축, 포용적이고 지속가능한 산업화 증진과 혁신 도모

강 민 옥

개관

오늘날 우리 일상생활의 모습들은 수많은 변화와 변혁을 통해 만들어졌다. 수많은 변화 중에서도 사회적·경제적인 구조를 완전히 바꾸고 그 시대를 살아가는 사람들의 삶의 질을 완전히 뒤바꾼 혁신은 바로 산업혁명(The Industrial Revolution)이다. 그리고 우리는 현재 4차 산업혁명 시대를 살고 있다.

여러 차례의 산업혁명을 통해 우리는 오늘날의 교통, 관개시설, 에너지, 정보통신기술과 같은 사회기반시설이 갖추어진 일상생활을 누리고 있다. 다양한 사회기반시설에 대한 투자는 기술의 진보를 통한 지속가능한 발전 달성에 필수적인 요소이다. 또한 건강, 교육 제공, 이동의 자유 등 삶의 기본적인 질을 보장하는 부분에서도 꼭 필요한 부분이다.

SDG 9번 목표는 경제발전과 인류복지 증진을 위해 공평하고 지속가능한 사회기반시설 구축, 산업화, 과학기술혁신 촉진의 필요성을 담고 있다. 하지만 이에 앞서 우리는 경제발전으로 놓쳤던 인권문제, 빈부격차 해소, 환경보전 등 사회적 가치 부분에 대한 깊은 고찰을 해야 할 시대적 과제에 직면하여 해결책을 찾아야 할 의무가 있다.

학습 목표

1. 과거와 현재의 사회적 가치의 변화를 이해한다.
2. SDG 9번 목표가 가지는 의미를 이해한다.
3. SDG 9번 목표 달성을 위해 함께 나아갈 방향을 알아본다.

주요 용어

사회기반시설, 산업화, 과학기술혁신, 사회적 가치, 정보격차, 정보통신기술,
디지털 격차, 인권, 빈부격차, 환경보전, 지역편중

1. 사회적 가치의 변화

국제사회의 개발의제가 되었던 새천년개발목표와 비교했을 때 지속가능
발전목표(SDGs) 중에서 가장 큰 변화라 볼 수 있는 것 중 하나는 경제성
장을 지향하는 9번 목표라 할 수 있다. 경제성장이라는 부분은 목표가 아
닌 빈곤퇴치를 위한 수단으로 한다는 전제조건은 있지만 MDGs 체제에서
는 찾아볼 수 없던 접근이다. 이런 변화의 배경에는 MDGs가 인간개발에
치중하다 보니 나머지 개발의 구조적 요인과 경제성장 측면에 대한 고려
가 적었다는 비판의 소리가 있었기 때문이다.

SDG 9번 목표는 '번영(Prosperity) 영역'의 '모두를 위한 에너지 보장',
'경제 성장과 양질의 일자리', '사회기반시설 산업화 및 혁신', '불평등 감
소', '지속가능한 도시와 주거지'의 5개 목표 중 하나다. 그리고 경제 성장
과 사회적 가치 창출을 위한 중요한 동력이 되는 세가지 요소, 즉 산업, 혁
신, 사회기반시설에 주목한다.

포용적이고 지속가능한 발전을 위해서는 일정 수준의 경제성장이 필수
적이며, 그로 인해 창출된 부를 모든 사람들이 누릴 수 있어야 한다. 이러
한 전제 아래 SDG 9는 복원력 있는 사회기반시설을 구축하고, 포용적이
고 지속가능한 산업화를 촉진하며, 혁신을 장려하는 것을 목표로 삼고 있
다. 특히 저개발국의 정보통신 기반시설 확충과 산업 발전을 위한 초국경
적인 협력을 촉구하는 한편, 산업의 지속가능성 확보를 위한 친환경 기술
도입과 연구개발을 장려한다.

한국 사회는 오랜 시간 동안 '경제성장'을 가장 중요한 사회적 가치로 삼
았다. 이는 '경제성장률(GDP 증가율)'이라는 하나의 지표로 국가, 기업,
개인 모두가 지향하는 우리 사회 전체의 목표로 작동했다. 이는 정부가 내
세웠던 국가 운영 목표로도 알 수 있다. 1960년대부터 '경제개발 5개년
계획'으로 우리 정부는 경제성장을 목표로 삼고, 사회의 자원을 동원하여
배분하는 '개발국가(developmentalstate)'(Chalmers Johnson, 1982)

체제로 국가를 운영했다. 개발을 주요 목표로 둔 상황에서의 경제성장은 빈부격차 해소, 환경보전 등의 다른 가치들보다 최우선 가치로 여겼고, 경제성장률을 높이기 위해서라면 인권, 노동, 환경 문제는 등한시되었다.

〈그림 1〉 시대별 국가 운영 목표 및 지향가치

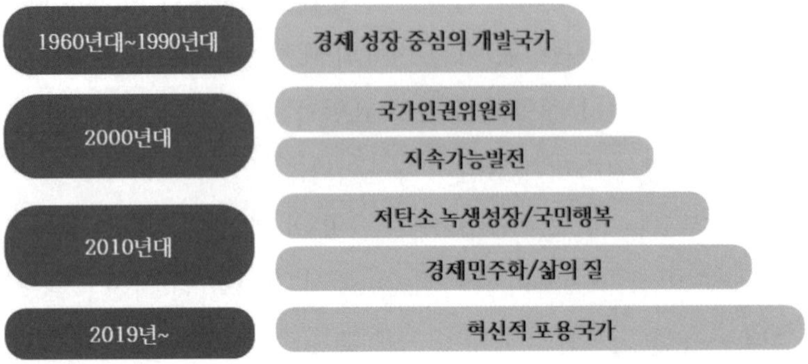

1960년대~1990년대	경제 성장 중심의 개발국가
2000년대	국가인권위원회 / 지속가능발전
2010년대	저탄소 녹색성장/국민행복 / 경제민주화/삶의 질
2019년~	혁신적 포용국가

출처: LAB2050(2019)

이러한 사회적 가치는 사회 곳곳에서 다양하고 심각한 문제점들로 부각되었고, 차츰 경제성장 이외의 가치들이 주목을 받기 시작했다. 그리고 1990년대 말경에는 인권, 환경 및 삶의 질과 행복 등 다양한 가치들이 부상했고 이 중 몇몇은 국가의 운영 목표에 반영되었다. 그림1에서 보는 바와 같이 2000년대의 '지속가능 발전', 2010년대의 '저탄소 녹색성장', '삶의 질' 등이 대표적이다. 또한 일부는 2000년대 중반 이후 '사회적 책임경영(CSR)'이라는 명칭으로 기업 경영에 반영되었다.

오늘날과 같이 사회적 가치가 부상하는 시기에 나타난 또 다른 변화는 4차 산업혁명의 시작이다. 4차 산업혁명 시대는 지금까지 경험해온 산업혁명과는 비교할 수 없을 정도로 더 빠르고 광범위하게 경제·사회 전반에 혁신을 준다. 사회적 가치의 부상과 4차 산업혁명이라는 시대적 흐름이 맞물리면서, 우리 사회가 직면한 다양한 문제에 대한 해결책을 찾으려는 움직임이 나타나고 있다. 기업의 경제적 가치와 사회적 가치를 동시에 올릴 수 있는 시기인 오늘날, 어떤 방향성을 가지고 움직여야 하는지에 대한 깊은 고찰이 필요하다.

2. 빈곤 퇴치를 위한 수단으로서의 SDG 9번 목표 전략

인간개발이 중요한 목표였던 MDGs와는 달리 SDGs에는 경제성장이 명시적인 목표로 들어가 있다. 과거 GDP나 경제성장률에 치중한 경제성장이 인류에게 진정한 삶을 가져다 주지 못했다는 비판이 높았기 때문이다. SDGs는 그러한 이유로 경제성장을 9번째 목표로 두고, 8개의 세부목표를 구성하여 각 국가별 상황에 맞게 조정하여 진행하도록 하고 있다. 단 경제성장 자체를 목적으로 두는 것이 아니라 SDG 1번 목표인 빈곤 퇴치의 수단으로 여긴다는 것을 전제로 한다. 빈곤 퇴치를 위한 수단으로서 성장 지향적인 목표를 제시하는데 필요한 구체적인 전략이 바로 사회기반시설 건설, 산업화, 과학기술혁신이라 할 수 있다.

(1) 사회기반시설 건설

사회기반시설 즉, '인프라'는 각종 생산활동의 기반이 되는 시설이다. 일반적으로 사회간접자본(SOC)으로 이해된다. 이는 각종 생산활동의 기반이 되는 시설, 해당 시설의 효용을 증진시키거나 이용자의 편의를 도모하는 시설 및 국민생활의 편익을 증진시키는 시설로 〈표 1〉에서 자세히 볼 수 있다.

<표 1> 사회기반시설의 유형

분야	시설유형	
도로	도로 및 도로의 부속물	지능형교통체계
	노외주차장	자전거도로
철도	철도	도시철도
	철도시설	
복합환승센터	국가기간복합환승센터	일반복합환승센터
	광역복합환승센터	
항만	항만시설	신항만건설사업 대상시설
	어항시설	
공항	공항시스템	
수자원	다목적댐	중수도
	수도	하천시설
정보통신	전기통신설비	초고속정보통신망
	정보통신망	유비쿼터스도시기반시설
	지리정보체계	
에너지	전원설비	집단에너지시설
	가스공급설비	신·재생에너지설비
환경	하수도	폐수종말처리시설
	공공하수처리시설	공공처리시설(가축분뇨)
	분뇨처리시설	재활용시설
	폐기물처리시설	
유통	물류터미널 및 물류단지	여객자동차터미널
문화관광	관광지 및 관광단지	박물관
	도시공원	미술관
	생활체육시설	국제회의시설
	전문체육시설	과학관
	청소년수련시설	문화시설
교육	도서관	학교
국방	군주거시설	
주택	공공임대주택	
보건복지	영유아보육시설	재가노인복지시설
	노인주거복지시설	장애인복지시설
	노인의료복지시설	공공보건의료시설
산림	자연휴양림	수목원

출처: 국가법령정보센터

146

농촌의 정비된 도로는 농민이 시장에 생산물을 유통하기 쉽게 하고, 주민들이 학교나 의료기관 접근성도 개선해 주지만 놓쳐서는 안되는 것이 있다. 그것은 바로 사회기반시설 정비가 특정 지역에 편중되지 않아야 한다는 것이다. 전 세계적으로 도시로의 인구 유입이 가속화되고 있는 것은 사회기반시설의 편중이 하나의 요인이라 할 수 있다(이창언, 2022).

(2) 산업화

산업화란 미시적 의미로는 1차 산업의 하나인 농업 중심의 경제에서 2차 산업의 하나인 제조업 중심의 경제로 전환되는 과정을 의미한다. 또한 거시적 의미로는 '근대화'라 불리는 일반적인 과정과 관계가 있다. 농업의 근대화는 토양의 생산성 증대, 해충으로부터의 농작물 보호, 트랙터와 콤바인 등 농기계뿐만 아니라 다생산 종자 도입 등을 의미한다.

산업화는 개발도상국 경제발전의 근간이며 개발 효과성을 강조하는 국제개발 협력 동향에 비춰보아도 중요한 부분이다. 산업화 없이는 지속적인 성장이 불가능하며, 학습을 통한 지식의 습득과 인력의 양성도 불가능하다. 개발도상국에 대한 산업화 지원의 필요성은 최빈국이 가장 집중된 아프리카의 현실을 보면 알 수 있다. UNIDO(United Nations Industrial Development Organization, 유엔산업개발기구)의 2011년 국제산업통계연감을 보면, 아프리카 대륙이 세계 제조업 부가가치에서 차지하는 비중은 1.1% 정도로 미미한 수준이다. 성공적인 산업화를 이루어 낸 한국의 개발 경험과 지식을 활용해 개발도상국, 특히 최빈국의 산업화를 지원하여 지속가능발전목표의 이념인 '단 한 사람도 소외되지 않는 것(Leave on one behind)'을 실천할 수 있어야 한다.

(3) 과학기술혁신 촉진

산업화와 마찬가지로 개발도상국의 혁신역량은 선진국과 비교해 아주 많은 차이가 있다. 2014년 UN Open Working Group에서 제시하는 선진국과 개발도상국 간의 혁신역량 격차 현황을 살펴보면, 북미지역은 GDP의 2.7%를 R&D에 투자하는 반면 아프리카는 0.4%에 그친다. 그리고 전 세계 연구인력 중에서 여성의 비중은 27%에 불과하고, 사하라 이남 아프리카에 깨끗한 물과 위생을 달성하는 목표만을 위해서도 250만 명의 엔지니어와 기술자가 필요한 것이 현실이다. 또한, 선진국 국민 중 인터넷 사용자는 74%인 반면 개발도상국은 26%에 불과하다.

과학기술혁신(Science Technology and Innovation, 이하 STI)정책은 특성상 독립적인 주제로 접근하기도 하지만 광범위한 개발 의제에서 다른 정책에 통합되는 포괄적인 주제로 접근해야 한다는 의견들이 강조되고 있다. 그런 이유로 교육, 보건, 식량안보, 환경 및 기후변화, 에너지 등의 주제에서도 STI의 역할이 강조되고 있으며, SDGs 초안에서 목표 9번 외에 17번 이행수단 목표에서도 기술을 중요한 이행수단 중 하나로 제시하고 있다. 이것은 과학기술이 선진국들만 누릴 수 있는 발전 수단이라는 관점에서 개발도상국의 발전을 위해서도 매우 중요한 수단이라는 방향으로 국제사회의 인식이 전환되고 있음을 보여준다.

3. 모두가 함께 할 지속가능한 사회 실현을 위한 과제

기술발전으로 인해 일상생활의 편익이 증진된 반면 과거 어느 때보다 심각한 불평등이 심화되고 있다. 또한 로봇과 인공지능의 발전은 인류를 위협하는 대상으로 여기기도 한다. 기술발전의 부정적 측면이 부각되는 이유는 기술발전으로 인해 발생된 혜택이 모두에게 골고루 돌아가지 않는다는 점이다. 기술력을 지닌 사람이나 신기술에 대한 접근성이 높은 사람은 기술발전의 혜택을 직접적으로 누릴 수 있으나, 기술 혜택의 범위에서 벗어난 사람은 기술 격차로 인해 야기되는 다양한 분야에서 격차가 더 커지는 것이 현실이기 때문이다.

(1) 선진국과 개도국의 디지털 격차

디지털 격차(Digital Divide)는 4차 산업혁명 시대에 점점 더 심각해지고 있으며 현재 데이터와 플랫폼을 장악한 소수의 테크 자이언트(Tech Giant)의 힘이 더 집중화되고 있다. 4차 산업혁명 시대는 소수의 승자가 전체 파이를 독차지하는 승자독식(Winner takes all)의 모습으로 변해가고 있고, 부의 낙수효과(Trickle-down effect)를 기대하기란 더욱 어렵다. 성장을 통해 부의 절대적 크기를 늘린 선진국의 부를 개발도상국이 기술적, 사회적 대응 역량을 갖추고 뒤따라 가는데는 어려움이 있다. 기술선도국과 추격국 간 격차는 좁혀지기 보다 지속적으로 커지고 있는 것이 현실이다.

OECD의 경우 "여러 사회·경제적 계층의 개인간, 가정간, 기업간 그리고 지역간에 나타나는 정보통신기술(Information and Communacation Technologr, ICT)에 대한 접근기회 및 다양한 형태의 활동을 위한 인터넷 활용수준에 있어서의 차이"로 정의하고 있다(OECD, 2001).

(2) 포용적이며 공평한 혁신 및 발전 방법 구축

인류 사회는 항상 끊임없는 혁신과 발전에 중점을 두었다. 과거 우리는 지구와 사람들에게 어떤 대가를 치르더라도 혁신하겠다는 명확한 목적을 가지고 발전했다. 산업화로 인해 더 나은 삶을 얻었지만 황폐화된 토지,

열악한 생활환경, 불평등한 성장으로 인한 파괴도 발생하고 있다. 급속한 산업화로 인한 기후변화 시대를 맞아 개발도상국들은 더이상 선진국들이 밟아 온 경제성장 방식을 따를 수 없다.

2050 탄소중립을 실현하면서 저탄소 성장을 이루기 위한 투자와 혁신적인 방식을 개발도상국 스스로가 찾기는 불가능하다. 산업이 발달하지 않아 사회기반시설이 부족한 개발도상국의 현실은 불편함으로 끝나는 것 뿐만 아니라 산업성장이 어려운 상황을 만든다. 사회기반 시설에 대한 투자는 지속가능한 발전을 이루기 위해 꼭 필요하다. 그로 인해 산업이 발전할 수 있고, 산업화에 따른 일자리의 창출은 사회에 긍정적인 영향을 주게 된다(지식발전소, 2021). 산업과 사회기반시설을 개발하기 위한 새롭고 포용적이며 공평한 방법을 구축해야 할 시점이며, 전지구적 환경문제인 기후변화의 큰 책임을 가진 선진국의 적극적인 지원이 절실하다.

4. 지속가능하고 포괄적 사회구현을 위해 함께 나아갈 길

많은 개발도상국에서는 도로, 정보통신기술, 위생, 전력, 수자원 등과 같은 사회적 기반시설이 부족한 상태이다. 전 세계 인구의 16%는 광대역 이동 통신망에 접속하지 못하고 있다. 많은 아프리카 국가, 특히 저소득 국가의 경우 사회기반시설 미비함으로 인해 약 40% 정도 기업의 생산성에 영향을 미친다.

국내총생산(GDP) 대비 제조업의 부가가치 비중은 아시아의 빠른 성장세에 힘입어 2005년 15.2%에서 2017년 16.3%로 증가했다. 산업화에 따른 일자리 창출은 사회에 긍정적인 영향을 미친다. 산업공정 및 제조업에 종사하는 중소기업이 산업화 초기 단계에 매우 중요하며 일반적으로 가장 많은 일자리를 창출한다. 농업 생산 부문에서 고소득 국가에서는 98%가 가공을 거치는데 비해 개발도상국은 30%에 불과하며, 이는 농업 부문에 있어서 개발도상국이 경제발전을 위해 시도할 수 있는 다양한 기회도 열려 있음을 의미한다. 개발도상국의 산업 발전 및 혁신을 위해서는 사회기반시설의 구축은 불가피하다. 이 부분은 앞서 언급한 바와 같이 선진국의 지원이 필요한 부분이다.

코이카(KOICA, Korea International Cooperation Agency, 한국국제협력단)는 경제협력개발기구(OECD)가 매년 발간하는 「2021년 개발협력보고서」에서 '코이카의 개발도상국 디지털 전환을 위한 지원 전략'을 우수 사례로 들고 있다. OECD 개발원조위원회(DAC)에서 매년 발행하는 보고서는 해외 원조 통계분석 및 그 해 개발협력 분야 주요 이슈를 다룬다. 2021년 화두는 '디지털 전환 구현(Shaping a Just Digital Transformation)'이다. 코이카가 △모든 원조사업에 디지털 기술을 접목할 계획이라는 점 △디지털 핵심사업을 추진하는 두 가지 방법을 병행한다는 점에 주목했다. 또한 보건, 교육, 공공행정, 농촌개발 등 모든 분야의 개발협력사업에 디지털 요소 포함 및 협력대상국 정부의 디지털 전환을 지원하거나 디지털 관련 인프라를 개선하는 사업을 확대할 예정이다. 그리고 페루에서는 건강보험 심사 시스템을 디지털화하는 사업을 진행 중이

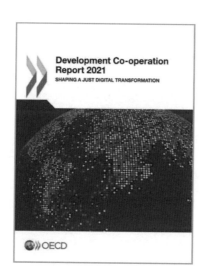

다. IT 강국인 한국의 발전 경험을 살려, 더 많은 개발도상국 국민이 인터넷에 쉽게 접속할 수 있도록 디지털 소외계층을 줄이고, 교통, 재난 대응 등 핵심 공공서비스에 대한 디지털화를 지원한다.

기존에 지원한 중남미 파라과이 수도 아순시온 첨단 교통 관리체계 구축사업으로, 사업 이전인 2011년 373건이었던 사업지역 교통사고 발생 건수가 2015년 165건으로 감소했다. 평균 통근 시간도 42분에서 33분으로 줄었다. 현지 교통관리 시스템에 디지털 기술을 접목해 통행시간을 단축하고 교통사고 감소에 기여하는 점 등 코이카의 행보는 IT 기술과 인터넷 사회기반시설의 구축을 통해 개발도상국에게 SDG 9번 목표가 실현될 수 있도록 하는 사례라 할 수 있다.

요약

SDGs는 '지속가능한 발전'을 위한 국제적인 약속이다. 지속가능발전이란 '미래 세대의 필요를 충족시킬 수 있으면서 오늘날의 필요도 충족시키는' 개념으로 사회와 경제 발전과 더불어 환경보호를 함께 이루는 미래지향적인 발전을 의미한다. 이전의 MDGs에서는 사회를 발전시키면 빈곤을 해결할 수 있다는 부분만 다루었다. 하지만 한 국가의 경제가 성장하더라도 인권과 민주주의가 정착되지 않으면, 국가의 시민들이 평등하게 발전의 결과를 누릴 수 없다. 따라서 SDGs에는 사회개발 및 경제개발, 환경보호, 정의를 실현하고 민주주의를 달성할 수 있는 사회를 만들기 위한 포괄적이고 범위가 넓은 목표가 포함되어 있다.

무분별한 개발을 통한 경제성장은 지속가능발전이라 할 수 없다. 모든 사람들이 적절한 수준의 생계를 유지할 수 있어야 하며, 포용적인 경제환경을 마련하고 지속가능한 성장 동력이 만들어져야 하는 것이 중요하다는 것을 우리는 안다. 선진국은 대량 생산과 대량 소비로 지구 환경을 오염시켰고, 한정된 지구 자원을 고갈시키며 성장해 왔다. 그로 인해 오늘날 개발도상국은 선진국의 경제성장 방식을 그대로 진행하기가 어려운 상황이다. 이에 대한 책임을 선진국은 함께 짊어져야 할 것이며, 개발도상국 및 최빈국의 경제발전을 위한 사회기반시설 확충, 산업화 및 과학기술혁신 촉진을 통한 이들 국가의 산업의 발전 및 혁신이 이루어질 수 있도록 함께 노력해야 한다.

현재의 중첩적 위기 극복에는 경제, 사회, 환경의 통합적 접근과 시민 참여를 통한 신중한 의사결정으로 정의롭고 형평하며, 안전한 사회를 목표로 삼는 '지속가능발전'이 필수이다. 지속가능발전은 형평적이며 안전한 사회를 위해 새로운 질서를 가진 지역기반의 시장을 창출하여 부의 편중화와 일자리 부족을 해소하고, 4차 산업혁명을 위한 기반을 마련함으로써 미래 경쟁력을 높이는 수단으로 적극 활용되어야 한다. '우리가 살고 싶은 사회'를 위해 과학적 사실에 대한 엄격한 해석과 미래를 위한 변화의 가능성에 대한 긍정적인 자세를 유지하면서 보다 적극적으로 전환된 사회의 규칙들을 만들고 지켜야 하는 것이 우리들에게 주어진 과제이다.

〈생각 나누기〉

1. 우리의 삶에서 앞으로 더 생겨야 할 사회기반시설은 무엇이 있을까?
2. 사회기반시설이 새롭게 생겨날 때 고려해야 할 부분은 무엇이 있을까?
3. 기술발전 및 기술혁신으로 인해 발생되는 문제점은 어떤 것들이 있을까?

참고 문헌

김기범 외(2019). 「ISSUE MONITOR : 4차 산업혁명과 사회적 가치 창출」. 삼
    정KPMG경제연구원

김은경(2015). 왜 다시 '지속가능발전'인가?: 미래 경쟁력 확보를 위한 진보의
    담론과 전략. 더미래연구소.

양동수 외 (2019). 「솔루션 2050-03 공공기관의 사회적 가치실현: 포용국가 시
    대의 조직 운영 원리」. LAB2050.

윤선이 외(2021). 「SDGs 돋보기」. 유네스코한국위원회.

이창언(2022). 「SDGs 교과서」. 도서출판 선인.

지식발전소(2021). 「지구촌을 개척하는 아이들」. 주니어골든벨.

코이카(2022). 「2021년 개발협력보고서」.

Chalmers Johnson (1982). 'MITI and the Japanese Miracle: The
    Growth of Industrial Policy. 1925-1975'. Stanford. CA: Stanford
    University Press.

KoFID 외(2021). 「알기쉬운 지속가능발전목표 SDGs」.

OECD(2001). "Understanding the Digital Divide".

UN(2015). 「2030 유엔 지속가능발전의제 선언문」. 환경부.

참고 사이트

Green Business Bureau https://greenbusinessbureau.com/
푸른아시아 http://www.greenasia.kr/community-2/news/media

제11장

SDG 10

국내 및 국가 간 불평등 감소

이 창 언·오 용 운

개관

이 장에서는 SDGs가 바라보는 현실, SDGs가 꿈꾸는 세상에 대해 이야기 한다. 특히 2030 지속가능발전의제에서 다루는 불평등, 차별과 이를 시정하기 위한 10번 목표의 구체적인 세부목표를 살펴본다. 그리고 우리나라를 포함해 전 세계적으로 만연한 불평등과 차별의 사례와 원인, 이에 대한 해법을 찾아본다.

학습 목표
1. 지속가능발전목표(SDGs)가 바라보는 세계의 불평등을 이해한다.
2. 평등, 공평, 공정을 이해한다.
3. 불평등의 사례와 원인을 이해한다.
4. 불평등 해소 방안에 대해 생각해 본다.

주요 용어
불평등, 평등, 공평, 공정, 불평등의 원인과 과제

1. 지속가능발전의제와 SDGs가 바라는 세상

2015년 유엔은 지구촌 구성원이 2030년까지 달성해야 할 17개 목표를 담아 지속가능발전목표를 채택했다. SDGs는 2030년까지 세계 전역에서 빈곤과 기아 근절, 국가 내 그리고 국가 간 불평등 해소, 평화롭고 공정하며 포용적인 사회 조성, 인권 보호와 성 평등의 촉진, 여성과 여아의 역량 강화, 지구와 천연자원의 항구적인 보호를 보장할 것을 결의한다. 또한 각 국가의 역량과 발전 정도의 차이를 고려하고, 지속적이며 포용적이고 지속가능한 경제성장과 공동의 번영을 추구하고, 모두를 위한 양질의 일자리를 증진할 것을 결의한다.

SDGs가 꿈꾸는 세상은 "인권과 인간의 존엄성, 법치, 정의에 대한 보편적 존중이 있는 세상, 평등과 비차별의 세상, 인종과 민족, 문화적 다양성을 존중하는 세상, 모든 사람이 잠재력을 온전히 실현할 수 있고 동등한 기회를 통해 공동의 번영에 기여할 수 있는 세상을 우리는 기대한다. 아이들에게 투자하며 모든 아이가 폭력과 착취 없이 성장하는 세상, 모든 여성과 여아가 완전한 성평등을 누리고, 여성과 여아의 권익 신장을 저해하는 법적, 사회적, 경제적 장벽이 없는 세상, 가장 취약한 계층의 요구에 부응하는 공정하고 공평하며 개방적이며, 관용과 포용적인 사회가 있는 세상(2030 지속가능발전의제 8항, 우리의 비전 중)"이다.

2030 지속가능발전의제는 누구나 정의에 대한 동등한 접근권을 누릴 수 있는, (발전에 대한 권리를 포함한) 인권에 대한 존중과 모든 측면에서 효과적인 법치와 선정(善政), 효율적이며 합리적인 제도에 기반한 평화롭고, 공정하며, 포용적인 사회 조성의 필요성을 인식한다. 또한 2030 의제는 불평등, 부패, 열악한 거버넌스 및 불법 자금, 무기 거래 등 폭력과 불안, 불의를 야기하는 요소를 다루고 있다. SDGs는 분쟁의 해결과 방지를 위한 그리고 평화 구축, 국가 재건에 있어서 여성의 역할을 보장하는 등 분쟁 후 국가를 지원하기 위한 노력을 배가하며, 식민 지배 및 외부 세력

의 점령 하에 사는 이들의 완전한 자결권과 경제, 사회적 발전과 환경을 저해하는 방해 요인들을 제거하기 위해, 국제법에 따른 효과적인 조치와 행동을 취할 것을 촉구한다(2030 의제 35항).

SDGs는 세계인권선언과 인권 국제법과 관련된 기타 국제문서들의 중요성을 재확인하며 유엔 헌장에 따라 모든 국가가 인종, 피부색, 성, 언어, 종교, 정치적 또는 기타의 의견, 민족적 또는 사회적 출신, 재산, 출생, 장애 또는 기타 신분에 의한 어떠한 종류의 차별도 없이 모든 인간의 인권과 기본적 자유를 존중, 보호, 증진할 책임이 있음을 강조한다(2030 의제 19항).

SDGs 17개 목표 중 평등이 들어가는 목표는 두 개다. 목표 5(성평등 달성과 모든 여성 및 여아의 권익신장), 목표 10(국내 및 국가 간 불평등 완화)에는 평등 달성과 불평등 완화가 담겨져 있다.

평등, 불평등, 차별 해소를 포함한 목표와 세부목표	4-7. 2030년까지 지속가능발전 및 지속가능한 생활방식, 인권, 성평등, 평화와 비폭력 문화 확산, 세계시민 의식, 문화적 다양성 존중 및 지속가능발전을 위한 문화의 기여에 대한 교육을 통해 모든 학습자들이 지속가능발전을 촉진시키는 데 필요한 지식 및 능력을 함양할 수 있도록 보장한다. 5-1. 모든 곳에서 모든 여성과 여아에 대한 모든 형태의 차별을 종식한다. 5-c. 모든 수준에서 성 평등 및 모든 여성과 여아의 권익신장을 위해 실질적인 정책과 집행 가능한 법을 채택하고 강화한다. 10-3. 차별적인 법, 정책 및 관행 등을 철폐하고 이와 관련된 적절한 입법, 정책 그리고 조치를 강화하여 동등한 권리를 보장하고 성과에 있어서 불평등을 감소한다. 10-4. 특히 재정, 임금, 그리고 사회보장에 대한 정책 등을 채택하고 점진적으로 평등 확대를 달성한다. 16-3. 국가 및 국제적 수준의 법치를 증진하고, 모든 사람에게 정의에 대한 평등한 접근을 보장한다. 16-b. 지속가능발전을 위한 비차별적인 법 그리고 정책을 증진하고 시행한다. 17-10. 도하 발전의제의 최종협상결과 등 보편성, 원칙, 개방성, 비차별성, 공평성에 기반한 세계무역기구(WTO)의 다자무역 체제를 증진한다.

세상에 사는 사람은 모든 면에서 평등해야 한다. 하지만 우리 사회에서 불평등은 존재하며 국가 내 또는 국가 간에서도 그 격차는 커지고 있다. 이러한 이유로 UN이 채택한 SDG 10번 목표는 "사람과 국가 간의 불평등 해소"와 "차별 해소"라는 목표를 설정했다. 이 목표는 연령, 성별, 장애, 인종, 민족, 출신, 종교, 경제적 지위 또는 기타 상황에 관계없이 모든 사람의 권한 부여와 사회적, 경제적, 정치적 포용을 촉진하는 것을 목표로 한다.

SDG의 10번 목표는 "사람과 국가 간의 불평등 해소"라는 목표를 설정하고 있는데 이는 국가 간, 국가와 도시에서 불평등을 바로잡기 위한 과제

10-1. 2030년까지 소득 하위 40% 인구의 소득성장률을 국가 평균보다 높은 수준으로 점진적으로 달성하고 유지한다.

10-2. 2030년까지 나이, 성별, 장애, 인종, 민족, 출신, 종교 혹은 경제적 또는 기타 신분에 관계없이 모든 사람의 사회, 경제, 정치적 포용을 강화하고 증진한다.

10-3. 차별적인 법, 정책 및 관행 등을 철폐하고 이와 관련된 적절한 입법, 정책 그리고 조치를 강화하여 동등한 권리를 보장하고 성과에 있어서 불평등을 감소한다.

10-4. 특히 재정, 임금, 그리고 사회보장에 대한 정책 등을 채택하고 점진적으로 평등 확대를 달성한다.

10-5. 세계금융시장 및 기관에 대한 규제와 모니터링을 개선하고 이와 같은 규제의 이행을 강화한다.

10-6. 더 효과적이고 신뢰할 수 있으며 책임 있는 합법기관이 될 수 있도록, 국제경제 및 금융 기구 의사결정에서 발전도상국을 위한 대표성과 발언권 강화를 보장한다.

10-7. 계획되고 잘 관리된 이주정책을 통해 질서 있고 안전하며 정기적이고 책임 있는 인구의 이주와 이동을 촉진한다.

10-a. 세계무역기구 협정에 따라 발전도상국이 특히, 최빈발전도상국에 대한 특별, 차등 대우 원칙을 이행한다.

10-b. 국가별 계획과 프로그램에 따라, 도움이 가장 필요한 최빈발전도상국, 아프리카 국가, 군서도서 발전도상국 및 내륙발전도상국에 대한 해외직접투자를 포함한 공적발전원조와 자금 거래를 독려한다.

10-c. 2030년까지 이주자 송금 거래비용을 3% 미만으로 줄이고, 송금 비용이 5%를 넘는 송금 경로를 철폐한다.

이다. 목표 10은 국가 내 및 국가 간 불평등 해결을 위한 10개의 세부목표를 두고 있다. 국가의 소득을 높이고, 모든 사람에게 권한을 부여하며, 사회 경제적, 정치적 포용을 촉진하고, 평등한 기회를 보장하며, 결과의 불평등을 줄이는 것을 포함하여 불평등을 시정하고 지속가능한 경제성장을 촉진하는 것을 목표로 한다. 세부목표에서는 세계 금융시장/금융기관 모니터링과 글로벌 경제·금융제도 확대 등 한 나라뿐만 아니라 국제사회 전체의 문제로 불평등을 다루고 있다. 그리고 계획적인 이민정책 실시와 이주노동자 송금비용 인하 등 이민에 대한 타깃이 정해져 있는 것도 특징이다.

평등(Equality), 공평(Equity), 공정(Justice)은 유사한 단어로 보이지만 미묘한 차이가 있다. 평등(平等)은 '모두가 같다'는 뜻이다. 또 그런 모습을 나타낸다. 대중 앞에서 어떤 특정한 것에 치우치지 않고 모든 사람이 같다는 뜻이다. 평등이란 '편견이나 차별이 없고 모든 것이 한결같고 같은 것'이다. 모든 이가 똑같은 것을, 같은 양만큼 널리 퍼지게 하는 것을 의미한다. 공평이란 '치우지 않고, 편향이 없는 것'이다. 모두에게 같은 것을 같은 양만큼 주는 것이 아니라 결과적으로 같은 상황으로 만드는 것을 의미한다. 공정에는 두 가지 의미가 실려 있다. '공평하고 사곡이 없는 것', '명백하고 옳은 것'이다. 단지 편향이 없다고 할 뿐만 아니라 편향이 없고 부정이 행해지지 않는 것을 가리킬 때 사용한다. 세 가지 말에는 공통적으로 '쏠림이 없는 것'이 전제가 되어 있다. 각각의 말이 의미하는 미묘한 차이를 의식하여 구분하면 〈그림1〉과 같다.

평등'과 '공평','공정'의 차이는 세심하게 바라보지 않으면 큰 차이를 못 느낄 수 있다. 하지만 '평등'은 사소한 경우를 고려하지 않고, 전원이 같다는 점을 강조한다는 점에서 '공정'과는 다르다. 예를 들어 여럿이 음식을 나눌 때 연령과 몸 상태를 고려하지 않고 모든 사람에게 같은 양을 나눠주는 것이 '평등'이다.

공평이란 모든 것을 똑같이 취급한다는 뜻이다. 판단과 처리 등이 어느

〈그림 1〉 평등, 공평, 공정의 차이

한 방향으로 치우치지 않거나 그런 경우를 말한다. '공평하다'는 뜻의 '공'자는 '사물에 대한 견해와 처리 방법 등이 편파적이지 않고 정확하다'는 뜻이다. '공평'과 '공정'은 '사물을 평등하게 대하는'의미에서 차이가 없지만 '공평'은 '사물을 두둔하지 않는다'에 치중하고 '공정'은 '부정과 기만은 없다'에 치중한다. '평등'은 각 상황의 차이를 고려하지 않고, '공정'은 이러한 기초 위에서 모든 사람이 같은 결과를 얻을 수 있다는 것을 말한다. 마찬가지로 음식의 경우 각 연령과 몸 상태 등을 고려해 각각 해당하는 양을 배분하는 것이 '공정'이다. 지속가능발전목표는 평등한 사회를 지향하지만 더 엄밀히 말하면 공평과 공정한 세상에 무게를 두고 있다.

2. 우리가 사는 세상의 빛과 그늘

〈세계 불평등 보고서 2022〉에 따르면 세계 상위 1%의 부유층이 소유한 자산은 세계 전체 개인 자산의 37.8%다. 반면 하위 50%의 사람이 소유한 자산은 전체의 2%에 불과하다. 이러한 세계에서 세계 경제와 금융 시스템은 자산을 가진 부유층에게 유리하게 작용하여 국내 리모델링과 개인 간의 불평등뿐만 아니라 국가 간의 불평등으로 이어진다. 불평등은 건강, 교

출처: 옥스팜

육 서비스 및 기타 자산에 대한 접근에 큰 격차를 만들어 불평등을 확대재
생산한다.

코로나 사태에서 부의 집중은 더욱 가속화되고 있다. COVID-19의 영
향으로 일정한 경제활동이 제한된 데 대해 경기회복을 위한 재정 출동 및
금융완화 정책이 이뤄졌다. 이로 인해 원래도 많은 자산을 보유한 부유층
에게 더욱 많은 혜택이 주어졌다. 이는 자산이 없는 빈곤층이 혜택을 받지
못했음을 의미하며 COVID-19 사태로 인한 경제활동 제한과 이후 완화
가 격차 확대의 요인이 되고 있다.

소수에 의한 부의 집중 외에 빈곤층의 증가도 경제 격차가 확대되는 요
인 중 하나다. 세계은행은 2020년에는 세계의 극도의 빈곤층이 지난 20
년간 처음으로 증가할 것이라고 전망했다. 이 전망은 코로나 바이러스의
세계적인 유행도 고려한 후 발표된 것이다. 국제통화기금의 발표에 따르
면 선진국에서는 인구의 40% 가까이가 백신 접종을 완료하고 있어 경제

활동이 어느 정도 정상화 되었다. 하지만 개도국에서는 백신접종 비율이 11%로 백신 부족으로 인해 경제활동을 재개에 어려움이 있었다.

격차 확대 요인으로 그 밖에 임금 정체·노동 분배율 저하·금융 완화·급속한 기술 발전 등을 들 수 있다. 또한 선진국에서는 복지국가의 쇠퇴가 문제가 되고 있으며 개발도상국에서는 사회보장 미비 등 여러 요인이 얽혀 격차가 확대되고 있다. 더욱이 격차가 확대되고 있는 것은 국가 간뿐만이 아니다. 지역 공동체나 가정의 내부, 또 남성과 여성·성인과 어린이·선주민족·난민·소수민족 등 사이에서도 여전히 경제 격차가 존재하고 있다. 난민이란 정치적 분쟁이나 내전·기근·인종차별·종교·정치탄압 등의 이유로 자국에 있으면 박해를 받거나 그럴 가능성이 있어 타국으로 탈출한 사람들을 말한다. 2021년에는 난민이 약 2,710만 명에 달할 것으로 알려져 있다.

현재 전 세계적으로 7억 명이 넘는 사람들이 빈곤 속에 살고 있으며 그 중 약 1억 2천만 명이 극심한 빈곤에 처해 있다. 특히 남아프리카, 사하라 사막 이남 아프리카, 남아시아 등 개발도상국에서 빈곤층의 비율이 높다. 한편, 선진국에서도 여전히 가난한 사람들이 존재하며 그 비율은 해마다 증가하고 있다. 국제통화기금(IMF)이 발표한 자료에 따르면 남수단은 1인당 GDP가 가장 낮다. 남수단과의 국경 분쟁은 2011년 남수단이 독립한 직후인 2012년에 심화되었다. 2013년에는 쿠데타 시도가 있었고 보안은 안정적이지 않았다. 2016년 통일 과도정부가 수립되었음에도 불구하고 국내 혼란은 계속되고 있다. 개발을 저해하고 경제가 붕괴되는 반복적인 내전으로 인해 인구의 약 62 %가 식량 부족에 시달리고 약 550만 명이 국내외에서 실향민이 되었다. 식량, 안전한 물, 교육 등 이용할 수 있는 기본 서비스가 부족하고 불충분하다. 남수단 공화국에서는 인도적 지원이 필요한 사람들이 많기 때문에 지원의 필요성이 계속 증가하고 있다.

우리나라도 남수단과는 상황은 다르지만 격차와 불평등이 심화되고 있다. 한국은행이 2023년 7월 17일 발표한 「가계부채 증가의 원인과 영향,

연착륙 방안」 보고서에 따르면 한국의 국내총생산(GDP) 대비 가계부채 비율은 작년 말 기준 105.0%로, 주요 43개국 가운데 스위스(128.3%)와 호주(111.8%)에 이어 세 번째로 높았다. 그리고 1인 가구, 육아 가구, 노인 가구는 빈곤층이 되는 경우가 많아 그 비율이 해마다 증가하고 있다. 또한 한부모 가정의 아동 빈곤율이 높다. 특히 미혼모 가정은 소득이 낮고 육아와 일의 균형이 맞지 않으며 적절한 급여와 혜택이 부족하기 때문에 빈곤율이 높다 .

3. 불평등과 차별의 대표적인 사례와 원인

오늘날 세상에는 많은 차별이 있다. 성별과 나이 등 모든 면에서 일종의 차별이 있으며 희생된 사람들이 있다. 이러한 차별을 없애기 위해 유엔정상회의에서 채택된 SDGs에 따라 다양한 대처가 이루어지고 있다. 한국도 예외는 아니며 많은 차별이 문제로 언급되었다. 유엔은 2015년에 지속가능발전목표를 채택했다. SDGs에 따라 전 세계에서 발생하는 다양한 문제에 대해 2030년까지 달성해야 할 목표를 설정하고 해결하기 위해 노력하고 있다. 이러한 문제 중 일부는 차별을 없애기 위한 것이다. 차별은 성별, 연령, 장애, 인종, 민족, 종교 등 어떤 이유로든 발생할 수 있으며, 이는 사람, 국가 내 또는 국가 간 차별을 유발한다. 차별이 일상화된 사회에서 어린이들은 자신과 다른 것에 대한 편견이 강해지고, 이는 차별과 따돌림으로 이어진다. 어린이들이 교육이나 가정에서 자신과 다른 사람들 사이의 차이점을 인식하고 받아들이는 법을 배우지 않으면 편견을 갖고 자랄 것이다. 어린 시절에 구축된 가치관은 성인이 되어서도 변하지 않을 수 있으며, 이는 국가 내외의 차별, 배제, 적대감으로 이어진다. 차별과 편견은 부모에서 자녀로, 세대에서 세대로 전승될 수 있으며 각 나라에서 나타나고 있다. 이는 선진국과 개발도상국 간의 소득 격차와 경제적 격차를 야기하고 지속가능한 사회 건설을 방해하는 요인이다. 이러한 문제를 해결하기 위해 SDGs는 '사람과 국가 간의 불평등 해소'를 목표 10으로 설정했다. 불평등과 차별의 대표적인 예는 어떤 것들이 있을까?

첫째, 인종차별이다. 인종차별은 성별이나 연령에 관계없이 발생하는 문제이다. 이는 국가와 국민 간에 발생하는 불평등이지만, 특히 편견, 편향, 분별력 없는 사람들 사이에서 이를 선동해서 발생할 가능성이 높은 문제이기도 하다. 인종차별은 백인에 의한 흑인 분리와 유대인 박해를 포함하여 역사를 통틀어 많은 곳에서 존재해 왔다. 이러한 인종차별은 오늘날에도 계속되고 있으며, 세계 각국은 인종차별 방지에 관한 조약을 제정하고 이에 대해 노력하고 있다. 한국도 다양한 교육 및 홍보 활동을 통해 인종차별을 없애기 위한 노력을 시행하고 있다.

또한 성차별은 전 세계적으로 발생하는 뿌리 깊은 문제이며 지속가능한 사회를 추진하기 위해 이를 시정하는 데 없어서는 안 될 문제이기 때문에 목표 5는 '남녀 공동 참여 달성'이며, 각각의 목표를 설정하여 각 목표를 달성하기 위해 전 세계적으로 노력하고 있다. 우리나라에도 여전히 존재하는 차별에는 젠더 문제, 아동 괴롭힘, 노인 인권, 장애인 인권, 노동자 인권 등이 포함된다. 또한 HIV 감염자와 같은 인권 문제와 교도소에서 복역한 사람들에 대한 차별도 존재한다. 또한 외국인 노동자에 대한 차별도 존재한다.

둘째, 남북문제이다. '남북문제'라는 용어는 1956년부터 사용되어 1960년대에 인식되기 시작했지만, 문제 자체는 꽤 오래전부터 존재해 왔다. 선진국과 개발도상국의 경제적 격차를 의미하며, 이에 대해 UN을 중심으로 개발도상국의 경제적 격차와 기반시설을 갖추기 위한 노력이 활발히 이루어지고 있다. 경제협력개발기구(OECD)는 GNI라는 1인당 국민총소득을 기준으로 한 'ODA 수혜자 목록'을 가지고 있으며, 이 목록에 등재된 국가들은 일반적으로 개발도상국으로 인정받고 있다. 개발도상국의 정의는 선진국에 비해 경제 수준과 인프라 개발이 낮다는 것을 의미한다.

세계은행의 정의에 따르면 2015년 현재 하루 1.1 달러 미만으로 생활하는 사람들이 가장 가난한 것으로 간주되었다. 이 기준은 국제 빈곤선이라고 불리며 MDGs (Millennium Development Goals)의 가장 중요한 지표였지만 MDGs 이후 새로운 글로벌 목표인 SDGs로 옮겨갔다. 개발도상국이 빈곤 상황에 놓인 이유는 첫째, 교육 격차이다. 2020년 현재 전 세계 인터넷 보급률은 50%를 넘어섰으나 선진국(80%)과 개발도상국(15%)의 차이는 현격하다. 인터넷 보급률이 현저히 낮은 개발도상국에서는 정보에 대한 접근성이 떨어지고 선진국과의 정보 격차가 벌어지고 있다. 적절한 교통 인프라가 없고, 학교에 갈 수 없으며, 재정적으로 가난하고, 적절한 교육을 받을 수 없는 어린이들에게 관심을 기울일 필요가 있으며, 이러한 격차를 바로잡는 것은 개발도상국의 발전으로 이어진다. 2030년까지 17개 목표를 달성하기 위해서는 개발도상국의 경제발전이 주요 전제 조건으로 요구되기 때문에 개발도상국의 경제발전 없이는 SDGs 달성이 어렵다. 따라서 개발도상국과 선진국이 남북문제를 해결하기 위해 협력하고 소통하는 것이 중요하다. 2015년까지 MDGs에서 달성하지 못한 문제가 많았다. 새로운 SDGs에서는 MDGs로 달성할 수 없었던 도전을 극복해야 한다.

　참고로 개발도상국이 빈곤 상황에 놓인 이유는 첫째, 교육 격차이다. 정보에 대한 접근성이 떨어지고 가족 부양 등의 이유로 교육의 기회를 제때 제공받지 못해 선진국과의 교육 격차가 벌어지는 악순환을 겪고 있다. 둘째, 인프라 격차이다. 부족한 인프라가 경제발전에 부정적 영향을 미치기 때문에 선진국과 개발도상국 간의 인프라 격차는 경제적 격차를 유발한다. 셋째, 부패이다. 공공기관 (경찰 등)과 반사회적 세력(조직폭력, 마약 등 범죄조직, 부패한 경제인) 간의 결탁은 독재국가나 개발도상국에서 흔히 볼 수 있는 심각한 문제이다. 넷째, 선진국의 원조 부족이다. 자금이 한정된 개발도상국은 인프라 개발에 필요한 자금을 확보하기 어렵기 때문에 선진국은 적극적으로 지원을 제공해야 한다. 다섯째, 지정학적 위험도 한 요인이 될 수 있다. 지정학적으로 아프리카 국가들은 분쟁지역에 둘러싸여 있으며 분쟁은 개발도상국을 가난하게 만드는 요인 중 하나이다. 여섯째, 불리한 무역 조건이다. 세계 무역의 역사를 살펴보면 개발도상국에 불리한 무역 규칙의 수립은 개발도상국의 경제발전을 저해하는 요인이라고 할 수 있다. 현재의 무역 규칙은 선진국에 유리하기 때문에 먼저 개발도상국에 공정한 무역 규칙을 개발할 필요가 있다(JICA ,불균형 세계). 일곱째, 사회적 약자에 대한 차별과 배제이다. 한국의 헌법에서도 성평등을 규정하고 있지만, 가정, 직장, 지역사회 등에서 여전히 성별 구분 역할이 존재하고, 사회 참여, 고용, 소득 등의 기회 격차가 존재한다. 또한 최근에는 가정폭력, 성희롱, 스토킹, 성범죄 등이 여성에 대한 인권 문제로 제기되고 있다. 경제협력개발기구(OECD) 통계를 보면, 한국의 성별 임금 격차는 2021년 기준 31.1%로 회원국 가운데 가장 높다. 전체 회원국 평균인 12%와 차이가 크다. 한국은 1996년 OECD 가입 이래 27년째 성별 임금 격차 1위 자리를 유지하고 있다. 특히 과세 당국에 신고한 남녀의 소득 격차가 국제기구 통계보다 크다는 것은 실제 남녀 간 임금 차이는 세계 주요국보다 더 열악할 수 있다는 뜻이다. 이는 아직도 사회적 측면에서 여성의 인권이 소홀히 이루어지고 있으며, 특히 경제 및 정치 분야에서 여성의 참여가 활발하지 않기 때문이다. 남녀 모두가 서로의 인권을 존중하고 책임을 분담하는 풍요로운 사회, 성별을 불문하고 자신의 개성과 능력을 충분히 발휘할 수 있는 풍요로운 사회를 실현하는 것을 목표로 성평등에 대한 이해를 깊게 실천하는 것이 중요하다.

아동을 둘러싼 사회 환경은 시대에 따라 나아졌다. 그럼에도 아동 괴롭힘과 학대, 체벌, 아동 살해, 무단결석, 학교 폭력, 국내외 아동 매춘 및 아동 포르노 상품화 등 아동의 인권문제는 심각하다. 아동이 존중받고 안심하고 건강하게 성장할 수 있는 사회를 만들기 위해 노력하는 것이 어른의 책임임을 잊어서는 안 된다. 현대에는 의료의 발전과 생활환경의 개선으로 평균 수명이 증가하고, 인구 고령화가 빠르게 진행되고 있다. 노인의 사회 참여 의욕은 높지만, 연령 제한의 장벽으로 인해 사회에 참여하지 못하고 소외되는 비율이 점점 늘어나고 있다. 한편, 노인 부양과 관련해 여러 문제가 발생하기도 한다. 간병인의 스트레스와 피로로 인해 보살핌이 필요한 노인에 대한 신체적 또는 정신적 학대, 가족 및 친척에 의한 무단 재산 처분 등의 문제가 발생되고 있으며, 노인의 인권 보호는 현대 한국 사회의 주요 과제 중 하나로 부상하고 있다.

  선천적이든 후천적이든 장애가 있는 사람의 삶 역시 존중되어야 한다. 장애인과 비장애인 모두 동등하게 사회의 구성원으로 인정하고 상호 존중하며 서로를 지원하는 것은 당연하다. 그러나 실제로는 장애인에 대한 이해와 인식 부족으로 고용 차별, 입주 거부, 승차 거부 등이 종종 발생하고 있다. 도로, 교통, 건물 등 시설에서 장애물이 없는 배리어 프리와 개개인의 마음에서 벗어나 장애인을 포함한 모든 사람이 편안하게 살 수 있는 평등한 사회를 만들 필요가 있다. HIV 및 나병과 같은 전염병에 대한 올바른 지식과 이해 부족은 환자에 대한 차별과 배제를 강화할 수 있다. HIV는 성적 접촉을 고려하면 일상적으로 전염되는 것은 거의 불가능하며, 나병도 감염이 안 되는 경우도 있으며 감염되더라도 드물게 발병하는 병으로 효과적인 치료제가 있다. 그럼에도 환자들은 병의 고통과 동시에 직장과 사회에서 차별과 편견에 노출됨에 따라 고통이 배가된다. 우리사회는 아직도 범죄를 저지르고, 감옥에서 복역하고, 형을 마치고 나온 이와 그 가족에 대한 뿌리 깊은 편견이 있다. 이런 편견으로 인해 취업 시 차별, 주거 확보에 어려움 등 다양한 차별을 당해 사회로의 복귀가 어려워지는 경우가 많다. 범죄 피해자도 이익, 소문, 비방 등에 의해 명예를 훼손하고 사생활 침해 등 2차 피해를 입어 인권이 침해되는 경우도 있다.

4. 우리나라의 불평등(소득 불평등을 중심으로)

소득 불평등이 높은 국가 및 지역 중에는 중국과 인도가 있다. 거대한 신흥국으로 주목받고 있지만, 2000년대에 들어서면서 소득 격차가 크게 벌어진 나라이기도 하다. 중국에서는 주로 해안을 따라 도시와 농촌 지역의 소득 격차가 확대되고 있으며 산업구조 및 중앙정부와 지방정부 간의 재정 관계가 주요 문제로 간주된다. 반면 인도에서는 IT 부문의 근로자가 양질의 노동력을 제공하고 고소득을 제공받는 반면, 문맹률 및 기타 요인 측면의 큰 격차로 그러한 일자리를 찾을 수 없는 사람들은 소득이 현저히 낮으며 그 격차가 계속 벌어지고 있다. 뿐만 아니라 정부의 규제 완화와 세계화의 혜택은 부유층에게 큰 혜택을 주었지만 가난한 사람들은 거의 혜택을 받지 못했다. 이는 급속히 발전하는 국내 경제에서 빈곤층에 대한 적절한 지원정책이 부족하고 경제 개혁 이전에 존재했던 큰 불평등의 혜택을 소수의 사람들만이 받았기 때문이다.

유엔무역개발회의(UNCTAD)는 2021년 7월 한국 지위를 개발도상국에서 선진국으로 변경했다. UNCTAD가 설립된 1964년 이래 개도국에서 선진국으로 지위를 바꾼 나라는 한국이 처음이다. 그런데 지난 3월 UN 산하 지속가능발전해법네트워크(SDSN)가 발표한 「세계행복보고서」에 따

〈표 1〉 연령별 고용률

지역	연령	2020년 3분기	2020년 4분기	2021년 1분기	2021년 2분기	2021년 3분기	2021년 4분기	2022년 1분기	2022년 2분기	2022년 3분기	2022년 4분기	2023년 1분기	2023년 2분기
전국	15~29세	42.6	42.0	42.1	44.3	45.3	45.1	46.0	47.3	47.2	46.2	45.9	46.9
	30~39세	74.7	75.0	74.6	75.4	75.1	76.0	76.5	77.1	77.7	78.0	77.9	78.8
	40~49세	76.8	77.0	76.5	77.4	77.7	77.6	77.5	78.3	78.3	78.2	77.7	79.0
	50~59세	74.4	74.6	73.1	75.3	75.7	76.3	75.9	77.6	77.4	77.5	76.7	78.4
	60세 이상	44.0	42.9	39.4	44.1	44.5	43.3	41.0	45.7	46.2	45.0	42.8	46.8

출처: 통계청

르면 한국인의 행복 점수는 10점 만점에 5.95점으로 경제협력개발기구(OECD) 38개국 중 35위에 그쳤다. 우선 청년은 고용 불안에 떨고 있다. 2023년 5월 6일 통계청 경제활동인구조사에 따르면 올해 3월 기준 국내 청년층 고용률은 46.2%로 역대 3월 가운데 두 번째로 높은 수준을 유지하고 있다. 문제는 고용의 '질'이다. 3월 기준 청년층 임시근로자는 106만 8000명으로 1년 전 같은 기간보다 1만 3000명 늘었다. 임시근로자는 고용 계약 기간이 1개월 이상 1년 미만이거나 고용 계약 없이 단기 고용된 취업자를 말한다. 또 지난 3월, 고용 계약 기간이 1개월 미만인 청년층 일용근로자 수도 13만 9000명으로 전년 동월 대비 1만 명 증가했다. 반면 양질의 일자리로 평가받는 청년층 상용근로자 수는 249만 4000명으로 1년 전보다 4만 5000명 줄었다.

통계청의 '중장년층 행정통계'에 따르면 2021년 기준 중장년층의 개인별 평균 소득은 3,890만 원으로, 2020년의 3,692만 원보다 5.4% 증가했다. 다만 그만큼 많이 일한다. 국회 예산정책처에 따르면 2021년 기준 한국의 노동시간은 1,915시간으로 OECD 36개국 중 네 번째로 길다. 노인의 삶은 어떨까? 통계청에 따르면 올해 2월 60세 이상 취업자 수는 577만 2,000명으로 1년 전 같은 기간보다 41만 3,000명 늘었다. 이는 관련 통계를 작성하기 시작한 1999년 이후 2월 기준 역대 최대 규모다. 60세 이상 취업자는 2013년 2월 273만 4,000명이었는데, 10년 만에 2배 이상 증가했다. 실제 인구 대비 취업자 수를 보여주는 60세 이상 고용률도 42.8%로, 통계 작성 이래 최고치를 기록했다. 그런데 아이러니하게도 국내 고령층의 빈곤율 역시 OECD에서 가장 높은 수준이다. 통계청의 '2022 고령자 통계'에 따르면 2019년 한국 고령층의 상대적 빈곤율은 43.2%로 OECD 가입국 중 1위에 올랐다

한국의 소득 불평등의 원인은 21세기를 시작하기 전과 후의 차이가 있다. 1980년대 신자유주의의 부상은 시장 원리에 입각한 구조개혁으로 이어져 경제를 활성화하고 소득 불평등을 확대했다. 소득 불평등이 진행된

것은 부분적으로는 대응이 불충분했기 때문이다. 한편, 최근 IT를 중심으로 한 기술혁신은 산업구조 변화와 자본시장의 압박을 초래하고 있으며, 특히 선진국에서 그 격차가 더욱 확대되고 있다. 그 결과 중산층과 저소득층의 소득이 감소했을 뿐만 아니라 고소득층의 소득 증가로 격차가 크게 벌어졌다. 물론 이것 외에도 다른 원인이 있다. 그중 하나가 비정규직 증가이다. 비정규직은 장기 불황, 인건비, 고용 용이성 등으로 인해 증가했다. 비정규직은 성과제의 제도로 정규직과 달리 사회보장 등의 혜택이 열악해 소득 격차가 확대되고 있다. 도시와 농촌의 격차이다. 도시와 농촌 지역의 소득에는 차이가 있다. 그리고 국제적 관점에서 볼 때 낮은 수준의 고용 안전망도 원인이다. 한국에서는 고용 정책이 정규직과 평생 고용을 전제로 하고 있으며, 실업, 직업 훈련, 경력 변경 지원 등의 고용 안전망이 부족한 상황도 소득 격차의 확대의 원인이라고 할 수 있다. 직업훈련, 취업알선, 실업대책 등 적극적 노동시장 정책지출 비중이 해외에 비해 낮다.

사회 보험료 부담의 증가와 소득 세율 구조의 점진적 완화는 저소득층의 부담을 증가시키고 고소득자 이상의 부담을 감소시켜 격차를 악화시켰다. 평소에는 소득 재분배로 인해 그 반대가 되어야 하지만, 현 상황은 계속 퇴행적이고, 그 격차는 더욱 벌어지고 있다. 특히 미래를 이끌어갈 젊은 세대의 저소득, 고용, 근로환경이 개선되지 않으면 사회 발전이 정체되거나 부진해질 수 있다. 불균형 사회의 현재 상황을 파악하여 경제 상황을 정확하게 인식하는 것이 중요하다.

5. 불평등(소득 불평등을 중심으로)을 해소하기 위한 방안

세계 소득 불평등을 해소하기 위해 어떤 조치를 취해야 하는가?

첫째, 금융 시장과 금융 기관에 대한 규제 및 감독 개선이다. SDGs의 목표 중에는 "세계 금융 시장 및 금융 기관의 규제 및 모니터링을 개선하고 이러한 규정의 이행을 강화하는 것"이 있다. 리먼 쇼크 이후 금융 기관에 대한 글로벌 규제를 기반으로 하며 세계 경제를 안정시켰다. 그러나 다른 한편으로는 금융 시장의 유동성이 감소하고 성장이 저해될 수 있다. 또한 기업과 개인이 자금 조달에 불리한 입장에 있는지 조사하는 것도 필요하다. 이러한 요인들이 현재의 소득 불평등을 야기할 가능성이 있으므로 이제 안정화되기 시작했으므로 국제 협력을 유지하면서 규제 및 모니터링을 개선해야 할 때이다.

둘째, 개발 원조와 격차를 줄여야 할 지역에 대한 외국인 직접 투자 촉진이다. 최빈국과 아프리카 국가, 작은 영토와 저지대 섬 국가를 가진 작은 섬 개발도상국, 내륙개발도상국과 같이 큰 필요를 가진 국가가 있다. 공식 개발 원조 및 외국인 직접 투자를 포함한 재정 흐름은 각국의 계획과 프로그램에 따라 필요하다. 소득 격차를 바로잡는 것은 국가 간뿐만 아니라 국가 내에서도 중요하다. 이 경우 인프라 개발, 인적 자원 개발 및 기술 제공이 필요하지만 단일 국가가 이러한 비용을 충당하는 것은 매우 어렵다. 따라서 선진국은 개발 원조와 직접투자를 적극적으로 제공함으로써 상황을 개선하고 국내 경제 성장을 촉진하며 소득을 늘려 전 세계적으로 소득 격차를 줄여야 한다.

셋째, 안전한 이주를 촉진할 필요가 있다. 앞서 언급했듯이 세계에서 문제가 되는 이주민과 이민에 대한 충분한 정책을 가진 나라는 그리 많지 않다. 이런 식으로 오는 사람들에게 안전한 이주를 제공할 수 있는 환경을 조성하지 않으면 만족스럽게 일하고 소득을 얻을 수 없어 소득 불평등이 발생할 것이다. 세계 소득 불평등을 줄이기 위해서는 이주민과 이주민 방문객에 대한 통제된 이민 정책을 시행하고 질서 있고 안전하며 지속적인 이동성과 이동성을 촉진하는 것도 중요하다.

넷째, 공정 거래이다. 불공정 거래도 소득 격차의 원인이다. 최빈국과 개발도상국은 선진국과 공정한 가격으로 거래할 것으로 기대할 수 없으며 생산자는 종종 적절한 수입을 받지 못한다. 이 경우 아무리 많은 작업을 수행해도 격차가 좁혀지지 않고 확대될 뿐이다. 이에 대응하여 세계무역기구(WTO)의 합의에 따라 특별대우 원칙 이행과 같은 조치가 시행되고 있다. 그중 하나는 비관세를 통해 수출을 늘려 수입을 늘리는 것이다. 특히 개발도상국에서는 앞서 언급한 불공정 무역으로 인해 빈곤 속에 살도록 강요받는 사람들이 여전히 있다. 우리가 할 수 있는 일 중 하나는 이 사람들에게 직접 다가갈 수 있는 공정 거래에 참여하는 것이다.

SDGs가 꿈꾸는 세상은 인권과 인간의 존엄성, 법치, 정의에 대한 보편적 존중이 있는 세상, 평등과 비차별의 세상, 인종과 민족, 문화적 다양성을 존중하는 세상, 모든 사람이 잠재력을 온전히 실현할 수 있고 동등한 기회를 통해 공동의 번영에 기여할 수 있는 세상이다. 그러나 오늘날 세상에는 많은 차별이 존재하고 있다. 차별은 성별, 연령, 장애, 인종, 민족, 종교 등 어떤 이유로든 발생할 수 있으며, 이는 사람, 국가 내 또는 국가 간 차별을 유발한다. 이에 전 세계에서 발생하는 다양한 문제에 대해 2030년까지 달성해야 할 목표를 설정하고 해결하기 위해 노력하고 있다. 세계 각국은 인종차별 방지에 관한 조약을 제정하고 이에 대해 노력하고 있으며 한국도 다양한 교육 및 홍보 활동을 통해 인종차별을 없애기 위한 노력을 시행하고 있다. 선진국과 개발도상국의 경제적 격차를 의미하는 '남북문제'는 UN을 중심으로 개발도상국의 경제적 격차와 기반시설을 갖추기 위한 노력이 활발히 이루어지고 있다. 우리나라를 비롯한 전 세계 소득 불평등의 해소는 첫째, 금융 시장과 금융 기관에 대한 규제 및 감독 개선. 둘째, 개발 원조와 격차를 줄여야 할 지역에 대한 외국인 직접 투자 촉진. 셋째, 안전한 이주의 촉진. 넷째, 공정거래 등의 조치가 취해져야 할 것이다.

〈생각 나누기〉

1. 우리가 사는 세상에는 어떤 불평등이 존재하는지 이야기해 보자.

2. 불평등의 원인은 무엇인지 국내외 기사를 찾아보고 해법을 제시해 보자.

3. 평등, 공평, 공정의 개념을 살펴보고 어떤 관점에서 SDGs를 실천해야 하는지 말해보자.

참고 문헌

유엔(2015). "우리 세계의 전환 : 2030 지속가능발전 의제".
이창언 외(2013). 「사회문제를 보는 새로운 눈」. 도서출판 선인.
이창언(2022). 「SDGs 교과서」. 도서출판 선인.
SDGs media(2022) SDGs目標10 人や国の不平等をなくそう を解説

참고 사이트

SDGs media(2022) https://sdgs.media/blog/17193
세계경제포럼 https://www.weforum.org/
세계은행 https://www.worldbank.org/
유니세프 https://www.unicef.org/

포용적이고 안전하며 회복력 있고 지속가능한 도시와 주거지 조성

서득수

개관

1972년 로마클럽이 발간한 〈성장의 한계(The Limits Growth)〉에서 최초로 등장한 지속가능발전의 개념은 1987년 〈우리 공동의 미래(Our Common Future)〉 이후 지속가능발전을 위한 글로벌 의제로, 다양한 고민들과 함께 실행 방안들이 만들어져 왔다. 1992년 리우선언과 함께 '지방의제21'이 추진되고, 2000년 '새천년개발목표(MDGs)'의 채택으로 본격화되기 시작했다.

그리고 2015년 '새천년개발목표'가 종료된 이후 글로벌 차원에서 2030년까지 인류가 행동할 새로운 지속가능발전의 목표로 '우리 세계의 전환: 2030 지속가능발전을 위한 의제'인 '지속가능발전목표(SDGs)'가 만들어졌다.

이 장에서는 UN 지속가능발전목표의 11번째 목표인 '회복력 있고 지속가능한 도시와 거주지'를 실현하기 위한 다양한 노력들을 살펴보고 향후 과제에 대해 논의해 보고자 한다.

학습 목표
1. 지속가능한 도시와 공동체의 의미를 이해한다.
2. 지속가능한 도시와 공동체를 위한 현황과 문제점을 이해한다.
3. SDG 11의 사회·환경·경제 측면의 연계와 달성을 위한 대안을 이해한다.

주요 용어

지속가능한 발전, 번영과 파트너십, 지속가능한 도시, 포용적, 복원력, 지속가
능한 공동체, 지방의제 21, 정주지, 이동권, 도시화, 이클레이

1. SDGs 목표(Goal)의 정의

(1) 목표의 의미

유엔이 2015년 '새천년개발목표(MDGs)'가 종료된 이후에도 글로벌 차원에서 2030년까지 인류가 인간과 지구 그리고 번영을 위한 행동 계획으로 채택된 지속가능발전목표(SDGs)의 가장 중요한 개념은 지속가능발전(Sustainble Development)으로 1970년대와 1980년대부터 제시되었으며 1990년대 리우선언에서 확립되었다(이창언, 2022: 21).

1972년 로마클럽이 발간한 〈성장의 한계(The Limits Growth)〉에서 환경보호와 지속적 경제성장을 함께 추구하는 것으로 최초로 등장한 '지속가능발전'의 개념은 1987년 〈우리 공동의 미래(Our Common Future)〉에서 "미래 세대가 그들의 필요를 충족시킬 능력을 저해하지 않으면서 현재 세대의 필요를 충족시키는 발전(WCED, 1987)"으로 정립되었다. 이후 1992년 리우선언과 함께 '지방의제21'을 통해 핵심 글로벌 의제로 시작되고 2000년 '새천년개발목표(MDGs)'의 채택으로 본격화되었으며, 2015년엔 '지속가능발전목표(SDGs)'의 구체적 행동계획으로 추진되고 있다.

이중 11번 목표인 지속가능한 도시와 공동체(Sustainable Cities and Communities)는 미래세대가 동일한 경험을 할 수 있는 능력을 훼손하지 않으면서 현 세대에게 환경, 사회 및 경제 측면에서 건강하고 회복력 있는 삶의 공간을 보장하는 도시로 정의된다. 자연 생태계가 잘 보전되고, 환경적으로 쾌적하고 안전하며, 지속가능한 도시는 잘 보존된 자연 생태계와 쾌적하고 안전한 환경, 자원과 에너지의 사용은 최소화되어 지속가능한 발전이 이루어 질 수 있는 삶의 터전이다.

SDG 11은 지속가능발전목표를 이루는 다섯 개 영역 중 '번영(Prosperity)'에 해당되며, '자연과의 조화 속에서 개인의 풍요롭고 성취감 있는 삶을 보장한다(Ensure prosperous and fulfilling lives in harmony with nature)'라는 의미를 담고 있다.

도시는 전 세계의 부가 집중되고 세계 경제개발의 3분의 2에 기여할 뿐 아니라 개인 소득불균형에 있어서 가장 높은 비율을 나타내는 곳이기에 도시의 지속가능성이 무엇보다 중요하다. 유엔 지속가능발전목표의 11번 목표는 이 같은 관점에서 포용적이고 안전하며, 회복력 있고 지속가능한 도시와 거주지를 조성하여 도시의 지속가능성을 달성하고자 하는 의지를 담고 있다.

(2) SDG 11의 내용

유엔은 '우리세계의 전환: 2030 지속가능발전을 위한 의제'를 통해 인류의 대부분이 살고 있는 도시의 지속가능성과 공동체의 건전성에 대하여 "우리는 도시의 지속가능한 발전과 관리가 인간의 삶의 질을 결정하는 요인임을 인식한다. 우리는 도시와 인간 정주지에 대한 재정비와 계획 수립을 위해 지역 당국 및 지역사회와 협업함으로써, 공동체의 화합을 도모하고, 개인 안보와 혁신, 고용을 촉진할 것이다(수원지속가능발전협의회, 2020: 22)."라고 그 중요성을 강조하고 있다. 도시와 공동체의 지속가능성을 달성하기 위한 SDG 11에서는 포용적이고 안전하며 복원력 있는 도시와 주거지 조성을 위한 7개의 실행목표(Action targets)로 구체화하고 3개의 이행방법(Means of Implementation)을 제시하고 있다.

안전하고 적정한 가격의 주택 공급 및 기초서비스에 대한 접근 보장을 통해 도시의 빈민가를 개선하고, 대중교통 확대를 통한 지속가능한 교통시스템의 차별 없는 접근과 이용으로 취약계층의 이동권을 보장하며, 도시 내 공공녹지 공간의 보편적 제공과 지속가능한 주거지 계획 및 관리역량 강화를 통해 도시화 확대에 따른 열악한 주거 공간 및 기반시설의 개선으로 도시의 물리적 지속가능성을 높이고자 한다. 또한 세계문화 및 자연유산을 보존하고, 슬럼의 확산과 함께 거주환경을 악화시키는 대기와 수질오염, 폐기물 관리와 수해 등 재난에 대한 적절한 대처를 통해 쾌적하고 안전한 생활의 제공으로 도시와 공동체의 지속가능성을 높이고자 한다.

이 같은 목표들을 이행하기 위해 국가 및 지역발전계획을 강화하여 도시의 경제·사회·환경적 연계성을 지원하고, 모든 수준에서 통합적 재난위험관리를 개발하고 이행하며, 지속가능하고 복원력이 뛰어난 건축을 위해 최빈발전도상국을 재정적·기술적으로 지원한다.

2. 도시와 공동체의 현실

(1) 급격한 도시화의 이면

UN에 따르면 2022년도 전 세계 인구가 80억을 돌파하고 지속적인 인구 증가세로 2030년에는 85억 명, 2050년에는 97억 명, 2080년에는 104억 명에 이를 것으로 추산되고 있다. 이 같은 급격한 인구의 증가는 농촌보다 대부분 도시에 집중되고 있는데, 전체 인구 중 도시거주자의 비율인 도시화율 또한 인구 증가세와 더불어 지속적으로 증가하고 있다. 지난 2010년 이미 도시화율은 51%를 초과해 전 세계 인구의 절반 이상이 도시에 거주하고 있으며, 2050년엔 전체 인구의 67%가 도시에 거주할 것으로 예측된다(UN, 세계인구전망 2022).

도시인구의 증가는 기존 혹은 새로운 사회기반시설에 대한 엄청난 수요로 이어질 것으로 예측되는데, 급격한 도시화는 선진국보다 남아시아 및 아프리카의 개발도상국을 중심으로 진행되는 것으로 나타나 도시와 지구의 지속가능성을 위협하는 다양한 문제를 낳고 있다. 개발도상국들에 집중된 급속한 도시화는 농어촌거주자의 도시로의 이주를 가속화 하였고, 증가된 인구의 대부분이 주거환경이 열악한 도시의 불량주거지(slum)

에 살고 있는 것으로 나타나 도시지역 빈곤 인구의 비중이 높아지는 결과를 가져왔다. 이들 남아시아 및 아프리카 개발도상국들의 급격한 도시화에 따른 불량거주지의 증가가 도시의 지속가능성을 저하시키는 주된 원인이 되고 있다. 도시로의 급격한 인구 유입은 급증하는 수요에 비해 부족한 도시기반시설의 불량주거지를 대거 양산하여 왔으며, 도시민들의 삶에 필수적인 식수의 부족, 열악한 위생과 환경에의 노출, 충분하고 안전한 주거공간의 부족 등 도시의 자족기능을 저하시키고 있다.

또한, 급격한 도시화는 교통 혼잡과 대기 및 수질오염, 생활폐기물의 발생과 축적, 빈곤과 불평등, 지구온난화와 해수면 상승 등 경제, 사회, 환경적 측면에서 다양한 문제들을 양산하는 근본 원인이 되고 있다. 전 세계 인구의 절반 이상이 살고 있으며 앞으로 더 많은 사람이 살 것으로 예측되는 도시는 지구와 인류가 겪고 있는 문제의 대부분을 발생시키는 지역이 되고 있어 도시의 지속가능성을 높이는 것이 지속가능한 발전의 최우선 과제가 되고 있다.

(2) 공동체의 위협 요소

도시는 인간의 삶에 필수적인 주거공간과 교통수단은 물론 재화 및 서비스를 효율적으로 제공하는 기능으로 눈부시게 발전하여 왔다. 생산·소비·상업·문화·예술·과학과 기술·사회복지 등을 위한 거점 역할을 하며, 사람이 사회적·경제적으로 발전할 수 있도록 더 많은 기회를 제공해 주었다. 도시가 주는 여러 기능과 기회의 강력한 유인으로 더 많은 사람이 도시로 유입되었고 전 세계적으로 도시화를 급증시켰으나, 도시화에 따른 인구 증가로 급증하는 수요에 비해 부족한 도시기반시설과 불량주거지의 확대로 인한 주거 불평등, 빈곤과 자연재해에 대한 취약성의 증대는 도시화의 역설이 되고 있다. 개발도상국 중심의 급격한 도시화는 도시의 지속가능성에 새로운 장애물이 되고 있으며 공동체의 삶의 질을 급격하게 저하시키는 원인이 되고 있다. 이 같은 도시화의 역설적 문제들을 해결하기 위해서는 효율적인 도시계획과 관리 방식의 마련이 무엇보다 필수불가결한 요소가 되고 있다.

수많은 사람이 모여 정치, 경제, 사회적인 교류가 일어나는 필수적 공간이 되고 있는 도시가 지속가능하게 발전하려면 환경은 물론 도시를 구성하는 경제·사회·환경적 요소들이 조화롭게 개발되고 유지관리 되어야만 하지만, 우리가 살고 있는 대부분의 도시는 지나치게 불균형을 이루면서 비정상적으로 발전하고 있다. 무엇보다 단기적이고 극단적인 이윤만을 추구하는 경제행위로 인해 자원이 과도하게 낭비되거나 환경이 오염되고 있으며, 결국에는 사람이 사는 공간은 물론 사회·문화와 경제생활마저도 피폐해지고 있다.

세계의 도시는 지구면적의 3%를 차지하는데 불과하지만 전 세계 에너지의 60~80%를 소비하며 탄소 배출량의 75%가 도시지역에서 발생하고 있다. 전 세계 대부분의 지역에서 토지와 자원에 부담을 주지 않으면서 일자리를 창출하고 공동 번영하는 방식으로 도시를 유지하는데 실패하고 있으며, 지구가 겪는 문제의 대부분이 도시에서 발생하고 도시로 집중되고 있다. 급격한 도시화는 교통 혼잡부터 대기오염과 고형 폐기물의 수거 및 처리와 같은 문제를 발생시키며, 식수의 공급과 하수의 처리, 위생 및 공중 보건에 압력을 배가시킨다. 복합적으로 도시의 여러 문제들은 도시의 불량거주지에 거주하는 도시빈민들에게 가장 많은 고통을 전가시키는 형태로 도시 내 불평등을 발생시키며 도시와 공동체의 지속가능성을 무너뜨리는 큰 위협이 되고 있다.

3. 「지속가능발전 2030 의제」속 SDG 11 톺아보기

2015년 채택된 유엔 지속가능발전목표는 통합적이고, 불가분하며, 지속가능발전의 세 가지 차원인 경제, 사회, 환경의 균형을 추구하는 복합개념으로 SDGs의 17개 목표와 169개 세부목표들은 독립적 영역으로 기능하는 것에 머물지 않고 상호 연계되어 이해되고 이행되어야 한다. SDGs의 17개 목표에는 모든 사람에게 건강과 복지, 안전한 사회, 양질의 일자리와 경제성장, 기후변화에 관한 구체적 대응이 제시되어 있으며, 경제, 사회 및 환경이라는 지속가능발전의 3개축으로 통합되고 상호 연계와 조화를 이루게 된다. SDGs의 각 목표는 세부목표를 통해 환경과 결합하며 지속가능발전의 세 측면(사회, 환경, 경제)의 불가분성을 세부목표 차원에서도 관철하고 있다(이창언, 2022: 174-179).

이 장에서 다루고 있는 SDG 11번째 목표인 '지속가능한 도시와 공동체'는 지속가능발전(Sustainble Development) 3대 축의 '사회영역'에 해당되며 '경제 영역'의 토대가 된다. 또한 '환경 영역'의 지속가능성을 담보하는 실질적 기반이 된다. SDG 11은 모든 목표들을 사회, 환경, 경제의 3개축으로 씨줄과 날줄과 같이 긴밀하게 연결하고 강력하게 엮어 주는 지속가능발전목표의 핵심 목표의 역할을 한다.

오늘날 전 세계 인구의 과반수 이상이 살며, 세계 경제의 70%를 차지하고, 에너지의 75%를 소비하며, 탄소배출량의 80%를 배출하는 도시는 지구 위기의 근원지이자 지속가능발전목표 달성을 위한 실질적 무대가 되고 있다. 급격한 도시화와 이로 인해 대규모로 유입된 인구의 밀집지인 도시 슬럼가의 확대는 기아와 빈곤의 문제, 수요에 비해 부족한 기반시설로 인한 위생 및 보건의 악화로 주민의 건강과 교육기회의 소외, 성차별 및 권리침해, 부족한 식수와 에너지의 사용, 수질 및 대기오염, 과도한 자원의 소비와 생산 등 모든 사회적·환경적·경제적 불평등의 원인이 되고 있고 앞으로 더 가속화될 것으로 예상된다.

급격한 도시화와 도시로의 인구 급증은 사회, 환경, 경제 측면에서 많은 문제를 양산하고 공동체를 위협하는 요인이 되기에 SDG 11번 목표의 7개 세부목표와 3개의 이행방법들은 대부분 도시 내 불량거주지의 개선과 이곳에 거주하는 도시빈민의 삶의 질 향상에 관련한 내용이다. 이들 도시와 공동체의 지속가능성 달성을 위한 세부목표와 이행방법은 사회적·환경적·경제적 불평등 완화와 밀접한 상호 관련성을 가지며, 나머지 목표들과 밀접한 상호 관계 속에서 실행되어야 할 필요성이 높다. 따라서 인류의 삶의 터전인 도시의 지속가능성을 높이는 것이 지구적 지속가능발전을 달성하는 첩경으로, 도시와 공동체의 지속가능성을 달성하지 못하면 역설적으로 모든 지속가능발전목표 또한 달성할 수 없다.

4. 목표 달성을 위한 노력과 과제

(1) 목표 달성을 위한 이클레이의 활동

지속가능발전목표 11번 '지속가능한 도시와 공동체' 달성을 위한 여러 움직임 중 지속가능성을 위한 세계지방정부협의회(ICLEI)의 노력들이 대표적 사례라 할 수 있다. 이클레이는 2013년부터 유엔 해비타트 등 여러 국제기관들이 참여하는 도시네트워크와 함께 도시지속가능발전목표 캠페인을 시작하여 2015년 채택된 지속가능발전목표 중 '포용적이고 안전하며 회복력 있고 지속가능한 도시와 주거지 조성'을 목표로 하는 SDG 11번째 목표를 이끌어냈으며, 전 세계의 도시들이 SDG 11번 목표를 시작으로 '도시의 지속가능성' 관리를 통해 전체 17개 목표에 기여할 수 있도록 지원하고 있다.

2021년 이클레이가 지속가능발전을 달성하기 위해 전 세계 지방정부와 함께 수행하고 있는 구체적인 행동으로 '모두를 위한 지속가능한 도시 세계의 구축'을 위한 말뫼 약속 및 전략비전 2021-2027을 발표하였다. 말뫼 약속은 코로나19 등 전 지구적 재해로부터 공동의 노력이 필요한 시대에 기후, 자연, 토지 및 건강에 대한 긴급 조치를 포함해 지역 및 세계적으로 향후 6년 동안 지속가능한 도시 발전을 촉진하고자 하는 이클레이 네트워크의 전략을 담고 있으며, 지속가능한 발전을 21세기 도시의 유일한 발전 모델로 만들고자 한다. 도시의 지속가능발전을 위한 전략비전으로 5 Pathway - 저탄소 도시(Low Emission Development), 자연기반 도시(Nature-based Development), 자원순환 도시(Circular Development), 회복력있는 도시(Resilient Development), 사람 중심의 공정한 도시(People-centered Inclusive Development) - 를 제시하고, 이를 위한 실행계획 2021-2027 운영을 통해 지속가능한 도시를 만들어 가겠다고 선언하였다.

이클레이 한국사무소는 지방정부 단위에서 지속가능성을 지역의 핵심 전략으로 선정하고, 자체적인 지역 지속가능발전목표(L-SDGs)를 수립하고, 관련 조례와 지속가능발전위원회 설치 등의 체계를 구축할 것을 권장하며, 지속가능발전을 위한 지방정부 간 협의회의 구성 등 활동을 촉진하고 지원하고 있다. 그리고 환경부와 전국지속가능발전협의회가 추진하고 있는 '지방 지속가능발전목표 이행체계 구축 지원 및 정책과제 도출'사업의 정보와 결과물, 그리고 이클레이가 자체적으로 모니터링하고 있는 자료를 바탕으로 대한민국 SDGs 이행 맵을 제공하고 있다.

(2) 목표 달성을 위한 한계와 대안

지속가능발전목표는 그 범위에 있어 전 지구적이고 보편적이지만 그 실제적 이행은 지역적이다. 모든 SDGs 17개 목표뿐 아니라 지속가능한 도시와 공동체를 위한 목표(SDG 11)는 무엇보다 지방정부의 세부목표 이행을 위한 직접적 역할과 책임이 절대적이다. 중앙정부의 노력만으로 도시의 지속가능성이 제대로 달성될 수 없다는 사실은 자명하다. 그런 차원에서 지방정부와 지역 공동체들의 노력과 기여도가 매우 중요하지만 지속가능발전목표에 대한 국가적 비전, 정책과 법령은 지방정부들이 반드시 준수해야하는 프레임워크를 제공하여야 한다. 그것들은 지속가능발전을 위한 행동에 대한 촉매가 될 수도 있고, 혹은 오히려 장애물이 될 수도 있다.

국가가 제공하는 프레임워크를 준수하면서 지방정부 중심으로 여러 이해당사자들과 개인, 사회적인 타협능력 그리고 새로운 의사결정 방식을 위한 변혁적인 행동들이 필요하다. 지역의 의제들이 국가적 정책들과 잘 연결될 수 있도록 하는 지방-국가-국제 수준을 조직하는 수직적 통합뿐 아니라, 같은 수준의 정부에서 서로 다른 기관들 간의 협업으로 공동의 해결책을 만들어 나가는 각 부처 간 또는 경제 부문 간의 수평적 통합이 필요하다.

전 세계 인구의 과반수가 살고 있는 도시는 세계 경제활동의 3분의 2가 이루어지고 있는 정치, 경제, 사회의 중심지라는 것을 고려할 때, 도시 수준에서의 행동이 매우 중요하고 지방정부가 충분한 권한과 역량을 가져야만 SDGs의 달성 가능성이 높아질 수 있다. SDGs는 도시와 공동체에 초점을 맞춘 11번 목표를 통해 도시를 통한 변화의 가능성에 주목하고 있으며, 도시의 역할에 따라 17개 목표 전부로 확대될 수 있다. 이클레이를 중심으로 도시의 지속가능발전을 선도해왔던 혁신적인 도시들이 SDGs의 성공적 이행을 주도해 나가면서 도움이 필요한 도시들에 좋은 사례를 제공해주어야 한다. 도시의 위기를 도시의 기회로 전환하는 지속가능한 도시와 공동체를 위한 SDG 11 이행의 지혜가 필요하다.

요약

1972년 로마클럽이 발간한 〈성장의 한계(The Limits Growth)〉에서 최초로 등장한 지속가능발전의 개념은 1987년 〈우리 공동의 미래(Our Common Future)〉 이후 지속가능발전을 위한 글로벌 의제로 다양하게 고민하고 만들어져 왔다. 1992년 리우선언과 함께 '지방의제21'이 추진되고 2000년 '새천년개발목표(MDGs)'의 채택으로 본격화되기 시작했다. 그리고 2015년 '새천년개발목표'가 종료된 이후 글로벌 차원에서 2030년까지 인류가 행동할 새로운 지속가능발전의 목표로 '우리세계의 전환: 2030 지속가능발전을 위한 의제'인 '지속가능발전목표'가 만들어졌다.

오늘날의 도시는 전 세계 인구의 과반수 이상이 살고 있으며 앞으로 급격한 도시화의 진전에 따라 도시로의 인구 유입은 더 가속화할 것으로 예상됨에 따라 도시 불량거주지의 확대와 도시빈민의 증가는 도시와 공동체의 지속가능성을 저하시키는 원인이 되고 있다. 21세기 도시는 세계 경제활동의 3분의 2가 이루어지고 있는 정치, 경제, 사회의 중심이라는 것을 고려할 때, 인류와 지구의 지속가능한 발전을 가로막는 원인이자 해결의 무대가 되고 있다.

이 같은 현실을 반영하여 UN의 지속가능발전목표에서 11번 목표는 '지속가능한 도시와 공동체'를 통해 포용적이고 안전하며 회복력 있는 도시와 주거지를 만들기 위해 충분하고 적당한 가격의 주택공급 및 기초서비스 접근, 취약계층에게 편리한 대중교통의 확산, 세계 문화와 자연 유산의 보호 등 7개의 세부목표와 3개의 이행방법을 제시하여 지속가능한 도시와 공동체를 실현하고자 노력하고 있다.

11번 목표의 7개 세부목표와 3개의 이행방법들은 대부분 도시 내 불량거주지의 개선과 이곳에 거주하는 도시빈민에 삶의 질 향상에 관련한 내용으로, 이들 도시와 공동체의 지속가능성 달성을 위한 세부목표와 이행방법은 사회적·환경적·경제적 불평등 완화와 밀접한 상호 관련성을 가진다. 인류의 삶의 터전인 도시의 지속가능성을 높이는 것이 지구적 지속가능발전을 달성하는 첩경으로, 도시와 공동체의 지속가능성을 달성하지 못하면 역설적으로 모든 지속가능발전목표 또한 달성할 수 없으므로 무엇보다 목표 11 이행이 중요하다.

지속가능성을 위한 세계지방정부협의회인 이클레이를 중심으로 지속가능한 도시 세계의 구축을 위한 목표 11 이행 노력들이 펼쳐지고 있지만 여전히 가시적 성과들은 부진한 상황이다. 국가 또는 지방정부 주도의 이행에는 한계가 있으므로 국가가 제공하는 프레임워크를 준수하면서 지방정부 중심으로 여러 이해당사자들과 개인, 사회적인 타협 능력 그리고 새로운 의사결정 방식을 위한 변혁적인 행동들이 필요하다. 이클레이를 중심으로 도시의 지속가능발전을 선도해왔던 혁신적인 도시들이 좋은 사례를 제공하여 도시의 위기를 도시의 기회로 전환하는 지속가능한 도시와 공동체를 위한 SDG 11 이행의 지혜가 필요하다.

〈생각 나누기〉

1. 지속가능한 도시와 공동체를 위협하는 것은 무엇인가?
2. 도시와 공동체의 지속가능성을 위해 우리가 해야 할 일은 무엇인가?
3. 도시 불량거주지와 도시 빈민을 지원하기 위한 정책적 지원에 대해 이야기해 보자.

참고 문헌

KEI포커스(2015). 「UN 지속가능발전목표(SDGs) 이행」. 한국환경정책·평가연
    구원.
방설아 외(2015). 「지속가능개발목표(SDGs) 수립현황과 대응방안」. 한국국제
    협력단.
수산 외(2020). 「우리 세계의 전환 : 2030 지속가능발전의제」. 수원가능발전협
    의회.
이창언(2022). 「SDGs 교과서」. 도서출판 선인.

참고 사이트

UN https://www.un.org/
데이터로보는세상 https://oureorldindata.org/
이클레이한국사무소 https://www.icleikorea.org/
지속가능발전포털 http://ncsd.go.kr/

제13장

SDG 12

지속가능한 소비와 생산 양식 보장

서득수

개관

SDGs의 17개 목표 중 12번째 목표 '책임 있는 소비와 생산'은 사람의 삶과 가장 밀접한 주제로 우리가 일상에서 쉽게 기여할 수 있는 목표이다. 인간의 생존과 경제활동에 수반되는 소비는 현대 사회와 아주 밀접한 단어로, 현대인들은 모두 소비자로서 생산 활동에 직접 또는 간접적으로 영향을 주고 있다. 우리 모두는 매일 가정과 직장에서 크고 작은 소비를 하고 있다. 집밖에서의 경제활동은 물론 집안에서의 생활에서도 최소한의 식량과 수도 및 가스는 필수적으로 소비하게 되며, 우리가 일상생활에서 무의식적으로 행하는 이런 크고 작은 소비들이 모여 SDG 12의 달성을 결정짓는 중요한 조건이 된다.
UN 지속가능발전목표(SDGs)의 5개 영역에서 12번 목표는 '지구환경(Planet)' 영역에 해당되며, 자연환경 및 자원소비와 가장 밀접한 관계를 가지며 우리가 지속가능성 영향을 가장 많이 받는 분야이다. 선진국이 우선적으로 지속가능한 생산과 소비가 가능하도록 음식물쓰레기를 절반으로 줄이고, 폐기물 발생의 대폭 감량, 지속가능한 공공조달 시행의 촉진 등 3개의 이행수단을 포함한 11개의 세부목표를 제시하여 달성 노력을 하고 있다. 이 장에서는 '책임 있는 소비와 생산'이 필요한 이유와 현실을 이해하고 목표를 실현하기 위한 다양한 노력들을 살펴보고 향후 과제에 대해 논의해 보고자 한다.

학습 목표

1. 책임 있는 소비와 생산의 의미를 이해한다.
2. 과소비와 과잉 생산의 현황과 원인을 이해한다.
3. SDG 12의 의미와 내용, 세부목표 달성을 위한 과제를 이해한다.

주요 용어

책임 있는 소비와 생산 양식, 과소비, 대량생산, 탄소발자국, 소비자 행동, 생태용량, 생태수용력, 생태자원, 지구온난화, 세계자연기금, 세계생태발자국네트워크

1. 목표의 정의

(1) 목표의 의미

2015년 새천년개발목표의 기한 만료에 따라 제70차 유엔총회에서 2030년까지 달성하기로 채택된 글로벌 의제인 SDGs는 인간(People), 지구환경(Planet), 번영(Prosperity), 평화(Peace), 파트너십(Partnership)의 5개 영역에서 인류가 나아가야 할 방향성을 17개 목표로 제시하고 있다. 그 중 12번째 목표인 '책임 있는 소비와 생산(Reponsible Consumption and Production)'은 지구환경(Planet) 영역에 해당되며, 자연환경 및 자원소비와 가장 밀접한 관계를 가지며 우리가 지속가능성(Sustainability) 영향을 가장 많이 받는 분야이다.

인간의 생존과 경제활동에 필수적으로 수반되는 소비는 현대 사회와 아주 밀접한 단어로, 현대인들은 모두 소비자로서 생산 활동에 직접 또는 간접적으로 영향을 주고 있다. 우리 모두는 매일 우리가 의식하지 못하지만 크고 작은 소비를 하고 있다. 직장과 지역에서의 경제활동은 물론 집안에서의 생활에서도 최소한의 식량과 수도 및 가스는 필수적으로 소비하게 되며, 우리가 무의식적으로 행하는 이런 크고 작은 소비들이 생산 활동에 영향을 미치게 된다.

인간의 자원 소모 속도는 생태적 지탱 가능 범위를 넘어서고 있으며, 한국을 비롯한 세계의 선진국가들은 자국에서 생산되는 것 보다 더 많은 자연자원을 소비하고 있어 생태자산(ecological assets)에 가해지는 압박이 증가되고 있다. 자국의 생태용량을 초과한 선진국들의 과소비는 개발도상국 및 최빈국들의 생태용량 수입을 통해 충당되고 있어 전 지구적 문제로 확대 재생산된다. 결국 생활의 필요보다 더 많은 소비가 과잉 생산 활동을 유발하여 자연자본의 남용과 생태서비스의 급격하고도 과도한 소모를 불러오고 있다. 이제 사람의 소비활동 억제를 통해 과잉생산을 줄이고 자연자본을 유지 또는 증대시키면서 인류가 자연에 가하는 영향이 자국의 생태용량을 초과하지 않고, 나아가 지구의 생태수용력(ecological capacity)을 초과하지 않도록 관리하는 것이 급선무이다.

(2) 목표의 내용

지속가능발전목표 12번은 책임 있는 소비와 생산을 통해 지속가능한 사회의 보장을 목표로 한다. 제품과 서비스 생산 및 소비의 전 생애 주기에서 자연자원과 유해물질의 사용을 줄이고 폐기물과 오염물질의 배출을 줄이기 위한 활동으로 선진국을 비롯한 모든 국가들의 '지속가능 소비와 생산을 위한 10개년 계획'의 이행, 자연자원의 지속가능한 관리 및 효율적 사용, 음식물 쓰레기의 발생량 감축, 생산 및 공급망에서 발생하는 식량 손실 감축, 화학물질과 폐기물 방출을 획기적으로 감소시키는 것을 목표로 한다. 생산과 소비의 주체로서 민간 부문의 변화를 정책이 유도하고, 이에 대한 사회 전반적인 인식 확산을 목표로 하고 있다.

또한, 다국적 기업을 포함한 모든 기업들이 지속가능 활동을 채택하고, 국가 정책과 우선순위에 부합하는 공공조달 방식을 채택하며, 모든 인류가 2030년까지 자연과 조화로운 지속가능발전과 생활방식에 관해 인식할 수 있도록 한다. 이를 위해, 개발도상국들의 과학기술 역량 강화를 지원하고, 지역에서의 일자리 창출 및 지역상품 촉진을 비롯하여 비효율적인 화석연료 보조금 개선, 세제구조 개혁, 유해한 보조금 지급 축소, 개발에 따른 부작용 최소화 등 3개의 이행수단을 포함한 11개의 세부목표를 제시하여 지속가능한 소비와 생산을 달성하고자 노력한다.

2. 소비와 생산의 현실

(1) 인구 증가와 과소비

유엔은 2022년 11월 15일, 유엔개발계획(UNDP)이 매년 7월 11일을 '세계 인구의 날'로 지정한 지 35년 만에 세계 인구가 80억 명을 돌파했다고 밝혔다. 전 세계 인구는 1800년대 초 10억 명을 기록한 이후 120년이 지난 1927년 20억 명으로 2배 성장하였고 기술의 혁신과 경제성장의 눈부신 발전으로 인구는 폭발적으로 늘어났다. 1927년으로부터 47년 지난 1974년 40억 명, 그리고 1987년 50억 명을 기록한 후 35년 만에 초고속으로 80억 명에 도달한 것이다. 이 같은 폭발적 인구증가는 아프리카와 인도 및 동남아시아 개발도상국들이 주도했다. 대륙별로 아시아 인구가 48억 명으로 세계 인구의 60%를 차지하고, 아프리카 14억 명(18%), 유럽 7억 5000만명(9%), 아메리카 10억 2000만 명(13%), 오세니아가 4300만 명으로 나타났다.

안토니우 구테흐스 유엔 사무총장은 "세계 인구가 80억 명을 기록한 것은 인류 발전의 이정표인 동시에 미래를 위한 커다란 위험일 수도 있다"고 강조하였다. 이는 공중 보건과 위생, 영양의 획기적 개선과 의학의 발전으로 인간의 수명이 늘어났다는 점에서 발전을 축하할 기회이지만 인류가 공동으로 지구를 돌보아야 할 책임이 그만큼 막중해지는 계기임을 상기시키는 의미심장한 표현이다.

이 같은 인구증가는 지구자원의 총량은 한정되어 있는데 반해 더 많은 자연자본과 생태 서비스를 필요로 하기에 생태적 공급과 수요의 불균형을 초래한다. 인구증가로 물과 식량, 에너지 등 자원에 대한 수요가 계속 늘어나기에 문제가 된다. 특히, 개발도상국 중심의 인구 증가와 급격한 도시화는 더 많은 소비를 발생시키고 이에 대응한 생산 활동의 증대는 수많은 자원의 소비와 폐기물의 발생, 대기환경 및 수질 오염 등 자연환경의 파괴로 지구온난화를 가속화하는 요인이다. 인구증가에 따른 소비와 생산 활동의 증대로 고갈되는 에너지, 식량, 천연자원에 대한 수요를 줄이기 위해 개발도상국 중심의 급격한 인구 증가를 억제해야 하지만 사실은 부유한 선진국들의 과소비가 더 문제가 되고 있다.

인류의 생태자원 소비량(생태발자국)은 지구가 재생할 수 있는 자원의 양(생태용량)을 훨씬 넘어섰다. 현재의 소비 행태를 기준으로 세계 인구를 지속가능하게 유지하기 위해서는 1.75개의 지구가 더 필요하다고 세계자연기금과 세계생태발자국네트워크(GFN)에서 지적하고 있다.

(2) 과소비와 대량 생산 시스템

오늘날 기후변화와 지구환경 오염의 주범은 바로 과소비에 따른 대량 생산과 대량 폐기에 이르는 무분별한 소비와 생산의 시스템이다. 산업혁명 이후 생산성이 높아진 공장시스템으로 낮아진 제품의 가격은 필요보다 더 많이 소비하는 과잉 소비의 라이프스타일을 유지할 수 있게 하였다. 선진 국을 중심으로 실제 필요보다 더 많이 먹고 쓰는 과소비 생활양식을 충족 시키기 위해 대량으로 생산된 제품이 시장에 무제한으로 공급되고 있으며, 수명을 다하거나 필요가 없어진 제품들은 대량의 폐기물이 되고 있다.

우리가 소비하는 대부분의 제품은 공장시스템을 통해 생산되며, 시장에서 유통 소비되는 제품은 모두 '지구의 자원'으로 생산된다. 무절제한 과소비로 인한 대량 생산으로 자연 및 생태자원의 필요는 기하급수적으로 증가하고 있어 '과잉 소비-대량 생산-대량 폐기'의 시스템이 지구의 재앙이 되고 있으며 인류에게 엄청난 위협이 되고 있다. 제품의 생산과 유통, 소비와 폐기 전 과정에서 엄청난 양의 온실가스를 배출하고 있으며, 과도하게 배출되어 축적된 온실가스는 지구의 온도를 높이는 온난화를 통해 우리의 삶과 생존을 위협하고 있다. 온난화로 인한 해수면 상승과 이상 기상현상으로 지구촌 곳곳에서 막대한 피해가 발생하고 있으며, 동식물의 생물다양성도 급격히 감소하고 있어 지구생태계의 안전을 위협하는 커다란 원인이 되고 있다.

필요보다 많은 소비의 결과 많은 제품이 사용되지 못하고 버려지거나 사용 후 대량의 폐기물로 발생되고 있다. 과잉 소비의 편리함을 위한 일회용품과 과대포장의 포장재, 유행에 뒤쳐진 의류, 먹다 남긴 음식물, 과잉 생산으로 유통되지 못하고 폐기되는 식품과 공산품들로 지구촌 곳곳에서 심각한 쓰레기 난을 겪고 있다. 소비와 생산 활동의 과정에서 물, 에너지, 식품 등 자원이 필요보다 낭비되고 버려지고 있는 것들이 많아 자원을 고갈시킬 뿐 아니라 지구환경 악화에도 직접적인 영향을 주고 있다. 인류가 사용 가능한 지구상의 담수는 0.5%에 불과하지만 사람은 이보다 더 많은 물을 사용하면서 물을 오염시키고 있어 아직도 10억 명이 넘는 사람이 담수를 이용하지 못하고 있다. 물의 과도한 사용은 전 세계적인 물 부족과 함께 충분한 공급을 위해 막대한 비용을 지불하게 된다.

인류의 에너지 소비 또한 해마다 증가하고 있다. OECD 국가들의 에너지 사용은 2020년까지 35% 증가할 것으로 예상되며, 상업 및 주거용 에너지 사용은 운송에 이어 두 번째로 빠르게 증가하고 있다. OECD 국가들의 자동차 소유 또한 32% 증가할 것으로 예상되며 동시에 자동차 사용량은 40% 증가할 것으로 예상된다. 전 세계 항공여행은 같은 기간 동안 3배로 증가할 것으로 예상된다. 생산과 운송 등의 경제활동에 막대한 양의 에너지가 소비되지만 개인용 자동차 이용과 항공여행 등 일반 가정의 소비 활동에서도 전 세계 에너지의 29%를 소비하며 CO_2 배출량의 21%를 차지한다. 하지만 최종 에너지 소비에서 재생에너지의 사용 비중은 2015년 기준 17.5%에 불과하다.

식품으로부터 발생하는 가장 큰 환경적인 영향은 영농과 식품 가공단계에서의 에너지와 자원 소비, 폐기물 생성으로 나타나지만, 가정에서도 식생활 선택과 식습관을 통해 환경에 영향을 미칠 수 있다. 해마다 생산되는 모든 식품의 약 3분의 1(약 1조 달러 상당)은 손실되거나 폐기되고 있는데

이는 지구에 존재하는 8억 1,500만명의 영양실조 환자를 먹여 살리고도 남는 규모이다. 전 세계 20억 명의 사람이 과다한 음식 섭취로 과체중이거나 비만으로 필요보다 많은 식품이 과잉 소비되고 있다. 이에 따른 토지 황폐화와 토양의 비옥도 감소, 무분별한 용수 사용과 어류 남획, 해양환경 파괴로 식량공급 능력은 해마다 떨어지고 있다. 식품업계는 세계 총 에너지 소비량의 약 30%를 차지하며, 온실가스 배출량의 약 22%를 차지한다.

3. 「지속가능발전 2030 의제」 속 SDG 12 톺아보기

지속가능발전을 위한 2030 의제는 서문에서 "통합적이고, 불가분하며, 지속가능발전의 세가지 차원인 경제, 사회, 환경의 균형을 추구한다(They are integrated and indivisible and balance the three dimensions of sustainable development: the economic, social and environmental)"라고 17개 목표 및 169개 세부목표가 통합적이고 불가분한 관계임을 나타내고 있다. SDGs 17개 목표와 169개 세부목표들은 경제, 사회 및 환경이라는 지속가능발전의 3대 축으로 통합되고 상호연계와 조화를 이루게 되며, SDGs의 각 목표는 세부목표를 통해 환경과 결합하며 지속가능발전의 세 측면(사회, 환경, 경제)에서 균형을 관철하게 된다.

SDG 12번째 목표인 '책임 있는 소비와 생산'은 지속가능발전 3대 축의 '경제영역'에 해당되며 '사회영역'에 의해 가능하며, 경제발전을 가능하게 하는 '사회영역'은 '환경영역'에 의해 뒷받침된다. 인류의 생존을 위한 소비와 생산 활동에는 자연자본과 환경에서 발생하는 여러 가지를 이용하기에 환경영역과 깊은 관련성을 갖고 있다. 무절제한 과소비와 대량 생산 시스템의 악순환으로 천연자원과 에너지의 남용은 자연자본의 소모를 가속화 시키고, 탄소배출량의 급증은 지구온난화와 기후변화를 더 빠르게 진행시켜 환경적 지속가능성을 저하시킬 뿐만 아니라 사회적·경제적 불평등의 원인이 되므로 환경과 경제의 조화를 통한 목표 달성이 반드시 필요하다.

식품 다양성과 건강 및 영양(SDG 2 및 SDG 3), 기후변화의 영향과 비생물 스트레스(SDG 13 및 SDG 15)에 대한 회복 탄력성을 위한 양질의 일자리(SDG 8)와 빈곤 종식(SDG 1)을 위해서는 책임 있는 소비와 생산을 통한 경제발전이 무엇보다 필요하다. 또한 SDG 12는 담수 자원의 가장 큰 사용자이기 때문에 물과 위생(SDG 6)을 포함한 다른 SDGs에 부정적인 영향을 미치지 않도록 책임 있는 소비와 생산으로 제약하여야 한다. 기아 종식(SDG 2)을 위한 농업 분야와 식품의 대량 생산은 육상생태계 보존(SDG 15)의 생물다양성 손실의 주요 동인원인이 되기 때문이다. 종합적으로 SDG 12의 달성을 위한 정책들은 경제성장과 자원의 사용을 억제하는 부분이 강하므로 다른 SDGs 달성의 원동력이 될 수 있으며, 지구와 인류의 지속가능발전은 책임 있는 소비와 생산 양식을 통해 달성할 수 있다.

더 적은 자원을 투입하여, 더 많은 결과물을 얻고, 더 적은 오염물질을 배출하는 것을 달성하기 위한 SDG 12는 자원과 에너지 효율을 높이고, 지속가능한 인프라를 조성하며, 기본적인 서비스는 물론 친환경적이고 양질의 일자리를 제공하며, 모두에게 더 나은 삶의 질을 제공하여 경제적 활동으로 인한 복지혜택을 증가시킬 수 있다. 전 지구적으로 적용이 가능한 '지속가능발전' 패러다임으로의 전환을 지향하는 가장 상징적인 목표이다.

4. 목표 달성을 위한 노력과 과제

2017년부터 2020년까지 83개국 및 유럽연합은 지속가능한 소비 및 생산 양식에 대한 10년 프로그램 프레임워크의 이행에 기여한 정보를 공유하였다. 2020년에는 136개의 정책과 27개의 구현 활동이 보고되어 총 700개가 넘는 특정 산업이나 지역의 자원사용 효율성을 개선하기 위한 구체적인 조치가 취해져 왔지만, 부문과 산업 전반에 걸쳐 광범위하게 채택되지는 않았다.

세계의 여러 국가들은 다자간 환경협약의 후원 하에 대기, 토양 및 수질 오염과 독성 화학물질에 대한 노출과 관련된 문제를 계속해서 해결하고 있다. 거의 모든 유엔 회원국은 적어도 하나의 협약에 가입되어 있으며, 협약의 의무에 따라 각국은 유해 폐기물, 잔류성 유기 오염 물질 및 오존층 파괴 물질과 관련된 자료 및 정보를 정기적으로 보고하여야 한다. 화석 연료 보조금은 2019년 연료 가격 하락으로 인해 4,316억 달러로 감소하여 2017년부터 2018년까지 상승 추세를 반전시켰으며, COVID-19 완화 노력과 2020년 유가 쇼크로 인한 수요 붕괴로 인해 급격히 하락하였을 것으로 예상된다.

책임 있는 소비와 생산은 소비자와 국가, 기업, NGO 등의 이해관계자의 적극적인 참여를 기반으로 소비와 생산패턴을 바꾸어 사회에 근본적인 변화를 도모하는 것을 의미한다. 기업 차원에서 제품 기획 및 개발 단계에서부터 판매 후 폐기까지의 가치사슬별 전략과 지속가능한 소비 촉진을 위한 정보 제공까지 전방위적 역할과 책임이 요구되고 있다. 제품과 서비스의 전 생애주기에 걸쳐 천연자원과 유해물질 사용, 오염물질 배출을 줄임으로써 미래 세대를 생각하는 '지속가능한 소비와 생산(Sustainable Consumption and Production: SCP)'을 실천하는 것이다.

또한, 책임 있는 소비는 책임 있는 생산 양식으로의 전환을 통해 지속가능한 소비와 생산으로 정착되도록 선순환되어야 한다. 무엇보다 소비자의 지속가능한 소비와 생산에 대한 인식과 실천이 필요하다. 지속가능한 소비와 생산에 대해 정확히 이해하고 책임 있는 소비행위의 생활화가 선행되어야 한다. 지속가능한 소비로의 전환은 현재의 지속가능하지 않은 소비형태를 사회·경제·환경적으로 지속가능한 책임 있는 소비형태로 바꾸는 것이다. 전 지구적 지속 불가능한 소비 및 생산 형태를 지속가능한 소비와 생산으로 전환하기 위해 소비자는 지속가능한 구매자이자 사용자이며 폐기자로서 책임을 깊이 인식하고 적극적 역할을 수행하여야 한다.

구매자로서의 소비자는 지속가능한 생산활동을 통해 생산된 제품만을 구매하는 책임 있는 소비를 통해 기업의 생산에 직접적 영향을 주고 정부와 국제협약에 영향력을 발휘하여야 한다. 또한 사용자로서 지속가능한 소비로 자원생산성 향상의 기여를 통해 제품 개선과 제품 혁신, 신제품 개발 및 시스템 혁신을 촉진하여야 하며, 폐기자로서 소비자는 쓰레기 감축과 재활용 문제의 적극적 해결자로서 역할을 하여야 한다. 소비자들의 책임 있는 구매와 소비, 폐기 행위를 통해 지속가능한 생산 형태로의 변화를 적극적으로 촉진하여야 한다.

지속가능한 소비와 생산 양식을 위해서는 무엇보다 소비자와 기업, 정부의 유기적 협력이 필요하다. 소비자는 책임 있는 소비에 대해 이해하고 생활화하며, 기업은 지구 생태자원의 남용을 막는 자원생산성 향상을 통한 지속가능한 생산체계를 발전시키고 정착시켜야 한다. 정부는 소비자의 책임 있는 소비활동을 진작시키고 장려하며 기업의 지속가능한 생산체계 전환을 위한 정책과 제도를 과감히 정비하고 실질적 지원을 펼쳐야 한다.

요약

UN의 지속가능발전목표의 5개 영역에서 12번 목표는 '지구 환경(Planet)'영역에 해당되며, 자연환경 및 자원소비와 가장 밀접한 관계를 갖는 지속가능성 영향을 가장 많이 받는 분야 이다. 이 같은 의미에서'지속가능한 소비와 생산(Sustainable Consumption and Production)'으로도 해석된다.

미국을 비롯한 세계의 선진국가들은 자국에서 생산되는 것보다 더 많은 자연 자원을 소비하고 있어 생태자산(ecological assets)에 가해지는 압박이 증가 되고 있다. 자국의 생태용량을 초과한 선진국들의 과소비는 개발도상국 및 최 빈국들의 생태용량 수입을 통해 충당되고 있어 전 지구적 문제로 확대 재생 산된다. 과잉생산을 줄여 자연자본을 유지 또는 증대시키면서 인류가 자연에 가하는 영향이 자국의 생태용량을 초과하지 않고, 나아가 지구의 생태수용력 (ecological capacity)을 초과되지 않도록 노력하는 것이 급선무이다.

지속가능발전목표 12번은 지속가능한 소비 및 생산 양식의 보장을 목표로 제 품과 서비스 생산과 소비의 전 생애주기에서 자연자원과 유해물질의 사용을 줄이고 폐기물과 오염물질의 배출을 줄이기 위한 활동으로 선진국을 비롯한 모든 국가들의 '지속가능 소비와 생산을 위한 10개년 계획'의 이행, 자연자원 의 지속가능한 관리 및 효율적 사용, 음식물 쓰레기의 절반으로 감소, 생산 및 공급망에서 발생하는 식량 손실 감축, 화학물질과 폐기물 방출을 획기적으로 감소하는 것으로을 목표로 한다. 생산과 소비의 주체로서 민간 부문의 변화를 정책이 유도하고 이에 대한 사회 전반적인의 인식확산을 목표로 하고 있다.

오늘날 기후변화와 지구환경 오염의 주범은 바로 인류의 과소비에 따른 대량 생산과 대량 폐기에 이르는 생산과 소비의 시스템으로, 소비자의 책임 있는 소비를 통한 지속가능한 소비와 생산에 대한 인식과 실천이 필요하다. 지속가 능한 소비와 생산에 대해 정확히 이해하고 책임 있는 소비행위를 생활화하는 소비생활 정착이 선행되어야 한다. 지속가능한 소비로의 전환은 현재의 지속 가능 하지 않은 소비 형태를 사회·경제·환경적으로 지속가능한 책임 있는 소 비 형태로 바꾸는 것이다. 전 지구적 지속 불가능한 소비 및 생산 형태를 지속 가능한 소비와 생산으로 전환하기 위해 소비자는 지속가능한 구매자이자 사 용자이며 폐기자로서 책임을 깊이 인식하고 적극적 역할을 수행하여야 한다.

〈생각 나누기〉

1. 지속가능발전을 위협하는 소비와 생산이 계속되는 이유는 무엇일까?

2. 책임 있는 소비와 생산을 위해 우리가 해야 할 일은 무엇인가?

3. 패스트 패션이나 음식물쓰레기를 줄이기 위해 우리가 할 수 있는 일은 무엇 인가?

참고 문헌

도남철(2011).「지속가능 생산과 소비 미래를 저축하다」. 경상대학교출판부.
방설아 외(2015).「지속가능개발목표(SDGs) 수립현황과 대응방안」. 한국국제
　　협력단.
수산 외(2020).「우리 세계의 전환: 2030 지속가능발전의제」. 수원가능발전협
　　의회.
윤세웅(2016).「한국 생태발자국 보고서 2016」. 세계자연기금 한국본부.
이창언(2022).「SDGs 교과서」. 도서출판 선인.

참고 사이트

UN https://www.un.org/
반기문재단 블로그 https://blog.naver.com/bkmfoundation/
세계자연기금 https://www.wwf.org/
세계자연기금한국본부 https://www.wwfkorea.or.kr/
유네스코한국위원회 https://www.unesco.or.kr/
지속가능발전포털 http://ncsd.go.kr/

기후변화와 그 영향에 맞서기 위한 긴급 대응

이창언·연규식

개관

기후위기는 우리 시대의 위기를 정의하며 우리가 두려워했던 것보다 빠르게 진행되고 있다. 기후위기의 파괴적인 영향으로부터 상처를 입지 않는 곳은 지구상에 없다. 수십억 톤의 CO_2가 석탄, 석유 및 가스의 생산에 의해 매년 대기로 방출되고 있다. 인간 활동으로 인한 기록적인 수준의 온실 가스가 배출됐다. 유엔 사무총장은 "지구온난화 시대가 끝나고 지구가 들끓는 시대(Era of global boiling)가 시작됐다"고 말한다. 기후변화에 관한 2015 파리 협약과 SDGs는 지구온난화로 인한 온도 상승을 2℃ 미만으로 제한하기 위한 지속적인 노력을 촉구하고 있다.

기후위기는 환경 파괴, 자연 재해, 극심한 날씨, 식량 및 물 부족, 경제 혼란, 분쟁 및 테러를 부채질하고 있다. 해수면은 계속 상승하고, 북극 빙원은 녹고, 산호초는 죽어가고, 바다는 산성화되고, 숲은 산불로 사라지고 있다. 폭염, 가뭄, 태풍, 허리케인도 전 세계적으로 맹위를 떨치고 있다. 오늘날 재해의 90%는 날씨와 기후와 관련된 것으로 간주되며 세계 경제에 매년 5,200억 달러의 비용이 발생하고 2,600만 명이 빈곤에 빠지고 있다. 이 장에서는 기후위기의 증가와 영향, 기후위기에 대응하는 SDGs의 지향과 목표, 기후위기를 극복하기 위한 방안을 함께 논의한다.

학습 목표

1. 기후위기의 명백한 증거와 영향에 대해 이해한다.
2. 기후위기에 대응한 SDGs의 지향과 목표를 이해한다.
3. 기후위기를 극복하기 위한 정책과 대안을 살펴본다.

주요 용어

지구온난화, 기후변화에 관한 정부 간 협의체(IPCC), IPCC 보고서, SDG 13

1. 기후위기의 증거와 영향

　수십억 톤의 CO_2가 석탄, 석유 및 가스의 생산에 의해 매년 대기로 방출되고 있다. 인간 활동으로 인해 기록적인 수준의 온실 가스가 배출됐으며 그 추진력은 느려질 기미가 보이지 않는다. 지구온난화는 전 세계적으로는 이미 강우량의 변화를 비롯해 다양한 자연 재난으로 나타나고 있다. 해수면 상승, 장마, 홍수, 산불, 폭염, 기상 이변 등 전 세계적으로 이상 기후가 나타나고 있다. 극지방과 산간 빙하와 빙상은 이미 그 어느 때보다 빠르게 녹아 해수면을 높이고 있다. 인구가 500만 명 이상인 세계 도시의 거의 3분의 2가 해수면 상승의 위험에 처해 있으며 세계 인구의 거의 40%가 해안에서 100km 이내에 살고 있다. 아무 조치도 취하지 않으면 뉴욕, 상하이, 아부다비, 오사카, 리우데자네이루 및 기타 많은 도시가 물에 잠겨 수백만 명의 사람들이 대피해야 할 수도 있다.

　세계 연평균 기온은 19세기 후반 이후 100년당 0.72℃의 비율로 상승했다. 2014년 IPCC 제5차 평가 보고서에 따르면, 지구의 평균 기온은 산업혁명 이전인 1880년에 비해 0.85℃, 이산화탄소 농도는 산업혁명 이전과 비교하면 약 40%나 상승했다. 21세기 말(2081~ 2100년)의 세계 연평균 기온은 20세기 말(1986~2005년)과 비교하여 유엔 IPCC(기후변동에 관한 정부 간 패널)가 상정하는 최악의 시나리오인 2.6~4.8℃ 상승이 예측되고 있다.

　유럽연합(EU) 기후변화 감시기구 코페르니쿠스 기후변화서비스(C3S)는 2023년 7월 28일, 올해 7월이 '역사상 가장 더운 달'이라고 밝혔다. 7월 첫 23일(1~23일) 동안 지구의 평균 기온은 섭씨 16.95도로 역대 최고 기록인 2019년 7월의 지구 평균 기온(16.63도)을 능가했다는 것이다.

　기후변화의 과학적 규명을 위해 세계기상기구(WMO)와 유엔환경계획(UNEP)이 공동으로 설립(1988년)한 국제협의체인 '기후변화에 관한 정부 간 협의체(Intergovernmental Panel on Climate Change, IPCC)'

는 2023년 3월 13~19일까지 스위스 인터라켄에서 열린 제58차 총회에서 각국이 밝힌 온실가스 감축목표를 토대로 분석한 결과 이번 세기 안에 지구 평균온도 상승 폭이 1.5도를 넘을 가능성이 크다는 내용이 담긴 IPCC 제6차 평가보고서(AR6, The Sixth Assessment Report)를 만장일치로 승인했다.

IPCC는 세계 각국이 온실가스 감축목표를 현 수준으로 유지하고 이후 배출량이 늘어난다면 2021~2040년에 1.5℃에 도달할 것이며 지구 평균온도 상승 폭이 2100년에는 2.8도(2.1~3.4도)에 이를 수 있다고 분석했다. 전 지구 지표온도의 상승을 제한한다 하더라도 해수면 상승이나 남극 빙상 붕괴, 생물다양성의 손실 등 일부 변화들은 불가피하거나 돌이킬 수 없으며 온난화가 심화할수록 급격하거나 비가역적인 변화가 일어날 가능성은 높아질 것으로 예상하고 있다. IPCC 제6차 평가보고서는 기후위기가 인류의 안녕과 행성의 건강을 위협하고 있으며, 이번 10년간 내려질 선택과 행동이 향후 수천 년에 걸쳐 영향을 미치게 될 것으로 전망했다.

IPCC는 온실가스 배출을 통한 인간 활동이 전 지구 지표 온도를 1850~1900년 대비 현재(2011~2020년) 1.1℃로 상승시켰고, 과거와 현재 모두 전 지구 온실가스 배출량의 지역, 국가, 및 개인에 따른 기여도는 균등하지 않다고 평가한다.[1]

유엔 IPCC는 지구온도 상승을 1.5도로 제한하려면, '2030년까지는 2010년 대 45% 이상의 온실가스 감축'이 이루어져야 하고, 2050년까지 순배출제로가 달성되어야 한다고 말한다.

IPCC는 이 보고서 이전부터 줄곧 지구 온난화의 영향으로 2030년까지 새롭게 1억 명 이상이 빈곤해지고 수많은 야생 동식물이 멸종할 수 있다

---

1) IPCC는 1850~2019년까지의 총 누적탄소배출량은 2400±240 $GtCO_2$, 2019년 전체 온실가스의 연간 배출은 2010년 대비 12% 증가한 59±6.6 $GtCO_2$-eq이며, 1인당 온실가스 배출량이 가장 높은 상위 10% 가구는 34~45%의 소비 기반 온실가스 배출, 하위 50%는 13~15%의 소비 기반 온실가스를 배출했다고 분석한다.

고 경고한 바 있다. 기후위기 비상행동(2020.07.15.)은 "2050년 탄소중립은 인류 생존과 직결된 문제이며, 지구 온도 1.5도 제한은 사실 보수적이고 완곡한 권고일 뿐이며, 지금 이 시기를 놓치면 반전의 기회가 없다"고 말한다.

기후위기의 영향으로 발생한 재해의 경제적 손실은 연간 평균 1,000억 달러가 넘고 매년 약 2억 이상의 사람들이 피해를 입고 있다. 오늘날 재해의 90%는 날씨와 기후와 관련된 것으로 간주되어 세계 경제에 매년 5,200억 달러의 비용이 발생하고 2,600만 명이 빈곤에 빠지고 있다. 나아가 재해를 대비하기 위해 매년 60억 달러의 투자가 필요하게 된다.

한편, 평균기온이 1도 상승할 때마다 곡물 수확량은 약 5%씩 감소한다. 기후위기는 토양 황폐화의 직접적인 원인이며, 이는 또한 지구가 고정할 수 있는 탄소의 양을 제한한다. 현재 약 5억 명의 사람들이 침식의 영향을 받는 지역에 살고 있으며, 그 결과 음식의 30%가 손실되거나 낭비되고 있다. 반면에 기후변화는 식수와 농업용수의 가용성과 품질을 감소시킨다. 지구온난화, 기후위기로 인해 세계에서 가장 부유한 국가와 가장 가난한 국가 간의 경제적 격차는 더욱 확대될 가능성이 있다. 기후는 또한 이미 존재하는 문제를 악화시키는 최대 위기 요소이다. 아프리카와 라틴 아메리카의 가뭄은 정치적 불안정과 폭력으로 직접 이어졌다. 세계은행은 조치를 취하지 않으면 1년까지 사하라 사막 이남 아프리카, 라틴 아메리카 및 남아시아에서 4억 명 이상의 사람들이 해당 지역을 떠나야 할 것으로 예상한다. 지구온난화로 인해 가장 큰 영향을 받는 것은 사회적 약자들이다. 기후위기는 생명종 뿐 아니라 농업생산, 식수의 확보, 생태계 보존, 에너지 공급과 산업 인프라 등 모든 분야에 심각한 파괴를 수반한다. 기후위기에 대처하지 않는다면 지속가능한 지구는 불가능하다.

기후위기로 인한 전 세계 곳곳에서 발생하는 재난은 지구가 인류에게 보내는 '경고등'임을 절대 간과하지 않기 위해 유엔이 나서고 있다. 안토니오 구테흐스 유엔 사무총장은 기회가 있을 때마다 기후와 관련한 중요한

〈사진 1〉 안토니오 쿠테흐스 유엔 사무총장

출처: 뉴시스

메시지를 전달하고 있다. 그는 기후위기를 우리 시대 최대 위기로 정의하는 한편 우리가 이 세계적인 위협에 대해 인류가 결코 무력하지 않음을 강조하고 있다. 그는 기후 비상사태 경쟁에서 우리가 선두를 달리고 있지만 이길 수 있는 경주라고 말하고 있다. 지금부터 잠시 유엔사무총장의 말에 귀를 기울여보자.

> "자연과의 전쟁을 그만둬야 한다."
>
> 기후변화의 영향이 전 세계에서 느껴지고 있으며, 인류와 다른 종들에게 큰 영향을 미치고 있다. 인류는 수십 년 동안 지구와 전쟁을 치러왔고, 이제는 지구가 반격을 가하고 있다. 다시는 돌아오지 못할 지점(환경 복원이 불가능한 사태)이 더는 지평선 너머에 있지 않다. 우리는 자연과의 전쟁을 그만둬야 하고, 그것이 가능하다는 것을 알고 있다. 우리는 기후변화를 막을 과학적 지식과 기술적 수단을 갖고 있지만, 정치적 의지가 부족한 것이다. 탄소세를 부과할 의지, 화석연료 보조금을 중단할 의지, 석탄 화력발전소 건설을 그만 둘 의지가 필요하다. 과학계가 (기후변화

에 대응할) 로드맵을 제시했지만 그 목표를 달성할 우리의 노력이 부족했다는 것을 인정하자! 모든 여론이 각성하고 젊은 세대가 리더십과 참여를 보여주고 있다. 힘을 보태겠다고 약속하는 도시, 금융기관, 기업들도 갈수록 늘어나고 있는 것은 희망적인 메시지이다(2019년, 12월 1일, 유엔 기후변화협약 당사국 총회(COP25) 개막 기자회견).

> "화석연료에 계속 의존할 경우 기후 재앙 가능성 속으로 걸어 들어갈 수 있다(sleepwalking to climate catastrophe)."

지구를 위험하게 온난화 시키는 오염은 계속 증가하고 있다. 2020년대에 전 세계 배출량은 14% 증가할 것이며 석탄 배출량도 계속 증가할 것이다. 1.5도의 목표는 생명 유지 장치와 같다. 우리는 지금 중환자실에 있다. 기후 재앙의 가능성 속으로 걸어 들어가고 있다. 우리가 이대로 간다면 1.5도에게도 작별키스를 하고 2도 이상도 넘어 설 수 도 있다. 그리고 그것은 재앙이 될 것이다,
지구 오염에 가장 큰 책임이 있는 부유한 국가들은 이미 높은 인플레이션, 치솟는 이자율 및 부채 증가로 인해 고통 받는 최빈국이 청정에너지를 개발하도록 도와야 할 의무를 이행하지 않았다(2022년 3월 22일, 영국 이코노미스트지가 주최한 지속가능성 서밋 화상 연설).

> "우리 앞엔 '집단자살이냐 집단행동이냐'란 선택이 있다.
> 이는 우리 손에 달렸다"

나를 가장 불안하게 하는 것은 우리가 전 세계적인 기후위기에 직면했는데도 다자공동체로서 대응을 못하고 있는 것이다. 우리는 공동대응이냐 또는 집단자살이냐, 둘 중 하나를 고를 수 있다. 인류 절반이 홍수, 가뭄, 극심한 폭풍과 산불로부터 위험한 지역에 산다. 어떤 국가도 이로부터 자유롭지 않다. 우리 앞엔 '집단자살이냐 집단행동이냐'란 선택이 있다. 이는 우리 손에 달렸다. 각 국가들이 우리의 미래를 위해 책임을 지기보

다는 다른 국가를 손가락질하고 있다. 이렇게는 계속할 수 없다. 합의된 기후목표를 계속 지키고 기후변화에 대응할 수 있는 공동체를 만들기 위해서는 신뢰를 회복하고 함께 대응에 나서야 한다(2022년 7월 18일, 페터스베르크 기후회담[2)1)] 영상 메시지).

"인류가 기후지옥行 가속페달 밟고 있다."

온실가스 배출량은 계속 늘고 지구 온도도 지속해서 상승하고 있다. 지구는 기후변화가 초래한 회복 불가능한 혼란의 정점으로 빠르게 접근하고 있다. 현재 기후위기 상황은 지옥행 고속도로에서 가속페달을 밟고 있는 것과 같다. 미국과 중국이 이 협정을 위해 적극적으로 나서야 한다. 이 같은 연대 협정을 맺든지 아니면 집단 파멸의 길로 가든지 선택해야 할 시점이다. 선진국들이 후진국의 온실가스 감축과 에너지 전환을 재정적으로 지원하는 협정을 하루빨리 체결해야 한다(2022년 11월 7일, 제27차 유엔기후변화협약 당사국회의(COP27) 정상회의 연설).

"지구온난화로 인한 해수면 상승이 '기후난민 사태'로
이어질 수 있다."

해수면 상승은 이미 갈등과 불안정을 만들고 있다. 앞으로 수십 년 안에 저지대 지역은 물론 나라 전체가 영원히 사라질 수 있다. 이런 사태의 결과는 생각할 수 없을 정도다. 어떤 온도 상승 시나리오에서도 중국, 인도, 네덜란드, 방글라데시 같은 나라는 모두 위험해진다. 특히 저지대 해안 지역에 사는 약 9억 명의 사람들이 심각한 위기에 처할 것이다. 이는 지구에 사는 사람 10명 중 한 명에 해당하는 수준이다. 해수면 상승으로 인해 많은 인구가 삶의 터전을 잃는 기후난민 사태가 발생한다면 전체

---

2) 페터스베르크 기후회담은 독일 주도로 열리는 장관급 연례회담으로 연례 유엔기후변화협약 당사국총회(COP)를 준비하는 것이 목적이다.

인구가 이동하는 엄청난 규모의 대탈출이 빚어질 것이다, 깨끗한 물, 땅 등 자원을 둘러싼 전례 없는 쟁탈전이 벌어질 것이다(2023년 2월 14일, 유엔 안전보장이사회 회의).

"인류가 얇은 얼음 위에 서 있고, 그 얼음은 빠르게 녹고 있다"

우리의 세계는 모든 방면에서, 모든 것을 한꺼번에 하는 기후 행동이 필요하다. 지난 200년간의 지구온난화는 사실상 전부 인간에게 책임이 있다. 지난 반세기 간의 기온 상승은 2천년 이내 최고로 기후 시한폭탄이 똑딱이고 있다고. 오늘 IPCC 보고서는 이 시한폭탄을 해체하는 방법이 담긴 설명서이자, 인류를 위한 생존 설명서이기도 하다. 그는 지구 평균 온도 상승 폭을 (산업화 이전 대비) 1.5도 내로 제한하는 건 달성 가능한 목표이지만 여기에는 기후행동의 '양자도약' 같은 변화가 필요하다 (2023년 3월 20일, 기후변화에 관한 정부 간 협의체(IPCC) 제6차 보고서 발표 관련 기자회견).

"'지구 온난화' 시대가 끝났다.
끓어오르는 '지구 열대화' 시대가 도래했다"
(The era of global warming has ended ; the era of global boiling has arrived).

북미·아시아·아프리카·유럽의 광대한 지역에 있어서는 잔인한 여름이며 지구 전체에 있어서는 재앙이다. 우리는 재생에너지의 강력한 출시, 해운과 같은 부문에서 일부 진전을 보았지만 이 중 어느 것도 충분히 멀리 또는 충분히 빠르게 진행되지 않았다. 화석연료 회사들은 전 세계적으로, 빠르게 온실가스 배출량을 줄여야 한다. 가치사슬 전반에 걸친 구체적인 전환 계획을 가지고 청정에너지를 향한 행보를 그려야 한다. 더이상의 그린 워싱도, 기만도 없어야 한다. 많은 국가와 기업이 기후 변화에 대응하겠다는 약속을 했지만 온실가스 배출량은 계속 증가하고 있다.

지구 평균 온도 상승폭을 1.5도 이내로 제한한다는 목표를 달성해야 한다(2023년 7월 27일, 유엔본부 연설).

2. 기후위기 대응은 선택이 아닌 필수

2017년 6월 유엔 인권이사회에서 만장일치로 채택된 '인권과 기후변화 결의'는 SDG 13번 목표(기후위기와 그 영향에 대응하기 위한 긴급조치)를 포함한 '2030 지속가능발전의제' 채택을 환영하며, 파리협정 등 기후위기 대응책의 중요성을 확인하고, 지구온난화가 진행됨에 따라 기후위기가 인간과 생명종의 지속가능성에 부정적 영향을 미칠 것이라고 밝혔다. 이와 동시에 적절한 식량에 대한 권리, 건강에 대한 권리, 주거에 대한 권리, 안전한 물과 위생에 대한 권리와 같은 인권의 완전한 향유에 다양한 부정적인 영향이 있음을 제언한다.

2022년 7월 28일 유엔 총회는 모든 국가 및 기업들에게 기후변화, 환경오염, 생물다양성 파괴 등을 억제하기 위해 노력해 나갈 것을 촉구하며, '건강하며 지속가능한 환경에 대한 인권'을 최초로 인정하는 결의안을 채택했다. 기후변화 등으로 인한 인권침해를 방지할 권리를 '직접적'으로 인정하며 '기후변화'와 '인권'의 상호 의존성에 바탕을 둔 '건강한 환경에 대한 권리'를 UN의 보편적 인권의 하나로 채택함에 따라, 향후 기후변화 관련 소송이 증가할 것으로 보인다(법률신문, 2022.12.28).

기후위기가 인권에 미치는 영향은 오늘날 사법부에서도 의문을 제기하고 있다. 2019년 12월 20일, 네덜란드 대법원은 기후위기가 '생명권'(유럽 인권 협약 2조)에 대한 "실질적이고 임박한 위험"이라고 판결하고 네덜란드 정부에 온실가스 감축 목표를 상향 조정하도록 명령했다. 이 판결의 주요 요지는 첫째, 지금의 속도로 지구온난화가 계속되면 극심한 더위, 극심한 가뭄, 극심한 강수량, 생태계 교란이 발생하고 극지방 근처의 빙하와 만년설이 녹아 해수면이 상승하고 일부는 이미 지금 일어나고 있다. 둘째, 기후위기는 기후를 갑작스럽고 포괄적으로 변화시켜 식량 공급을 위태롭게 하고, 토지와 주택을 위험에 빠트리고, 건강과 인명 손실을 위험에 빠트리는 갑작스럽고 돌이킬 수 없는 전환점으로 이어질 것이다. 셋째, 이러한 위험한 기후변화는 '생명권'에 대한 "실질적이고 임박한 위험"이자 유럽인권협약 제2조에 따른 인권침해이며, 이러한 인권침해로부터 국민을 보호하는 것은 국가의 의무이다. 넷째, 기온 상승을 2°C로 제한하기 위해 모든 국가는 온도 상승을 합리적인 수준으로 낮출 의무가 있으며, 국제사회는 IPCC 4차 평가보고서에서 선진국이 요구했던 2020년까지 1990년 수준에서 25% 감축한다는 목표에 대한 공통된 이해에 도달했다. 따라서 배출량이 적은 네덜란드에서도 기후위기를 막기 위해 국가 감축 목표를 높여야 한다는 것이다.

네덜란드 대법원은 온실가스 배출 감축을 위한 정책 결정이 정부와 의회의 권한임을 밝히고 있으며, 이들 기관은 광범위한 재량권을 가지고 있다. 법원도 기후변화의 위험한 영향이 인권 침해이며 법의 범위 내에서 권한이 행사되었는지 여부를 결정하는 것이 본연의 역할이라면서 긍정적인 결정을 내렸다. 이것은 기후변화의 영향을 실질적이고 임박한 인권 침해로 보는 최초의 대법원 판결이다.

이 판결은 아일랜드 대법원과 독일 헌법 재판소에 의해 계승되었다. 2020년 7월 31일, 아일랜드 대법원은 지구온난화에 대한 국가 완화 계획이 새로운 계획의 수를 적절하게 줄이는 것을 목표로 하지 않는다고 판결했다. 독일 정부는 이 판결에 따라 즉각 탈탄소화 목표년을 2050년에서 2045년으로 앞당기고, 2030년 감축 목표를 1990년 대비 55%에서 65%로 상향 조정하고, 1990년부터 88% 감축 잠정 목표를 국회에 잠정 목표로 제출했으며, 개정법은 2021년 6월 25일 제정됐다. 네덜란드 대법원과 아일랜드 대법원은 파리 협정의 온도 목표를 달성하기 위해 과학적 지식을 바탕으로 배출량을 줄이는 것이 국가의 책임이라고 판결했으며, 독일 헌법 재판소는 또한 연방 기후 보호법에 따른 국가의 의무를 더욱 명확하게 인정하는 판결을 발표했다.

　대한민국 헌법 제35조는 "모든 국민은 건강하고 쾌적한 환경에서 생활할 권리를 가지며, 국가와 국민은 환경보전을 위하여 노력하여야 한다." 라고 명시되어 있다. 세계인권선언은 '인간의 존엄성'(선언문 전문)을 인정하고 '생명권, 자유권, 신체적 안전권'(제3조)을 보장하고 있으며, 시민적·정치적 권리에 관한 국제규약 제6조도 '생명권'을 보장하고 있다. 온실 가스 증가와 관련된 지구온난화는 다양한 기후 재해를 일으켜 생명과 건강의 피해, 집에서의 이주, 사회 경제적 활동의 제한, 빈곤 및 기타 피해를 초래했다. 또한 IPCC 1.5°C 특별보고서는 온실가스 배출 한계 목표가 2030년과 2050년의 정해진 기한까지 달성되지 않고 지구 평균 기온이 산업화 이전 수준보다 1.5°C 이상 높아진다면 우리의 생명과 건강에 심각

〈사진 1〉 기후정의 행진 2022.09.24

출처: 기후위기부산비상행동

한 위험이 있으며 모든 생명체의 생존 기반이 될 수 있다고 제언한다.

기후위기는 현재와 미래 세대의 생존을 위협하고 생명권, 건강권, 주거권, 사회경제적 생명권을 위협한다고 할 수 있다(헌법 제13조 및 제25조, 환경기본법 제3조, 세계인권선언 전문, 세계인권선언 제3조, 시민적·정치적 권리에 관한 국제규약 제6조). 기후위기는 인류가 초래한 '인재'로 평가될 수 있다. 따라서 파리협정 등에 부합하는 배출감축목표를 달성하기 위해 효과적인 위기관리계획을 신속히 수립하고 시행할 책임이 있다고 할 수 있다.

3. 기후위기와 SDGs

기후위기 대응과 지속가능한 사회를 위해 전 세계는 2015년 9월 SDGs를 만장일치로 채택하였다. 〈세상의 변혁: 2030 지속가능발전의제〉는 '기후변화'를 우리시대의 가장 큰 도전과제 중 하나로 규정한다. 먼저 서문에서는 "우리는 현재와 미래세대의 요구에 부응하기 위해, 지속가능한 소비와 생산, 천연자원의 지속가능한 관리, 기후변화에 대한 시급한 대응을 통해 지구의 환경 악화를 막을 것을 결의한다"라고 명시하고 있다. 또 선언에서는 "지구 온도와 해수면의 상승, 해양 산성화 및 기타 기후변화는 많은 국가에 심각한 영향을 주며, 많은 사회와 지구의 생물학적 지원 체계의 생존이 위험에 처해 있다"며 기후위기의 심각성을 강조한다.

기후변화 대응은 SDGs 합의 이전부터 글로벌 과제로 인식되었다. 세계 각국은 1992년 유엔 기후변화협약(UNFCCC)을 체결하고 기후위기에 대응해왔다. 그러나 UNFCCC는 온실가스의 인위적 방출을 규제하는 협약이지만 법적 구속력은 갖추지 못했다. 그래서 1997년 12월 일본 교토에서 개최된 유엔기후변화협약 제3차 당사국 총회에서 교토의정서가 채택되었다. 2015년에는 2020년 만료되는 교토의정서를 대체하는 신기후체제인 파리협정이 채택되었다. SDGs는 위의 제시한 전(全)지구적 기후위기 대응 국제협약의 정신을 계승하되 기후변화의 문제를 환경, 사회, 경제라는 통합적 관점에서 대응한다.

2030 지속가능발전의제는 첫째, 유엔 기후변화협약(United Nations Framework Convention on Climate Change)이 기후변화에 대한 글로벌 대응을 논의하기 위한 가장 기본적인 정부 간 국제 포럼이라는 점을 인지할 것, 둘째, 기후변화와 환경 악화가 초래하는 위협에 단호히 대처할 것을 결의할 것, 셋째, 기후변화가 미치는 세계적인 영향력을 고려할 때, 글로벌 온실가스 감축과 기후변화의 부정적 영향에 대응하기 위해서는 가능한 가장 광범위한 국제적 협력에 나설 것을 중요한 과제로 제시한다.

SDGs 17개 목표 중 기후위기에 대한 구체적인 대책은 13번 목표에 집중적으로 제시되어 있다. SDG 13은 모든 국가-도시의 기후 관련 위험과 자연재해에 대한 회복력과 적응력 강화(13.1), 국가-도시 정책·전략·계획에 기후변화 대응조치의 통합(13.2), 기후변화의 완화, 적응, 영향 감소, 조기 경보 등에 관한 교육, 인식 제고, 인적·제도적 역량(13.3) 강화를 목표로 한다.

기후위기 문제에 필요한 대책과 관련해서 SDGs는 탈탄소화와 연계된다. 기후변화 문제를 해결하기 위해서는 기온 상승의 원인이 되는 온실가스를 감축해야 하기 때문이다. 탈탄소화는 대량의 탄소에너지를 이용하는 기업 윤리·사회적 책임과 관련이 있다. 기업은 온실가스 배출량 데이터 및 중요한 기후 리스크 정보 공유, 온실가스 삭감 목표 설정과 절감 대책을 제시해야 한다. 온실가스 배출량 삭감과 적응대책 프로젝트, 관련 연구 개발을 진행시키기 위해서는 이산화탄소 배출량에 따라 세율을 부과하는 카본 프라이싱(Carbon Pricing)이 도입되어야 한다. 이렇게 하면 기업이 얼마나 많은 온실가스를 배출하고 있는지를 파악할 수 있게 되고 그에 대한 대책을 강구하게 될 것이다.

SDGs는 지속가능한 소비와 생산, 삶의 양식의 전환을 강조한다. 기후변화에 대한 대책으로 대량 소비를 조절하는 경제시스템 구축은 기후위기 완화와 적응을 위한 중요한 방법이다. SDGs는 지구 천연자원을 지속가능한 방식으로 관리하며, 모든 사람이 기후위기에 대응한 라이프스타일 전환을 강조한다. 물론 더 근본적으로는 화석연료를 줄이고 재생에너지, 에너지 효율, 청정에너지 연구와 기술개발에 대한 접근을 촉진할 수 있는 각계의 협력을 강화해야 한다. SDGs는 에너지 기반시설과 청정에너지 기술에 대한 투자 증진을 제언한다.

최근 여러 도시에서 지속가능발전협의회, NGO, 지역 주민이 지방정부, 시의회와 함께 '기후위기 대응을 위한 조례' 제정과 민관공동 기후위기 대응체계를 수립을 촉구하고 있다. 지자체, 지방의회, 시민사회, 기업 모두 기후위기와 SDGs에 관한 일상적 교육과 행동, 기후위기 대응을 위한 통합적 관점(SDGs)에 입각한 제도적 장치를 마련해야 한다.

4. 기후위기와 과제

지구온난화의 가장 큰 원인은 전 인류가 발생하는 이산화탄소, 메탄, 아산화질소, 염화불화탄소 등과 같은 온실효과가스의 배출에 의한 것이다. 이 중에서도 온실가스 총 배출량의 약 76%를 차지하는 이산화탄소는 지구온난화에 가장 큰 영향을 미치고 있다. 현재 이산화탄소 배출량은 지구 전체의 산림 등 생태계를 흡수할 수 있는 이산화탄소 양의 두 배 이상이다. 비록 온실가스 배출량 증대가 멈추더라도 기후위기의 대부분의 영향은 수 세기에 걸쳐 지속될 것이다. 제도, 기술, 생활양식의 전환이 시급한 이유가 여기에 있다.

물론 기후변화협약, 교토의정서, 파리협정은 적응 및 완화 활동의 의욕(ambition)을 증가시켰던 것이 사실이다. 하지만 이러한 대응은 기후위험을 줄이는 데 효과적이나 여전히 한계가 존재한다. 일례로 적응의 경우,

오적응(maladaptation)[2]의 증거가 모든 부문과 지역별로 나타나고 있으며, 현재 적응을 위한 전지구 금융 흐름은 개도국의 적응 옵션을 이행하는 데 부족하다. 또한 AR5 이후 많은 국가가 완화를 다루는 정책결정, 고위층 선언, 국가결정기여(NDC, Nationally Determined Contributions) 상향, 글로벌 국가 도시 정책과 법률을 지속적으로 확장해 왔다. 하지만 여전히 지구온난화를 1.5℃로 제한하는 경로(>50%) 및 지구온난화를 2℃로 제한하는 경로(>67%) 등 지구온난화 완화 경로의 2030년 배출량과 유엔기후변화협약 제26차 당사국총회(COP26) 이전에 발표된 국가 온실가스 감축목표를 모두 이행한다는 전제 하의 배출량과는 여전히 격차가 존재한다. 아래는 안토니오 구테흐스 유엔 사무총장의 말이다.

주요 경제국들이 러시아 화석연료를 대체하기 위해 '선택된 모든 것'(all-of-the-above)이라는 전략을 추구하고 있어서 단기적 조치가 장기적인 화석연료 의존도를 높이고 있다. 국가들이 석유, 가스, 석탄의 격차를 메워야 할 즉각적인 필요성에 너무 집중하게 될 수 있기 때문에 화석 연료 사용을 줄이기 위한 정책을 무시할 수 있다. 이는 미친 짓이다. 화석연료에 대한 집착은 확실한 상호 파괴이다. 부유한 국가들은 2030년까지 석탄 기반 시설을 완전히 폐기해야 하며, 나머지 국가들도 2040년까지 그렇게 해야 한다. 화석연료 보조금 지급 중단과 새로운 석유 및 가스 탐사 중단을 요구했는데 특히 석탄에 대한 민간 부문의 자금 조달이 중단돼야 한다. 석탄에 대한 지원은 세계의 기후 목표를 희생시킬 뿐만 아니라, 어리석은 투자이며 수십억 개의 좌초자산(시장 환경 변화나 사업 여건 변화로 수익이 나지 않거나 가치가 떨어지는 자산을 뜻하며 기후위기 시대에 석탄발전소·석유시설 등이 대표적)으로 이어진다(2022년 3월 22일, 영국 이코노미스트지가 주최한 지속가능성 서밋 화상 연설).

온난화가 심화되면서 손실과 피해는 증가할 것이며 더 많은 인간과 자연 시스템이 적응 한계에 도달할 것이다. 오적응은 유연하고 다양한 분야와 넓은 범위에서 장기적인 계획의 수립과 이행을 통해 극복할 수 있다. 기후위기에 대응하기 위해서는 첫째, 기후위기에 대한 증거 확보와 평가가 필요하다. 둘째, 미래 사회경제 발전상에 따른 2100년까지의 장기 기후 변화, 리스크 대응이 필요하다. 셋째, 단기 대응은 지속가능발전을 향한 적응 행동과 완화 행동을 통합한 기후탄력적 개발(climate resilient development) 경로의 중요성을 적시한다. 단기(2040년까지)에 적응과 완화 행동 옵션들을 평가하고 이를 확대할 수 있는 방안을 제시해야한다.[3]

온난화가 심화되면서 손실과 피해는 증가할 것이며 더 많은 인간과 자연 시스템이 적응 한계에 도달한다. 오적응(maladaptation)[4]은 유연하고 다양한 분야와 넓은 범위에서 장기적인 계획의 수립과 이행을 통해 극복할 수 있다.

인간이 초래한 온난화를 제한하려면 CO_2 를 포함한 온실가스 배출이 넷 제로가 되어야 한다. 하지만 현재의 화석연료 인프라를 활용할 경우 발생할 것으로 추산되는 CO_2 잠재배출량은 1.5℃ 목표달성을 위한 잔여 탄소 배출허용량을 초과한다. 따라서 감축 달성을 위한 CO_2 배출 저감 전략으로 탄소배출저감기술을 활용하지 않은 화석연료를 재생에너지 보급 또는 탄소 포집 및 저장(CCS) 기술 활용 등을 통해 저탄소·무탄소 전원으로 전환하는 것과 에너지 수요관리 조치의 활용 및 효율 향상 등이 있으며, 감축하기 어려운 잔여 배출량을 상쇄하기 위해서 CDR 기술의 적용이 필요하다.

단기 대응(2040년까지)은 지속가능발전을 향한 적응 행동과 완화 행동을 통합한 기후 탄력적 개발(climate resilient development)이 중

---

3) 기후위기에 대한 대응방안과 관련해서 다양한 의견이 있다. 하지만 기후변화에 관한 정부 간 협의체, 제6차 평가보고서 종합보고서만큼 구체적인 대안은 많지 않다. 이 글에서는 기후변화에 관한 정부 간 협의체 제6차 종합 보고서에서 제시한 대응방안을 토대로 과제를 정리한다.

4) 온실가스 증가를 포함하여, 기후변화에 대한 취약성 증가, 더 불평등한 결과 또는 복지 감소 등으로 이어질 수 있는 주로 의도치 않은 결과

<사진 2> 탄소중립도시 선언

출처: 부산지속가능발전협의회

요하다. 지속가능한 미래를 확보하기 위해 행동할 수 있는 시간은 빠르게 줄고 있다. 기후탄력적 개발 경로로의 전환을 위해서는 정부(시민사회 및 민간섹터와 함께)의 역할이 중요하다. 심층적이고 지속적인 배출량 감축을 달성하고 모두에게 살기 좋고 지속가능한 미래를 확보하기 위해서는 모든 부문 및 시스템에 걸친 신속한 전환이 중요하다. 그리고 효과적인 기후 행동은 정치적 약속, 잘 연계된 다른 수준의 거버넌스(multilevel governance), 제도적 체계, 법, 정책 및 전략 그리고 강화된 기술 및 재정 접근성을 필요로 한다.

<표 1> 기후위기 단기 대응(2040년까지)

적응과 완화 행동 옵션	에너지	넷제로 에너지 시스템은 △화석연료 사용의 상당한 감소, △CCS 기술 활용, △무배출 전력시스템, △광범위한 전기화, △대체 에너지 캐리어 활용, △에너지 절약 및 효율화, △에너지 시스템의 연계 확대가 포함된다. 발전원 다양화 및 수요 측면 조치는 에너지 신뢰성을 증대하며 기후변화 취약성을 경감할 수 있다.
	산업 및 교통	산업 부문 감축을 위해 △수요관리, △에너지 및 자재 효율성, △순환 자원 흐름, △저감 기술, △생산 공정의 혁신적 변화가 필요하다. 수송 부문에서는 △지속가능한 바이오 연료, △저배출 수소, △생산 공정 개선, △비용 절감이 필요하며, 온실가스 저배출 전기로 구동되는 전기차는 온실가스 배출을 줄일 수 있는 잠재력이 크다.
	도시·정주지·인프라	도시는 배출량을 대폭 감축하고 기후탄력적 개발을 진전시키는 데 매우 중요하며, 옵션으로는 △기후변화를 고려한 정주지 및 인프라 설계, △콤팩트 도시를 위한 토지이용 계획, △직장 및 주거지 근접, △대중교통·도보·자전거 지원, △건물의 효율적인 설계·건설·개조·사용, △에너지·자재 소비 감소 및 대체, △전기화, △그린·블루 인프라 등이 있다.
	토지·해양·식품·물	농업, 산림, 기타 토지이용(AFOLU) 부문은 대부분 지역에서 단기에 확대 가능한 적응 및 완화 옵션을 제공하며, 산림 보존, 개선된 관리, 복원이 가장 큰 완화 잠재력을 제공한다. 수요 측면 조치(지속가능한 건강 식단으로의 전환, 음식물 쓰레기 감소)와 지속가능한 농업 확대로 생태계 전환 및 메테인 및 아산화질소 배출을 저감할 수 있다. 지속가능하게 공급된 농업 및 임업 생산품으로 온실가스 집약적 제품을 대체할 수 있다.
	건강 및 영양	효과적인 적응 옵션으로는 기후 민감 질병에 대한 공공 건강 프로그램 강화, 생태계 건강 강화, 음용수 접근 강화, 홍수 방지, 조기경보 시스템 강화, 백신 개발, 정신 건강 관리 강화 등이 있다.
	사회·생계·경제	날씨, 건강보험, 사회보장, 비상 기금(contingent finance and reserve funds), 조기경보 시스템 접근을 포괄하는 정책 믹스는 인간 시스템의 취약성을 경감할 수 있다. 역량 배양, 기후 리터러시, 기후 서비스에서 제공된 정보에 대한 교육은 위험 인식을 강화하고 행태 변화를 촉진할 수 있다.
제도와 법	형평성	모든 부문에서의 재분배 정책, 사회안전망, 형평성, 포용성 그리고 공정전환은 보다 큰 사회적 의욕을 가능하게 하고 지속가능발전목표와 상충효과 문제를 해결한다.

제도와 법	거버넌스	효과적인 기후 거버넌스는 국가 상황에 기반하여 전반적인 방향 제공, 목표 및 우선순위 설정, 기후행동의 주류화, 모니터링·평가와 규제 확실성의 강화, 포용성·투명성·형평성 있는 의사 결정의 우선화, 재정과 기술에 대한 접근성 증진을 통해 완화와 적응을 가능하게 한다.
	국가제도	효과적인 제도(지역, 지방, 국가, 하위국가)는 기후행동에 대한 이해관계 간의 합의를 형성하고, 조정을 가능하게 하며, 전략 설정에 대한 정보를 제공한다. 정책은 시민사회(기업, 청년, 여성, 노동자, 미디어, 토착민, 지역주민)의 지원과 참여가 있을 때 효과적이다.
	정책	규제 및 경제 정책수단이 확대 적용된다면 상당한 배출 감축을 지원할 수 있다. 탄소가격제(탄소세, 배출권 거래제 등)는 저비용 온실가스 배출량 감축 조치를 장려해왔으며, 이로 인한 형평성 및 분배 문제는 탄소가격제 수익을 저소득 가구를 지원함으로써 대응할 수 있다.
	화석연료 정책	화석연료 보조금 폐지 정책은 배출 감축 뿐만 아니라 공공수익·거시경제·지속가능성 향상 혜택이 있으며, 동 정책으로 취약그룹에 대한 분배 영향이 있을 시 공공수익 재분배 수단이 필요하다.
	금융	1.5℃ 또는 2℃ 온난화 제한 시나리오 상에서 2020-2030년 기간 중 완화를 위한 연간 평균 투자비는 현재 수준보다 3~6배 증가해야 한다. 특히 공공재원은 완화 및 적응의 중요한 가능요건이며 민간재원에 영향을 준다.
	기술	기술혁신시스템의 강화가 중요하며, 국가 상황 및 기술 특성에 맞는 정책 패키지는 저배출 혁신 및 기술 확산 지원에 효과적이다.
	국제협력	재정·기술·역량 배양에 관한 국제협력의 강화는 국가들의 더 높은 감축의욕을 가능하게 한다. 또한 국제협력, 초국가적 파트너십과 환경·부문별 협정, 그리고 제도 및 이니셔티브를 통해 국내 정책 개발, 저배출 기술 확산, 그리고 배출량 감축을 촉진할 수 있다.

출처: 기후변화에 관한 정부 간 협의체(20203); 기후환경과학외교국(2023)

기후위기는 국제 평화와 안보에 중대한 위협이 되고 있다. 기후변화의 영향으로 토지, 식량, 물과 같은 자원에 대한 경쟁이 심화되고 사회 경제적 긴장이 증가하며 종종 많은 실향민이 발생하고 있다. 과학기술과 인문학은 기후위기가 의심의 여지가 없을 뿐만 아니라 그 흐름을 깨뜨리기에 너무 늦지 않았다고 가르치고 있다. 여기에 더해 SDGs는 이를 위해서는 식량 재배, 토지 사용, 상품 운송 및 경제 이동 등 사회의 모든 측면에서 근본적인 전환과 행동이 필요하다고 촉구한다. SDGs는 우리 모두가 더 깨끗하고 탄력적인 세상으로 전환할 수 있도록 정부, 기업, 시민 사회, 청소년 및 학계가 함께 고통을 완화하고 정의를 수호하며 사람과 지구가 조화를 이루는 지속가능한 미래를 만들어 나가야 함을 강조하고 있다.

요약

수십억 톤의 CO2가 석탄, 석유 및 가스의 생산에 의해 매년 대기로 방출되고 있다. 인간 활동으로 인해 기록적인 수준의 온실 가스가 배출됐으며 그 추진력은 느려질 기미가 보이지 않는다. 지구온난화는 전 세계적으로는 이미 강우량의 변화를 비롯해 다양한 자연 재난으로 나타나고 있다.

IPCC 보고서는 세계 각국이 온실가스 감축 목표를 현 수준으로 유지하고 이후 배출량이 늘어난다면 2021~2040년에 1.5℃에 도달할 것이며 지구 평균 온도 상승 폭이 2100년에는 2.8도(2.1~3.4도)에 이를 수 있다고 분석했다. 기후위기의 영향으로 발생한 재해의 경제적 손실은 연간 평균 1,000억 달러가 넘고 매년 약 2억 이상의 사람들이 피해를 입고 있다. 오늘날 재해의 90%는 날씨와 기후와 관련된 것으로 간주되며 세계 경제에 매년 5,200억 달러의 비용이 발생하고 2,600만 명이 빈곤에 빠지고 있다. 나아가 재해를 대비하기 위해 매년 60억 달러의 투자가 필요하게 된다.

기후위기로 인한 전 세계 곳곳에서 발생하는 재난은 지구가 인류에게 보내는 '경고등'임을 절대 간과하지 않기 위해 유엔이 적극적으로 움직이고 있다.

기후위기 대응과 지속가능한 사회를 위해 전 세계는 2015년 9월 SDGs를 만장일치로 채택하였다. 〈세상의 변혁: 2030 지속가능발전의제〉는 '기후변화'를 우리시대의 가장 큰 도전과제 중 하나로 규정한다. SDGs 17개 목표 중 기후위기에 대한 구체적인 대책은 13번 목표에 집중적으로 제시되어 있다. SDG 13번 목표는 모든 국가-도시의 기후 관련 위험과 자연재해에 대한 회복력과 적응력 강화(13.1), 국가-도시 정책·전략·계획에 기후변화 대응조치의 통합(13.2), 기후변화의 완화, 적응, 영향 감소, 조기 경보 등에 관한 교육, 인식제고, 인적·제도적 역량(13.3) 강화를 목표로 한다.

지속가능한 미래를 확보하기 위해 행동할 수 있는 시간은 빠르게 줄고 있으며, 기후탄력적개발 경로로의 전환을 위해서는 정부(시민사회 및 민간섹터와 함께)의 역할이 중요하다. 심층적이고 지속적인 배출량 감축을 달성하고 모두에게 살기 좋고 지속가능한 미래를 확보하기 위해서는 모든 부문 및 시스템에 걸친 신속한 전환이 중요하다. 그리고 효과적인 기후행동은 정치적 약속, 잘 연계된 다른 수준의 거버넌스(multilevel governance), 제도적 체계, 법, 정책 및 전략 그리고 강화된 기술 및 재정 접근성을 필요로 한다.

〈생각 나누기〉

1. 기후변화 대응 관련 시민의 역할에 대해 생각해 보자.
2. 효과적인 거버넌스가 기후변화 대응에 미치는 영향에 대해 생각해 보자.
3. 우리 지역에 적용할만한 기후변화 대응 관련 인적·제도적 역량 강화 실천 사
   례를 찾아보자.

참고 문헌

기후변화에 관한 정부 간 협의체(2023). 「기후변화에 관한 정부 간 협의체, 제6
차 평가보고서 종합보고서」.

유엔(2015). 「우리 세계의 전환 : 2030 지속가능발전의제」.

이창언(2022). 「SDGs 교과서」. 도서출판 선인.

이창언·김지현(2023). 「키워드로 읽는 SDGs·ESG」. 도서출판 선인.

제15장
SDG 14

지속가능발전을 위한 대양, 바다, 해양자원의 보전과 지속가능한 이용

연 규 식

개관

해양생태계는 인간의 삶을 지속할 수 있게 하는 글로벌시스템을 형성하며 직접적인 이익과 다양한 서비스 외에 또 다른 부가가치를 창출하고 있다. 무엇보다 지구에 필요한 산소의 75%이상을 만들어 내는 곳이기도 하다. 또한 여러 에너지원을 비롯한, 어업, 관광업 등 사회·경제발전의 필수자원들을 제공하고 있어 해양생태계보전과 해양자원개발을 위한 SDG 14번 목표 달성은 우리의 중요한 과제이다. 우리는 많은 것을 해양에 의존하고 있지만 해양이 주는 중요성을 아직 실감하지 못하고 있다. 대항해시대이후 인류의 발전은 해양을 통해 국가경제는 물론 문화발전으로까지 이어졌으며 해양으로 연결된 국가는 내륙국가보다 국가 간 교류로 인한 발전의 기회는 더 많았다. 인류는 끊임없이 해양을 탐구해 왔음에도 불구하고 지켜내는 노력이 부족하였고 최근에는 불법어로, 남획, 기후변화, 해양쓰레기 등으로 이제 해양생태계의 자정능력도 한계에 다다랐다. 해양이 그 기능을 상실하게 된다면 지구시스템이 무너지게 된다. 우리는 이 단원을 통하여 우리가 지켜야 할 마지막 보루인 해양에 대한 인식을 새롭게 하고 나아갈 방향을 재정립 해 보고자 한다.

학습 목표

1. 해양생태계가 인간과 지구에 미치는 영향을 깊이 생각한다.
2. 지구공동영역인 해양생태계를 건강하게 유지하기 위하여 SDG 14번 목표에 대해 이해한다.
3. SDG 14번 목표달성을 위하여 국제적인 협력과 개인의 노력을 생각하고 실천할 수 있다.

주요 용어

해양쓰레기, 플라스틱, 생물다양성, 기후위기, 남획, 미래 자원

1. 해양의 중요성

해양은 지구 표면의 71%를 차지하며 온실가스 주범인 이산화탄소의 50%를 흡수하고 대기 중 산소의 75%를 생산한다. 또한 지구에 존재하는 물 중 약 97.5%를 차지함으로서 생태계의 중요한 자산이며, 생물들에게는 지구에서 가장 큰 서식지이다. 석유, 천연가스와 같은 에너지원과 다양한 수산생물자원을 얻을 수 있어 생태적, 경제적 가치 역시 매우 높다. 산업화가 진행됨에 따라 지구의 온도는 상승되었고 해수 온도도 같이 상승되었다. 수온의 변화는 해양생물들의 이동 경로와 서식지의 변화를 불러왔다. 해양의 소리 없는 변화는 플랑크톤 종의 감소, 산호초의 백화현상 등 생태계 배열의 변화와 생물다양성 파괴, 새로운 종의 등장 등으로 우리에게 그 모습을 드러내고 있다. 해양생태계를 보존하고, 현명하게 이용하기 위한 SDG 14번 목표의 달성은 인류의 건강한 삶으로 귀결된다.

〈그림 1〉 IPCC시나리오에 따른 미래 기후변화 전망

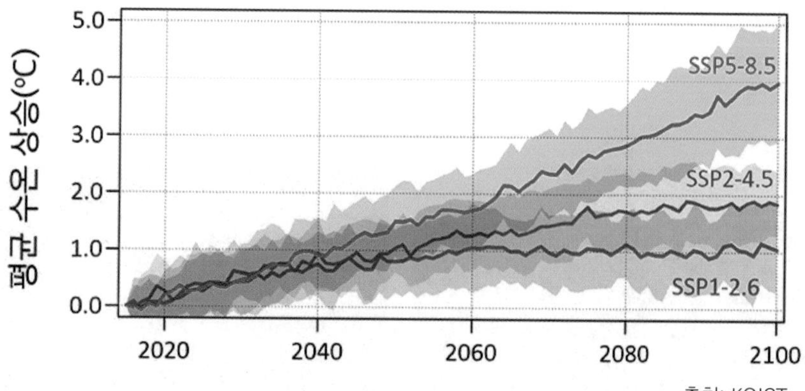

출처: KOIST

※ SSP(Shared Socio-economic Pathway)경로/공통사회경제경로
   2100년까지 세계의 사회경제적 변화에 따른 온실가스 배출량을 예상한 시나리오.
   ● SSP 1-2.6 : 낮은 배출
   ● SSP 2-4.5 : 중간 배출
   ● SSP 3-7.0 : 높은 배출
   ● SSP 5-8.5 : 매우 높은 배출

2. 해양을 위협하는 요인들

인간의 활동으로 인한 오염물질의 유입이 수질을 악화시키는 등 해양에 악영향을 초래하고 있다. 연간 1,200만 톤의 플라스틱이 바다로 유입되면서 전 세계 해양 곳곳에 플라스틱 쓰레기가 존재하며 오염 수준은 기하급수적으로 증가하고 있다.

2015년까지 생산된 모든 플라스틱의 60%는 이미 쓰레기가 되었고, 그 중 상당량이 바다로 유입되어 현재까지 8천 6백만 ~ 1억 천만톤(M/T)의 플라스틱이 바다에 축적되었을 것으로 예상한다. 그로 인해 2,141종의 생물종이 서식지에서 플라스틱 오염을 겪고 있으며, 해마다 10만여 마리의 해양생물들이 사망한다.

수질오염이나 기후변화 등으로 인해 해양생태계가 위협당하고 있다. 연안 수역은 오염으로 인해 지속적으로 수질이 악화되고 있으며, 산업혁명 이후 해양 산성도는 30% 이상 상승하였다.

대규모 개발사업은 수질 악화의 주범으로 바다의 부영양화를 초래하고 적조까지 유발한다. 해양 유류 사고도 바다를 위협하는 불청객이다. 지난

〈그림 2〉 바다쓰레기 카드뉴스

출처: 해양수산부

〈사진 1〉 태안 기름유출사고 후 방제모습

출처: 노컷뉴스

2007년 허베이 스피릿호 유류 사고로 충청남도 태안군 앞바다 인근 바다 생물은 몰살당했고, 수많은 사람이 피해를 보았다. 잔류물질들은 갖가지 독성을 가지고 있어 생물농축과 먹이그물을 통하여 해양생태계 전반에 피해를 주었다.

남획이나 불법어로도 심각하다. 전 세계 어획량의 20%가 불법 어업으로 추정된다. 과도한 어로 활동은 해양생물의 다양성에 악영향을 미치며 이로 인해 멸종되었거나 멸종 위기의 상황에 처해있는 해양생물들이 늘어나고 있다. 주된 이유가 남획이며 현재 어업의 29%가 남획 상태이다(WWF 해양생명보고서, 2015). 1970년에서 2012년 사이 지구상의 식용 어류는 반으로 줄었고 상어, 가오리, 홍어는 종의 1/4가량이 멸종 위기에 처했다. 2020년 중국은 샨사댐 건설로 인해 바다와 장강을 오가며 서식하던 '주걱철갑상어'가 멸종되었다고 선언하였다. 또한 마구잡이식 혼획으로 인하여 고래도 위협을 받고 있는데 국내에서만 연간 2,000마리 가까이 고래가 희생되고 있다. 해양생태계를 위협하는 또 다른 원인으로 해양산성화를 들

수 있다. 해양산성화는 산업화 이후 30%나 증가하여 어패류와 산호초의 생존을 위협하고 있으며 어업인에게도 큰 손실을 끼치고 있다.

3. 인간을 돕는 해양자원

2021년 7월 우리나라의 충남 서천 갯벌, 전북 고창 갯벌, 전남 신안 갯벌, 보성 갯벌, 순천 갯벌이 세계 자연유산으로 등재되었다. 면적으로는 1284.11㎢이다. 갯벌은 대표적인 블루카본이며 수산자원을 포함한 약 1,000여 종의 해양생물의 산란지이자 서식지로써 그 생태적 가치가 우수하다. 블루카본은 연안 또는 연안 습지에 분포하는 식물과 퇴적물을 포함하는 생태계를 격리 및 저장하는 탄소를 말한다. 갯벌의 이산화탄소 흡수 속도는 육상생태계보다 최대 50배 이상 빠르다. 내연기관차 20만 대가 내뿜는 약 49만 톤의 이산화탄소를 매년 흡수할 만큼 오염 정화와 자연재해 억제 능력이 탁월하며 미세조류를 활용한 미래 에너지원으로서의 개발가치도 높다.

〈그림 3〉 블루카본

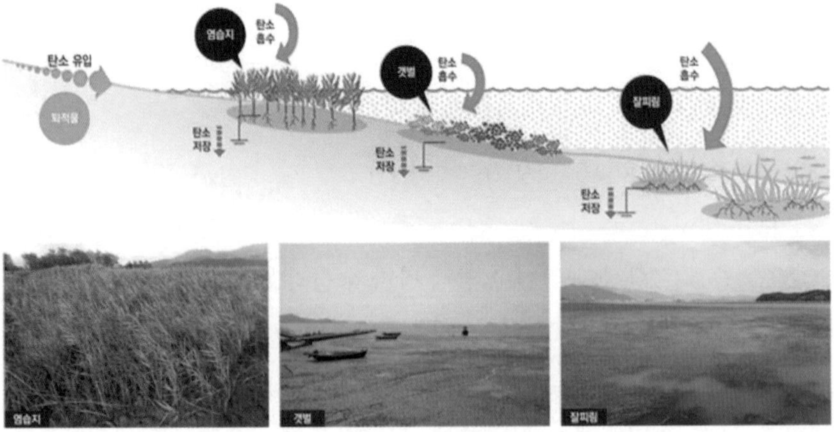

세계인구 중 약 30억 명이 물고기를 주요 단백질 공급원으로 삼고 있으며, 세계인구의 약 10~12%가 어업과 양식업에 종사한다. 세계인구의 60%가 해안에서 100km 이내 지역에 살고 있다(WWF 해양생명보고서, 2015). 해양자원이 인류의 삶 전반에 영향을 주고 있고, 어업과 관광업 등 사회 경제발전에 필수 자원을 제공하고 있기에 SDG 14번 목표 이행의 중요성은 의심의 여지가 없다.

14-1. 2025년까지 해양 쓰레기와 영양염류 등, 특히 육지에서의 활동에서 기인한 모든 종류의 해양 오염을 예방하고 상당한 수준으로 감소시킨다.

14-2. 2020년까지 부정적 영향을 피하기 위해 회복력 강화를 포함하여 해양 및 연안 생태계를 지속가능하게 관리하고 보호하며, 건강하고 생산적인 해양을 위한 복원 조치를 이행한다.

14-3. 모든 수준에서의 과학적 협력 강화 등을 통해 해양 산성화에 대응하고 그 영향을 최소화한다.

14-4. 최소한 생물학적 특성에 따라 결정되는 어족 자원을 가능한 한 빠른 시일 내에 지속가능한 최대 산출량 수준으로 복원하기 위해, 2020년까지 효과적으로 어획을 규제하고, 남획, 불법, 미신고, 비규제 어업 및 파괴적인 어업 관행을 종식하며, 과학에 기초한 관리계획을 이행한다.

14-5. 2020년까지 가용한 최상의 과학적 정보에 기반하여 국가 및 국제법과 부합하는 방식에 따라 최소 연안 및 해양지역의 10%를 보전한다.

14-6. 발전도상국 및 최빈국에 대한 적절하고 효과적인 특별 차등 대우가 WTO 수산업 보조금 협상 내용의 불가결한 부분임을 인식하면서, 2020년까지 과잉 어획 및 남획을 조장하는 특정 형태의 수산업 보조금을 금지하며, 불법, 미보고, 비규제 어업을 조장하는 보조금을 철폐하고, 이와 유사한 신규 보조금의 도입을 자제한다.

14-7. 2030년까지 수산업, 양식업 및 관광업의 지속가능한 관리를 포함한 해양자원의 지속가능한 사용을 통하여 최빈발전도상국 및 군소도서발전도상국의 경제적 이익을 증대한다.

4. 지속가능한 해양과 인류의 삶을 위한 제언

14-a. 해양 건강을 증진하고, 해양생물다양성이 발전도상국, 특히 군소도서 발전도상국과 최빈발전도상국의 발전에 더욱 기여할 수 있도록, 해양 기술 이전에 관한 정부 간 해양학위원회의 기준과 지침을 고려하여 과학적 지식수준을 높이고, 연구역량을 강화하며, 해양기술을 이전한다.

14-b. 소규모 영세 어민을 위해 해양자원 및 시장에 대한 접근성을 제공한다.

14-c. 해양 및 해양자원에 대한 보호와 지속가능한 이용에 대한 법적 체계를 제시하고 있는 유엔해양법협약에 반영되고, '우리가 원하는 미래'(The Future We Want) 보고서의 158번째 단락에서 언급된 바와 같이, 국제법의 이행을 통해서 해양 및 해양자원에 대한 보호와 지속가능한 이용을 강화한다.

과거 몇 세기에 걸쳐 인류는 해양을 무한한 식량 공급원이자 편리한 쓰레기통으로 취급했으며, 인간의 활동에 별다른 영향을 받지 않는다고 생각해왔다. 그러나 불과 몇십 년 만에 바다도 한계가 있으며 바다를 구성하는 많은 중요한 요소들이 가진 지속가능성의 경계선을 인간의 활동과 결과물들로 침범했음을 명백히 알게 되었다. 지난 200년 동안 해양은 인간 활동에 의해 발생된 이산화탄소의 1/3과 점점 집적되는 대기권의 온실가스에 갇혀 발산되지 못하던 잉여 열의 90% 이상을 흡수해 주었다. 계속된 이산화탄소의 흡수로 산성화의 속도가 더 빨라졌고, 수온도 높아졌다. 지난 20년 동안의 선박 교통량은 300%가 늘어났고 남획은 바다가 감당할 지속가능의 한계를 이미 2~3배 넘어섰다. 석유와 가스의 1/3 이상이 근해에서 채굴되었다.

앞으로 계속 늘어날 세계인구는 해안도시에 집중할 것이며, 석유, 가스 등의 매장량 고갈은 채굴을 위해 더 깊은 바다로 들어가게 할 것이다. 해양생태계의 보호와 회복을 위하여 각국 정부, 국제기구, 기업, 금융기구 등은 해양의 지속가능한 관리를 위하여 보고서에 경제 개념을 도입하기 시작했다. 예를 들어 생물다양성협약(Convention on Biological Diversity) 내용 중 '생물다양성의 가치를 계량화하여 국민 계정 및 보고서 시스템에 포함시킬 필요가 있다'라고 하였다. 또 유엔환경계획(UNEP)은 '원양과 연안해의 가치를 수치로 표시하여 의사결정에 활용하는 TEEB(The Economics of Ecosystem and Biodiversity, 생태계와 생물다양성의 경제학)'의 개념을 도입하였다. 해양자원을 수치화하는 것은 정책 입안자들이 보다 현명한 선택을 하도록 도와 인류가 현재와 미래의 건강한 바다가 주는 이익을 지속적으로 향유하도록 하자는 것이다. 지구는 하나라는 시각(One Planet Perspective)으로 생태학적 한계를 넘지 않고 해양자원을 관리한다면 아직 희망은 있다. 그러기 위해서는 첫째, 우선적 과제들을 뒷받침할 금융 흐름을 재설정하는 일. 둘째, 해양자원이 인류 모두의 이익을 위해 존재한다는 사실을 확신시켜 줄 수 있는 방식으로 공평하게 운영(equitable resource governance)하는 것(WWF 해양보고서, 2015)이 필요하다.

해양건강 증진을 위해 과학지식 수준 향상과 연구, 기술에 대한 노력은 모든 국가 간 필요하며, 해양기술 이전에 힘써야 할 것이다. 그것이 누구도 소외되지 않는다는 UN의 SDGs의 슬로건과 SDG 10 '사람과 국가 간의 불평등 해소'를 동시에 달성하게 하는 길이 될 것이다.

요약

우리가 살아가고 있는 지구를 육반구와 수반구로 나눈다. 육반구의 면적보다 수반구의 면적이 훨씬 넓게 차지하고 있음에도 우리는 해구라는 이름보다 지구(地球)라는 이름을 사용한다. 인간중심적인 사고에서 붙여진 이름이라고 보아야 한다. 바다의 가치는 누가 대답해도 무한하다는 것은 당연하다. 우리가 호흡하기 위한 산소가 만들어지고 에너지원과 식량자원이 제공되는 곳이다. 6월 8일은 세계 해양의 날이다. 특히 삼면이 바다로 둘러싸인 우리나라는 해양의 지속가능은 우리 미래의 지속가능이며 유일한 희망이다. 세계 곳곳에서 기후위기, 기후비상선언을 하였다. 기후위기는 해양의 위기이다. 지구상 가장 큰 생물서식지이다. 해양생태계가 회복되지 못한다면 인류의 미래는 없다. 인류의 공유자산인 해양자원을 잘 보호하고 지켜내기 위한 공동의 노력이 필요한 때이다. SDG 14는 인류의 이런 노력을 지표로서 점검하고, 방향을 제시해 줄 것이다.

〈생각 나누기〉

1. 해양자원에 대하여 더 알아보고 미래가치에 대해 논의해 보자.
2. 삼면이 바다인 우리나라의 이점과 이를 지켜내기 위한 노력을 이야기해 보자.
3. SDG 14의 이행 선진사례를 찾아보고, 적용 가능성에 대해 이야기해 보자.

참고 문헌

이창언(2022). 「SDGs 교과서」. 도서출판 선인.
WWF(2015). 「해양생명보고서」

참고 사이트

한국해양과학기술원 https://www.kiost.ac.kr/
현대해양 http://www.hdhy.co.kr/
기상청 기후정보포털 http://www.climate.go.kr/
해양수산부 https://www.mof.go.kr/

제16장

SDG 15

육상생태계의 보호, 복원 및 지속가능한 이용 증진, 산림의 지속가능한 관리, 사막화 방지, 토지 황폐화 중지와 회복, 생물다양성 손실 중지

김 지 현

개관

지구상의 모든 생물은 40억년이라는 시간 속에서, 다양한 환경에 적응하고 진화하며 각자의 개성을 간직한 채 직간접적으로 서로 의지하며 살고 있다. 그러나 지난 50년동안 지구상의 2/3 이상의 야생동물들이 지구상에서 사라지고 있고, 그 속도는 점차 빨라지고 있다. 심화되고 있는 기후위기와 생물다양성의 감소는 인류에게 닥친 커다란 위기임에 틀림없다. 또한 생물다양성을 위협하는 가장 큰 원인이 인간의 활동임은 명확하다. 지구상의 모든 생물들을 보호하고 그들의 서식지가 되고 있는 산림을 보존하는 것은 공생에 대한 도덕적 의무이며 80억 인류의 건강, 복지, 지속가능성을 위해 반드시 필요하다. 이 장에서는 「지속가능발전을 위한 2030 의제」를 통해 SDG 15번에 대해 알아보고, 세계적 이행 현황·대한민국의 추진 현황과 성과, 달성을 위한 과제들을 「지구생명보고서」를 통해 살펴보고자 한다.

15 육상생태계

학습 목표

1. 생물다양성 감소와 기후위기의 상관관계를 이해한다.
2. SDG 15번과 SDGs 모든 목표의 상호 연계성을 이해한다.
3. 2050 비전 달성을 위한 이행 노력과 과제를 이해한다.

주요 용어

지구생명지수, 생물다양성, 적색목록, 아이치 목표, 네이처 포지티브

1. 침묵의 봄과 지구생명보고서

1962년 레이첼 카슨은 미국에 살포된 살충제나 제초제로 사용된 유독물질이 생태계에 미치는 영향을 분석하여 「침묵의 봄」을 출판했다. 이 책에서 그는 지구에 닥칠지도 모르는 무서운 '침묵의 봄'을 경고했다. 60여 년이 흐른 지금, 인류는 「지구생명보고서 2022」를 통해 또 다른 경고장을 받아들었다. 인간의 활동으로 야기된 기후변화를 포함한 급속한 환경 악화가 지구에 서식하는 많은 생물들에게 생존의 위협으로 작용하고 있음을 경고하고 있는 것이다.

기후변화와 환경오염, 산림 파괴 등의 원인으로 지난 세기부터 생물종의 멸종 속도가 110배나 빨라졌고, 거기에 인간도 포함될 수 있다는 우려가 커지고 있다. 지구의 6번째 대멸종을 우려하는 시각이 팽배한 가운데, 세계자연기금(World Wide Fund for Nature, WWF)은 인류와 생물, 자연이 심각하게 생존을 위협받고 있음을 「지구생명보고서 2022」를 통해 밝히고 있다.

<그림 1> 지구생명보고서 2022

〈그림 1〉의 「지구생명보고서」는 WWF와 런던동물학회(Zoological Society of London, ZSL)의 공동 연구로 발간한 보고서로, 지구생명지수(Living Planet Index, LPI)를 담고 있다. 지구생명지수는 전 세계 포유류, 어류, 파충류, 조류 및 양서류의 개체군의 규모를 나타내며 풍부도 변화를 추적하는 지표로, 생물다양성과 생태계의 상태를 짐작할 수 있다. 이는 인류와 생물들의 지속가능성을 알려주는 조기경보 시스템의 기능을 한다. LPI에 따르면 전 세계 5,230종의 생물종을 대표하는 3만 1,821개의 개체군을 대상으로 한 이번 조사에서 1970년부터 2018년까지 야생동물 개체군의 규모가 평균 69% 감소했다. 보고서는 서식지의 황폐화와 감소, 과도한 자원의 이용, 침입종의 침투, 환경오염, 기후변화와 질병을 전 세계적인 야생동물 개체군 감소의 주된 요인으로 보고 있다. 또한 '기후위기'와 '생물다양성 감소'라는 난관을 극복하기 위한 방안으로 자연보전과 회복 노력 확대, 지속가능한 식량 생산과 소비 등 모든 부문에 걸친 탈탄소화를 제안하고 있다.

생물다양성(biodiversity)은 '육상·해상 및 그 밖의 수중생태계와 이들 생태계가 부분을 이루는 복합생태계 등 모든 분야의 생물체간의 변이성을

〈그림 2〉 생물다양성

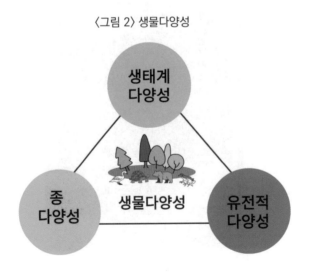

말하며, 이는 종내의 다양성, 종간의 다양성 및 생태계의 다양성을 포함'
한다고 정의된다. 즉, 생물다양성이란 〈그림 2〉에서 보듯 지구상에 존재
하는 생물종(Species)의 다양성, 생물이 서식하는 생태계(Ecosystem)의
다양성, 생물이 지닌 유전자(Gene)의 다양성을 총체적으로 이르는 말인
것이다.

인간이 초래한 기후변화로 인해 기후 취약성(climate vulnerability) 생
물의 대량 폐사와 멸종 사례가 세계 곳곳에서 발생하고 있다. 2019년 섭
씨 40도가 넘는 기록적인 폭염으로 인해 호주 전체에 서식하는 안경날여
우박쥐의 개체수 1/3이 이틀 만에 몰살당했다. 또 2022년 올해 호주에서
발견된 세계에서 가장 작은 펭귄인 쇠푸른펭귄의 대량 폐사의 원인은 수
온 상승으로 인한 먹이의 감소가 가져온 굶주림이었다. 국내에서는 강원
도와 충청지역 등에서 발생한 꿀벌 집단 폐사가 전국적으로 번지고 있다.

"지구상의 생물들 중 어느 한 종을 잃는 것은, 비행기 날개에 달
린 나사못을 빼는 것과 같다"

미생물학자인 파울 에를리히(Paul Ehrlich)는 생물다양성과 종 보존에
대한 중요성을 위와 같이 언급했다. 나사못이 빠진 비행기가 인류에게 가
져 올 참혹한 미래는 왜 전 세계가 지속가능발전목표, 특히 SDG 15번 생
물다양성의 손실 중단에 힘을 모아야 하는지를 단적으로 보여주고 있다.

2. 「지속가능발전을 위한 2030 의제」속 SDG 15 훑어 읽기

앞서 1982년 유엔 총회는 세계자연헌장(World Charter for Nature)을 통해 "모든 형태의 생명은 유일하며, 인간에게 유용함 여부와 상관없이 존중돼야 한다."고 선언한 바 있다. 이는 인간 이외 생물의 존엄성에 대한 인식의 증가를 가져왔다. 더불어 오존층 파괴, 지구온난화, 개발에 따른 서식환경의 악화, 남획·천적의 영향에 따른 생물종 및 생태계 파괴 등 지구환경문제에 대한 인식이 확산되었다. 유전자원의 원천으로서 생물다양성의 경제적 가치 인식 역시 위의 다른 이유들과 함께 SDG 15번 목표의 설정 이유가 되었다.

SDG 15번은 산림의 지속가능한 관리, 토지나 자연 서식지의 황폐화 중단과 개선, 사막화의 방지 및 생물다양성 확보 등에 중점을 두고 있다. 이를 15.1에서 15.c까지 9개의 세부목표(target)와 3개의 세부실행목표로 녹여내고 있다. 15.1에서 15.4의 세부목표는 산림, 습지, 산지 등 육지 및 내륙 담수 생태계의 보전과 복원을 강조하고 있다. 15.2와 15.3은 산림의

〈사진 1〉 갈라파고스 Galapagos Giant Tortoise

회복과 사막화 방지가 주된 과제로 제시된다. 15.5에서 15.8은 생물다양성을 확보하기 위해 멸종위기종 보호, 밀렵 방지, 외래종 침입 방지 등의 대책을 요구한다. 15.a에서 15.c는 이러한 세부목표를 실현하기 위한 자금의 확보 노력과 지역공동체 역량 강화 및 그 필요성을 제시한다.

인간을 포함한 모든 생물이 함께 잘 사는 자연의 지속가능성을 위한 15번의 달성은 모든 지속가능발전목표의 온전한 달성을 가능하게 하는 밑바탕이기도 하다. 예를 들자면 SDG 15.9 세부목표는 '2020년까지 국가 및 지역별 계획, 개발 과정, 빈곤 감소 전략 및 회계 계정에 생태계 및 생물다양성의 가치를 반영한다'고 명시하고 있다. 이를 통해 생태계의 보존과 생물다양성의 확보가 SDG 1번 빈곤 종식의 달성에 기여할 수 있음을 알 수 있다. 또한 '지속가능한 산림관리를 위한 재원을 조달하기 위해, 모든 수준에서 모든 자금원을 활용하여 충분한 재원을 확보하고, 개발도상국이 산림 보호, 재식림과 같은 산림 관리를 강화할 수 있도록 적절한 인센티브를 제공한다'라고 명시한 세부실행목표 15.b의 달성은 SDG 10번 국가간 불평등 완화에 기여할 수 있다.

3. 키워드로 읽는 SDG 15번 이행 진행 상황과 한계

엘리자베스 마루마 므레마(Elizabeth Maruma Mrema) 생물다양성협약(Convention on Biological Diversity, CBD) 사무총장은 2020년에 발표한 「제5차 생물다양성 전망(Global Biodiversity Outlook 5, GBO-5)」에서, '2011-2020 생물다양성 전략 계획' 채택 후 지난 10년간 전 세계에서 생물다양성 위기를 해결하기 위한 유의미한 활동을 실천해왔다고 밝혔다. 그는 이런 유의미한 활동에도 불구하고, 아이치 생물다양성 목표(Aichi Biodiversity Targetst)를 달성하지 못했고 2050 생물다양성 비전인 '자연과 조화로운 삶'을 위한 궤도에 오르지 못했다는 사실 또한 명백하게 지적했다. '아이치 목표'는 생물다양성 증진을 위해 5개 분야의 20개 실천 목표를 담고 있으며 국가별로 실천 전략을 수립하도록 규정하고 있다.

이 보고서에서 '아이치 목표'의 달성을 다음과 같이 평가했다. "국제적 차원에서 20개의 목표 중 어느 하나도 완전히 달성되지 않았고 그 중 6개의 목표만이 부분적으로 달성되었다(목표 9, 11, 16, 17, 19, 20). 또한 60개의 세부요소 조사 결과 7개 항목이 달성되었고 38개 항목은 진전을 보였으나, 13개 항목에서는 진전이 없거나 목표에서 더 멀어졌으며, 나머지 2개 항목은 진척 상황을 알 수 없었다."

세계자연보전연맹(International Union for Conservation of Nature and Natural Resources)의 적색목록(Red List of Threatened Species)은 전 세계 모든 생물종의 실태를 멸종위기등급의 기준으로 평가한 목록이다. 생물종에 대한 보전 상태를 전 세계에서 가장 포괄적으로 다루고 있으며, 생물다양성의 상태에 관한 국제적 권위를 지닌 지표로 사용된다. 2022년 기준 IUCN 적색목록에 142,500여종을 평가하였고, 이 중 40,000종 이상이 멸종위기에 처해 있으며, 포유류의 26%, 조류의 13%, 양서류의 41%, 갑각류의 28%, 파충류의 21%, 침엽수의 34%, 산호초의 33% 등이 이에 해당된다.

적색목록은 지구적 범위뿐만 아니라 지역적 수준에서도 평가되는데, 한국도 '국가적색목록'을 평가·분류하고 있다. 적색목록에서 비롯된 적색목록지수는 1에 가까울수록 생물다양성의 손실이 적은 것을 의미한다. UN의 SDGs 데이터베이스에 의하면 한국은 2000년에 0.762 수준이었으나, 2021년에는 0.697로 하락세를 보이며 개선의 필요성을 보이고 있다.

〈표 1〉 국내 산림면적 추이

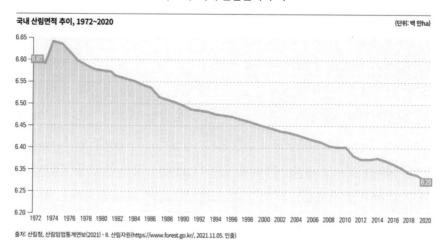

출처: 산림청, 산림임업통계연보(2021) - II. 산림자원(https://www.forest.go.kr/, 2021.11.05. 인출)

대한민국은 제2차 세계대전 이후 산림녹화에 성공한 유일한 개발도상국으로 평가된다. 치산녹화 10년 계획과 연탄 보급의 시기가 맞물려 단기간에 황무지를 산림으로 변화시킬 수 있었던 것이다. 1982년 유엔식량농업기구(FAO)는 영국, 독일, 뉴질랜드와 함께 세계 4대 조림국가로 우리나라를 꼽았다. 산림청 국립산림과학원이 2020년에 발표한 자료에 따르면 우리나라 산림의 공익적 가치가 221조원(2018년 기준)에 달하며, 이는 국민 1인당 연간 428만원의 공익적 혜택을 받는 셈인 동시에 파생되는 광범위한 생태계 서비스 가치를 누리는 셈이다.

4. 2050 비전 달성을 위한 과제

자연이 회복하고 번영할 때, 인류는 지속가능한 삶의 여정을 미래세대와 함께할 수 있다. 자연과 조화로운 삶, 2050 비전의 달성을 위해 생물다양성을 위협하는 인간의 활동에 광범위하고 혁신적인 변화가 필요한 시점이다.

(1) 중용(中庸)과 네이처 포지티브(Nature-positive)

자연이 회복하고 번영할 때, 인류는 지속가능한 삶을 지속할 수 있다. 생물다양성의 손실을 줄이고 회복을 위한 2050 비전의 달성을 위해서는 '중용'의 가치와 '네이처 포지티브'로의 방향성을 가지고, 생산과 소비 방식 및 기술의 사용, 경제와 금융 시스템 전반에 걸친 변화가 이루어져야 한다. '중용'은 모자람 없이 도리에 맞으며, 평상적이고 불변적인 상태나 정도를 일컫는 것으로, 이는 전 세계 인류가 기대어 사는 자연을 대함에 있어 견지해야 할 자세로도 이해할 수 있다. WWF의 마르코 람베르티니 사무총장은 「지구생명보고서」에서 자연의 손실 추세를 회복으로 전환하고 사람과 자연이 함께 번영하는 '네이처 포지티브(Nature-positive)' 미래를 강조하고 있다. '네이처 포지티브'는 자연 손실을 막고 생물다양성 감소 추세를 회복으로 전환하는 것을 의미한다.

(2) 지속가능한 경로를 향한 전환

비록 지난 10여 년간의 달성 노력이 만족할 만한 성과를 이뤄내지 못했더라도 현재의 생물다양성 감소 추세를 늦추고, 중단하며, 이를 역전시키기 위한 노력은 계속되어야 한다. 2050 생물다양성 비전을 달성하는 데 필요한 각각의 조치는 광범위한 인간 활동에 상당한 변화를 요구하고 있다. 특히 제5차 지구 생물다양성 전망(GBO-5)에서 언급한 생물다양성을 포괄한 원 헬스(One Health)로의 전환은 생물다양성과 인간 건강의 광범위한 연관성을 인식하고 생물다양성 손실, 질병 위험 및 건강 악화를 유발하는 공통된 요인에 대해 다룬다. 생물다양성의 위기를 극복하기 위해서는 △ 의의와 가치의 확산 △ 생물다양성 지방행동 실천 △ 시민사회네트워크 간 연계 모색 △ 우리나라 생물다양성 보고서 준비와 주요 지표와 지수 개발 △ 법적 제도의 정비를 위한 협력이 필요하다.

레이첼 카슨의 「침묵의 봄」이 출판된 지 60여 년이 흐른 현재, 세계는 「지구생명보고서 2022」라는 또다른 경고장을 받아들였다. 「지구생명보고서」는 생물다양성의 상태와 생태계의 건강을 가늠할 수 있는 지표인 지구생명지수(Living Planet Index, LPI)를 담고 있다. 전 세계적인 야생동물 개체군 감소의 주된 요인은 서식지 황폐화 및 감소, 과도한 자원 이용, 침입종의 침투, 환경오염, 기후변화 및 질병 등으로 1970년부터 2018년까지 야생동물 개체군의 규모가 평균 69% 감소한 것으로 나타났다.

SDG 15번은 산림의 지속가능한 관리, 토지나 자연 서식지의 황폐화 중단과 개선, 사막화의 방지 및 생물다양성 확보 등에 중점을 두고 있다. 인간을 포함한 모든 생물이 함께 잘 사는 자연의 지속가능성을 위한 15번 목표의 달성은 모든 지속가능발전목표의 온전한 달성을 가능하게 하는 밑바탕이기도 하다. SDG 15.9 세부목표의 달성이 SDG 1번 빈곤 종식의 달성과 SDG 10번 국가 간 불평등 완화에 기여할 수 있음을 알 수 있다.

'2011-2020 생물다양성 전략 계획' 채택 후 지난 10년간 전 세계에서 생물다양성 위기를 해결하기 위한 유의미한 활동을 실천해 왔지만 아이치 생물다양성 목표(Aichi Biodiversity Targetst)를 달성하지 못했다. 국제적 차원에서 20개의 목표 중 어느 하나도 완전히 달성되지 않았고 그 중 6개의 목표만이 부분적으로 달성되었다. 2022년 기준 세계자연보전연맹(IUCN) 적색목록에 142,500여종을 평가하였고, 이 중 40,000종 이상이 멸종위기에 처해 있다.

자연이 회복하고 번영할 때, 인류는 지속가능한 삶의 여정을 미래세대와 함께할 수 있다. 자연과 조화로운 삶, 2050 비전의 달성을 위해 생물다양성을 위협하는 인간의 활동에 광범위하고 혁신적인 변화가 필요함을 다시 한번 되새길 시점이다.

〈생각 나누기〉

1. 기후위기와 생물다양성 감소의 상호관계를 생각해보자.
2. 생물종 멸종의 사례를 더 찾아보고, 원인을 생각해보자.
3. 지구 대멸종에 대해 찾아보고, 6차 대멸종과 인류와의 상관 관계에 생각해보자.

참고 문헌

생물다양성협약사무국(2020).「제5차 생물다양성 전망」. 환경부.

세계자연기금(2022).「지구생명보고서 2022」. WWF-Korea.

수산 외(2020).「우리 세계의 전환: 2030 지속가능발전의제」. 수원가능발전협
의회.

이창언(2022).「SDGs 교과서」. 도서출판 선인.

통계청 통계개발원(2022).「한국의 SDGs 이행보고서 2022」. 숨쉬는책공장.

참고 사이트

UN https://www.un.org/

국가생물다양성 정보공유체계 https://www.kbr.go.kr/

생물다양성협약 https://www.cbd.int/

세계자연기금 https://www.worldwildlife.org/

재단법인 한국세계자연기금 https://www.wwfkorea.or.kr/

지속가능발전포털 http://ncsd.go.kr/

제17장

SDG 16

지속가능발전을 위한 평화롭고 포용적인 사회 증진, 모두에게 정의 보장과 모든 수준에서 효과적이고 책임성 있으며 포용적인 제도 구축

연 규 식·정 정 애

개관

사람들은 무엇보다 안정적이고 평화로운 삶을 살기를 원한다. 인간의 삶의 목적은 행복에 있다. 행복에 대한 기준은 개인의 차이가 있으나 공통적인 생각은 안정적인 사회, 어떤 형태로든지 두려움이 없는 상태, 만족함과 즐거움으로 채워지는 삶을 영위하는 것이다. 지구에는 약 70억 명의 사람들이 살아가고 있다. 모든 사람이 행복하기를 바란다. 행복하기 위해 평화(Peace)로워야 한다. 평화를 위해 정의(Justice)가 필요하고, 정의를 구현하기 위해 책임 있는 제도(Institutions)가 마련되어야 한다. 누구도 소외되지 않는다(Leave no one behind)라는 SDGs의 슬로건과 함께 모두를 위한 행복한 삶을 위하여 이 사회의 일원으로서 무엇을 어떻게 해야 하는지 우리의 역할을 생각해 보자.

학습 목표

1. 평화를 위한 정의를 생각해 본다.
2. SDG 16은 평화로운 국제사회를 위해 모든 국가가 우선 협력해야 할 목표임을 이해한다.
3. 전쟁과 폭력으로부터 안전하고 지속가능한 사회는 정의로운 법과 제도가 마련되어야 하며, 상호 신뢰를 바탕으로 해야 함을 이해한다.

주요 용어

평화, 정의, 인권, 공정, 신뢰, 법과 제도, 국제사회 협력, 포용

1. 우리는 모두 평화를 원한다

'평화를 원하면 전쟁을 준비하라(Si vis pacem, para bellum)'라는 유명한 말이 있다. 평화를 말하면 우리는 자연스럽게 전쟁을 떠올리게 된다. 전쟁은 가장 큰 폭력이다. 폭력은 각종 테러, 무기, 범죄, 부정부패 등 악과 관련된 것을 연상하게 한다. 인간(人間)이 존재하는 한 악(惡)은 사라지지 않는다고 한다. 따라서 인간이 존재하는 한 완전한 평화란 불가능할지도 모른다. 악으로 인한 사회의 혼란을 조절하기 위해서는 도덕적 규범만으로는 질서를 유지하기 어렵다. 지금도 세계 곳곳에서 여러 형태의 분쟁과 갈등, 전쟁은 계속되고 있다.

전쟁은 인간의 마음속에서 생기는 것이므로 평화의 방벽을 세워야 할 곳도 인간의 마음속이다. 서로의 풍습과 생활에 대한 무지는 인류 역사를 통하여 세계 국민들 사이에 의혹과 불신을 초래한 공통적인 원인이며, 이 의혹과 불신으로 인한 그들의 불일치가 너무나 자주 전쟁을 일으켰다. 이제막 끝난 무서운 대전쟁은 인간의 존엄, 평등, 상호존중이라는 민주주의 원리를 부인하고, 이러한 원리 대신에 무지와 편견을 통하여 인간과 인종의 불평등이라는 교의를 퍼뜨림으로써 일어날 수 있었던 전쟁이었다. 평화를 잃지 않기 위해서는 인류의 지적·도덕적 연대 위에 평화를 건설하지 않으면 안 된다. (1945.11.16. 유네스코 헌장)

우리는 개인 간이든 국가 간이든 서로에 대한 이해와 신뢰를 바탕으로 하지 않는다면 갈등의 씨앗을 끊임없이 생산해 낼 것이고, 지구상의 평화는 찾아오지 않을 것이다.

SDGs의 17개 목표는 사람(People), 번영(Prosperity), 환경(Plant), 평화(Peace), 파트너십(Partnership)의 5개의 P축으로 재구성된다. 그 가운데 평화(Peace)는 안전하고 평화로운 사회 및 정의를 위한 거버넌스와 제도 구축을 실현하고자 한다. 2030 지속가능발전의제 서문에 "우리는 공포와 폭력이 없는 평화롭고 공정하며 포용적인 사회를 조성할 것을 결의한다. 평화 없는 지속가능발전은 있을 수 없으며, 지속가능발전 없는 평화도 있을 수 없다."라고 명시하였다. 지속가능발전을 위하여 분야별 의제들을 내놓으며 그 과제들이 모든 곳에서 누구도 소외되지 않기를 서약하고 있다. 이것은 지속가능한 인류 공동의 미래를 위해서는 평화가 기반이 되어야 함을 나타내는 것이다. 불평등과 부패, 열악한 거버넌스, 불법 자금, 무기 거래, 폭력과 불안, 불의는 평화와 안보를 해치는 요소들이다. 우리는 왜 지속가능 하려고 하는가? 핵심 목표는 평화와 안보를 이루기 위함이다. 인권 존중과 정의에 대한 동등한 접근이 보장되는 사회가 구축되기 위하여 평화는 궁극적인 목표가 되어야 한다.

16-1. 모든 곳에서 모든 형태의 폭력과 관련 사망률을 대폭 감소한다.

16-2. 아동에 대한 학대, 착취, 인신매매 및 모든 형태의 폭력과 고문을 종식한다.

16-3. 국가 및 국제적 수준의 법치를 증진하고, 모든 사람에게 정의에 대한 평등한 접근을 보장한다.

16-4. 2030년까지 불법 자금 및 무기 거래를 현저히 감소시키고, 도난자산 회수 및 복구를 강화하며, 모든 형태의 조직화된 범죄를 방지한다.

16-5. 모든 형태의 부패 및 뇌물을 상당한 수준으로 감소한다.

16-6. 모든 수준에서 효과적이고, 책임 있고, 투명한 제도를 모든 단계의 기관에 구축한다.

16-7. 모든 차원에서의 의사결정이 대응적이면서, 포용적이고, 참여 지향적이며, 대표성을 지닐 수 있도록 보장한다.

16-8. 글로벌 거버넌스 제도에 발전도상국의 참여를 확대하고 강화한다.

16-9. 2030년까지 출생등록을 포함하여 모두에게 법적 신원을 제공한다.

16-10. 국내법 및 국제적 합의에 따라 대중의 정보 접근을 보장하고 기본적 자유를 보호한다.

16-a. 특히, 발전도상국이 폭력 예방, 테러, 범죄 방지의 모든 차원에서 역량을 함양할 수 있도록 국제협력을 통해 관련 법규나 제도를 강화한다.

16-b. 지속가능발전을 위한 비차별적인 법 그리고 정책을 증진하고 시행한다.

---

2. 폭력은 사라지지 않는다

평화를 유지하기 위해서 올바른 관계를 맺고, 공동체가 지속성을 가져야 한다. 폭력은 어떤 형태로든 상대적 우위의 힘(力)이 작동하고 어느 한 집단의 이익을 위하여 다른 누군가의 묵인에서 발생된다. 평화를 위해서 모든 폭력의 불편함은 사라져야 하며, 내가 그 힘의 주도권자가 아니라 균형을 이루는 조절자가 되어야 한다.

해마다 전 세계 아동들의 50%가 폭력을 경험하고 있다. UN에 의하면 5분에 한 명씩 어린아이가 폭력에 의해 사망하고 있다. 18세 이전 아동의 10분의 1이 성적 학대를 경험한 적이 있으며, 90%의 아동들이 신체적 처벌이 금지되지 않은 나라에 살고 있다. 인신매매의 70%가 여성과 소녀들이다. 살인사건의 피해자 80% 이상을 남성이 차지하고 있다. 그러나 친밀한 관계 혹은 가족 관련 살인의 피해자 64%는 여성이다. 신체에 대한 폭력을 행사하는 것뿐 아니라 언어로 폭력을 행사하여 정신적 또는 심리적 불안감과 상처를 주어 트라우마를 만들기도 한다. '인간은 왜 폭력을 행사하는가(인권연대, 철수와 영희)'에서 인간의 잠재성을 막는 사회의 구조적 장벽 또한 폭력이라고 정의하였다. 그리고 사회복지체계의 모순으로 우리가 내는 세금의 사용이 불평등하게 쓰여지는 것 또한 폭력의 형태로 나타내었다. 어떤 형태를 살펴보더라도 우리에게 완전한 평화는 존재하지 않는다. 그렇다면 최대의 평화를 추구하기 위하여 국가적인 노력과 더불어 개인의 노력도 함께 이루어져야 한다.

유엔마약범죄사무소(UNODC, UN Office on Drugs and Crime)에서 출간한 2022년도 세계마약 보고서(World Drug Report 2022)에 의하면, 2020년 한 해 동안 15~64세의 약 2억 8,400만 명의 사람들이 마약을 사용하였다. 이는 10년 전보다 26% 증가한 것이다. 제조되었거나 몰수되는 숫자는 사상 최고치를 기록하였으며, 불법 마약이 밀거래 되어 분쟁과 환경 악화 등 다른 긴급한 문제에 영향을 미치는 것을 경고하였다.

〈그림 1〉 2022년 마약밀수 적발 카드뉴스

출처: 관세청

또한, 젊은 층의 대마초 사용이 일상화되고 그 양이 크게 증가한 것에 우려를 보였다. 불법 마약 시장은 지구환경에도 큰 영향을 미치고 있다. 대마초 농장은 광범위한 삼림 파괴, 합성 마약 제조 중에 발생하는 폐기물, 토양, 수질 및 대기 오염 등 탄소발자국을 크게 높이고 있다. 남미 온두라스에서는 코카인 밀매로 삼림파괴가 심각해지고 있다는 조사 결과가 이미 나와 있으며(리서치페이퍼, 2018) 생산과정에서 사용되는 화학약품인 황산, 인, 염산 등이 강과 호수로 버려져 먹이사슬을 심각하게 훼손시키고 있다는 보고도 이미 나와있다.

그리고, 평화라는 단어가 가장 많이 쓰여지는 곳이 대한민국일지도 모른다. 한반도는 1953년 군사정전 협정 체결 이후 평화를 가장한 세계에서 가장 긴장된 곳이다. 정치적이며, 국제적이다. 핵무기의 위력은 인류를 전멸시킬 수 있다. 핵무기 사용의 위험성을 근본적으로 제거하지 않고서는 완전한 평화를 기대할 수는 없기 때문에 핵의 완전 폐기를 주장하는 운동

〈핵무기 반대 마크〉

도 계속 일어나고 있다.

그럼에도 불구하고 핵강국들은 정치적으로 이용하고 있다. (국제경제론, IAEA와 대한민국의 원자력). 한반도의 평화문제 해결을 위하여 수많은 노력이 기울여져 왔지만, 결코 평화는 우리에게 쉽게 주어지지는 않는다.

국가지표체계에 따르면, 우리나라의 범죄율은 지난 30여 년간 2배 이상 증가하였다. 1997년 외환위기의 영향으로 다음 해 1998년 범죄율은 크게 증가하였다. 형법 범죄 중 주요 범죄는 2000년에서 2020년 사이 강도는 1/9로 줄었고, 성폭력은 3.9배, 폭행은 7.7배 증가하였다. 〈표 1〉에서 보듯이 범죄에 대한 피해 두려움은 꾸준히 낮아지고 있다고 보고 되는데, 남자보다 여자가, 비교적 연령이 낮은 10~20대의 두려움이 상대적으로 크게 나타난다. 범죄율은 국민의 건강한 삶 보장과 웰빙 증진(SDG 3)과 직결되는 부분이라고 볼 수 있다.

〈표 1〉 성별 및 연령집단별 범죄피해 두려움

		2013	2015	2017	2019	2021
전체		30.3	22.1	20.7	19.8	14.3
성	남성	12.1	9.8	7.2	8.1	5.5
	여성	48.6	34.3	33.7	31.4	23.1
연령집단	10대	39.0	28.4	29.1	28.2	18.4
	20대	37.6	25.1	26.6	23.0	17.4
	30대	34.9	25.4	22.5	22.3	14.9
	40대	27.8	20.4	18.7	18.2	13.8
	50대	28.9	20.6	17.2	17.3	11.9
	60대	21.3	18.6	15.9	18.4	12.1
	70대 이상	18.5	16.5	18.8	14.8	13.9

출처: 국가지표체계

국가지표체계 보고에 의하면 한국의 부패인식지수는 2016년 53점에서 2021년 62점으로 증가하였다. 세계 180개국 중 32위에 해당한다. 공정성은 교육 기회에 대한 부분은 높은 편이나 대부분 아직 많은 노력이 필요하다.

'어제 행복했다고 느끼는가?'에 대한 질문에 응답한 행복지수는 삶의 만족도와 밀접한 연관 관계가 있으며, 2013년 46.0%에서 2021년 60.4%로 증가하였다. 20~30대에 행복지수가 가장 높고, 40대 이후부터 낮아지고 있다. 개인의 노력이 성장과 발전에 관계가 없다고 생각하면 정의롭고 공정한 사회라고 생각하지 않을 것이다. 부정부패로 만연한 사회에서는 어떠한 노력의 필요성도 느끼지 못할 것이다. 그것은 삶의 만족도와 행복도를 떨어뜨리고 정의로운 사회는 한낱 이상에 불과하다고 생각할 것이다.

<그림 2> 2022년 세계 행복지수 순위

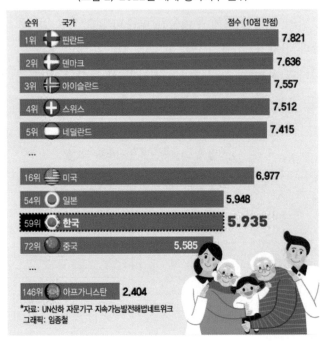

출처: SDSN(지속가능발전해법네트워크)

유엔산하자문기구 SDSN(지속가능발전해법네트워크)은 지난 2012년부터 국내총생산(GDP)과 기대수명·사회적 지지·자유·부정부패·관용 등 6개 항목의 3년 치 자료를 토대로 행복지수를 산출해 순위를 매겨 왔다. 이 행복보고서에 의하면 핀란드가 7.821(10점 만점)으로 1위, 덴마크가 2위, 우리나라가 2021년 62위에서 59위로 3단계 상승하였다. 우리나라는

GDP와 기대수명 항목에서 높은 점수를 받았다. 아프가니스탄이 146개국 중 꼴찌를 기록하였다.

3. SDG 16을 왜 세웠을까?

전쟁이 없었다면, 폭력이 우리 사회의 큰 문제로 대두되지 않았다면, 인간의 존엄성을 파괴하는 일이 없었다면, 불의와 범죄로 인해 누군가가 희생되지 않았다면, 부정부패로 인해 억울한 일을 당하는 사람이 없었다면 우리는 과연 정의를 생각하고, 평화와 안전에 대한 필요성을 느꼈을까?

인류가 이 지구상에 등장하고 끊임없는 갈등과 전쟁, 폭력이 이어지고 있다. 우리의 행복을 깨뜨리는 일임을 알면서도 말이다. 현대는 크고 작은 여러 형태로 관계를 맺고 있다. 상호협력의 시대이다. 상호협력의 관계가 때로는 상호갈등의 원인이 되기도 한다. 발전을 위해서는 정의와 평화를 만들어가는 효과적인 제도가 필수요건이 되었다. 협력이 다양해질수록 제도와 시스템은 더 강력해지기를 요구한다. 각종 테러와 폭력, 무질서, 불평등, 부정부패 등 악영향적 요소들이 있기 때문이다. 이것은 단지 사회적 제도가 미비한 개발도상국에서만의 문제가 아니다. 제도가 잘 구축되어 있다고 생각되는 선진국에서도 겪고 있는 문제들이다. 따라서 SDG 16은 '모든 곳에서 모든 형태의 폭력을 근절'시키고자 한다. 책임 있는 목표 달성을 위하여 민족, 신앙 또는 성적 취향에 관계없이 삶을 영위하면서 안전함을 느끼도록 하여야 한다. 높은 수준의 무장 폭력과 불안은 국가 발전에 파괴적인 영향을 미치고, 법치가 없는 곳에서 만연한 성폭력, 범죄, 착취 및 고문과 같은 갈등들을 해결해야 한다. 정부, 시민 사회 및 지역 사회는 갈등과 불안에 대한 지속적인 해결책을 찾기 위해 협력해야 하며, 법의 지배를 강화하고 인권을 증진하는 것이 불법 무기의 흐름을 줄이고 부패와 싸우며 포괄적인 참여를 보장하는 것이라고 명시하였다.

4. 정의롭고 평화로운 사회를 위한 국제연합의 노력

세계질서를 어지럽히는 범죄는 한 지역 한 국가만의 노력으로 해결할 수가 없다. 다른 어떤 지속가능발전목표들 보다 강력한 연대와 제도가 필요하다. UN은 매년 6월 26일 '국제 마약 남용 및 불법 거래 반대의 날'로 지정하여 약물 예방, 치료에 대해 관리하고 개입한다. 매년 7월 30일은 '인신매매 반대의 날'로 정하여 인권 취약층에 대한 보호의 필요성을 알린다. 12월 9일은 '국제 반부패의 날'이다. 유엔 반부패 협약은 법적 구속력이 있는 유일한 보편적 반부패 기구로서 글로벌 문제에 대하여 포괄적으로 대응하고 있다. 대다수의 UN 회원국들이 이 협약의 당사국이다. 예방조치, 범죄화 및 법 집행, 국제 협력, 자산 회수, 기술 지원 및 정보 교환을 다루고 있다. 사이버 범죄는 경계가 없는 사이버 공간에서 발생하는 복잡하고 조직적인 다국적 범죄이다. 그 영향이 전 세계 사회에 파급될 수 있기에 국제적 대응이 반드시 필요하다. 조직범죄와 총기 불법 밀매와 오용에 대한 범죄는 테러, 인신매매, 마약 밀매, 자금세탁과 같은 다양한 형태의 범죄와 얽혀 있다. 모든 국가는 심각하고 조직적인 범죄에 대해 영향을 받는다. 일상생활뿐 아니라 경제 성장을 방해한다. 따라서 글로벌 범죄들은 UN과 국제기구들이 공동으로 수행하는 이니셔티브의 조정자 역할을 하여야 한다. 이는 회복적 사법으로서 가해자, 피해자, 그 가족 및 지역사회와 같은 영향을 받는 모든 당사자에게 범죄를 해결하고 범죄로 인한 피해를 복구하는 데 참여할 수 있는 기회를 제공하여야 한다. UN은 모든 폭력과 범죄로부터 안전한 세상을 추구한다. 효과적이고 지속가능하려면 이러한 위협에 대한 대응에 SDGs의 여러 영역과 연계한 전략이 필요하다.

SDG 16은 SDG 3 건강하고 행복한 삶을 보장하기 위해 반드시 달성되어야 한다. SDG 16은 인권, 성평등, 평화와 비폭력문화 증진의 지식 및 기술 습득 보장이 필요한 SDG 4의 목표, 양질의 교육이 수반되어야 달성이 가능하다. SDG 16에서 두드러지게 보이는 것이 여성과 여아에 대한 범죄 접근성과 피해이다. SDG 5 성평등 보장에 대한 노력과 SDG 10 모든 종류로부터 불평등 해소를 요구하고 있다. SDG 16 달성을 위해 SDG 17 지구촌 협력 없이 이루어 낼 수 없는 목표이다. 우리는 공존하기 위하여 모든 것이 상호 연계성을 가지고 있다. 나 혼자 잘 살 수는 없다. 내가 살아가기 위해서라도 함께 가야 한다.

이 목표의 실현을 위하여 인권과 법을 존중하여야 하며, 투명하고 효율적인 행정 구축이 요구된다. 선진국과 개도국에서의 평화를 깨는 요소가 다르다. 폭력과 분쟁은 특히 개도국에서의 피해 비율이 높다. 소득수준에 따라 또 다른 형태의 폭력이 나타난다.

평화는 분쟁이나 다툼이 없이 서로 이해하고 우호적이고 조화를 이루어 나가는 것이라고 한다. 유엔 지속가능발전목표 16번에서 내세운 모든 곳에서 모든 형태의 폭력을 근절시키고 누구도 소외되지 않도록 강력한 법과 규제 그리고 국제적 협력이 그 어떤 목표보다 잘 이루어져야 한다. SDG 16번은 치안과 사법, 공정, 협치가 강조되는 부분이다.

이 목표의 실현을 위하여 인권과 법을 존중하여야 하며, 투명하고 효율적인 행정 구축이 요구된다. 선진국과 개도국에서의 평화를 깨는 요소가 다르다. 폭력과 분쟁은 특히 개도국에서의 피해 비율이 높다. 소득수준에 따라 또 다른 형태의 폭력이 나타난다.

모두가 함께 평화를 위한 노력의 직접적인 활동가가 되어야만 한다. 법과 강력한 제도 또한 사람이 만든다. 누군가가 만들어야 한다면 그것은 우리이다. 우리가 평화의 비둘기가 되어야 한다. 지속가능한 평화를 위해 다양한 측면에서 노력을 시도한다. 전쟁은 정치적이나 해결은 민간에서의 노력에 따라 달라지기도 한다. 유엔평화유지군은 국제적 수준에서 분쟁지역을 감시하고 평화협정 이행을 위한 지원을 한다. 또한 유엔안전보장 이사회에서는 평화유지를 위하여 남녀 동등한 참여를 언급하여 평화와 안전을 위한 노력에 여성이 배제되지 않아야 된다고 강조하고 있다.

더욱이 UN경제사회이사회는 NGO에게 협의 지위를 부여하고 있는데 비영리민간단체는 입법·사법·행정·언론에 이어 '제5부(제5권력)'로 불리며, 정부와 기업에 대응하는 '제3섹터'라고 불려진다. 이러한 시민사회가 지속적으로 성장하면서 각종 국제기구에서 세계평화를 위한 활동에 참여하고자 하는 미래세대들이 늘어나고 있다.

요약

역사 속 수 많은 사람들이 불의에 항거하고 정의롭고자 하였다. 그것은 인권을 가진 인간이 사회(society)를 이루어 나가기 위하여 무엇보다 필요한 것이라 생각했기 때문일 것이다. 정의는 공정한 사회를 만들어가고 평화로운 세상을 유지하기 위하여 이루어야 할 바탕이다. 그렇지만 불의(不義)와 부정(不正), 부패(腐敗)는 마치 진리처럼 존재하고 있다. 우리는 바르고 공정한 선택이라고 생각하지만, 이것이 과연 정의(正義)로운가? 라는 질문 앞에서 바로 대답하기 어려운 경우가 많다. 이제 공정과 정의에 대하여 이야기를 나누어 볼 시간이 필요하다. 시대에 따라 정의의 개념이 바뀌어 간다 할지라도 모든 정의의 중심은 생명 존중에 있다. 평화를 갈구하는 제도는 안정된 민주주의의 정착이 최선이다. 평등한 선거권과 노동권이 주어져야 한다. 수많은 사람들의 희생과 인권을 침해받는 전쟁과 같은 폭력은 더 이상 일어나지 않도록 강력한 규제가 마련되어야 한다.

〈생각 나누기〉

1. 우리 사회에 전쟁은 왜 반복되는가?
2. 정의가 반드시 사회를 평화롭게 하는가?
3. 40대 이후부터 행복도가 떨어지는 원인은 무엇이며, 그에 대한 해결책을 생각해 보자.

참고 문헌

이창언(2022). 「SDGs 교과서」. 도서출판 선인.
유엔마약범죄사무소(2022). 「세계마약보고서」.

참고 사이트

관세청 https://www.customs.go.kr/
국가지표체계 https://www.index.go.kr/progress
리서치페이퍼 http://www.research-paper.co.kr/
유네스코한국위원회 https://www.unesco.or.kr/
유엔마약범죄사무소 https://www.unodc.org/
환경운동연합 http://kfem.or.kr/

제18장

이행 수단 강화와
지속가능발전을 위한
글로벌 파트너십 재활성화

이 나 현

개관

지난 2015년 국제사회는 지속가능하고 회복력 있는 세계로의 대전환을 위해
사회, 환경, 경제 전반을 아우르는 17개 목표에 합의했다. SDGs는 지속가능
성이라는 하나의 목표를 지향하면서 인류의 모든 것을 포함하며, 다양한 영역
에 긴밀하게 연결되어 개인이나 단체, 특정 국가의 노력만으로는 달성하기 어
렵다. 사람과 사람, 분야, 단체, 정당, 민간과 정부, 국가, 종교, 이념 등 다양한
영역을 초월하여 유기적인 연계와 협력이 필요하다.
17번 목표는 지속가능한 미래를 위해 특정한 과제를 제시하는 것이 아니라,
앞선 16개의 목표를 달성하기 위한 자금의 조달, 과세 등 재원의 확보와 실시
수단의 강화 및 글로벌 파트너십의 활성화를 강조한다.
이 장에서는 지속가능발전목표 달성을 위한 이행수단의 현황과 진행 상황을 점
검하고 글로벌 파트너십의 재활성화를 위한 과제에 대해 논의해보고자 한다.

학습 목표

1. 지속가능발전목표 달성을 위한 재원의 확보, 정책, 과학, 기술, 혁신 및 지식 공유에 대한 협력과 접근의 중요성을 인식한다.
2. 다양한 국가와 인구의 상호연결성, 상호의존성 및 전 세계 다중 이해관계자 파트너십의 중요성과 지속가능발전에 대한 공동의 책무성을 이해한다.
3. 글로벌 거버넌스 및 세계시민성의 개념, 지속가능발전의 진행경과 측정을 위한 개념을 인지한다.

주요 용어

개발원조위원회(DAC), 공유지의 비극(tragedy of commons), 공적개발원조(ODA), 글로벌 거버넌스, 남남협력, 다중이해관계자 파트너십(MSP), 삼각협력, 세계시민성, 정보통신기술(ICT), 죄수의 딜레마(prisoner's dilemma)

1. SDGs를 위한 SDG 17

2000년 UN 새천년정상회의(Millennium Summit)에서 새천년개발목표에 합의하며 국제사회는 15년간 전 지구적 빈곤 퇴치와 평등, 삶의 질 향상을 위해 노력해왔다. 'The Millennium Development Goals Report(2015)'에 의하면 이 8개의 목표를 위한 국제적 노력으로 수억 명이 빈곤에서 벗어났고 교육, 보건 등에서도 주목할 만한 성과가 있었다. 그러나 여전히 존재하는 극빈층, 각종 불평등, 분쟁, 심각해지는 양극화와 기후위기 등을 해소하지 못했다는 한계점도 있었다. 특히 사회·경제적 부문에서 MDGs는 선진국이 개발도상국의 문제를 지원하는 형태로 그 틀을 구성하였으며, 근본적 문제 해결을 위한 무역이나 세금, 금융 정책 등 이행수단을 구체적으로 개선하지는 못했다. MDGs가 빈곤의 해결을 제시했다면, SDGs는 공여국을 포함한 모든 국가가 함께 지속가능발전목표를 달성해야 한다는 보편성을 강조하여(이창언, 2022) 동등한 존재로서의 선진국의 책무와 개도국의 노력을 지향한다.

> "범위에 있어 SDGs는 MDGs를 훨씬 넘어서는 것이다. 이는 MDGs와 동일하게 빈곤 근절, 보건, 교육, 식량 안보, 영양 등 발전 우선순위를 유지하면서, 광범위한 경제적, 사회적, 환경적 목표들을 제시한다. 또한 보다 평화롭고 포용적인 사회를 약속하고 있으며, 또한 이행 방안을 정의하고 있다는 점에서 주목할 만하다. 새로운 목표와 세부목표는, 통합적 접근방식에 대한 결정이 반영되어 서로 밀접하게 연결되어 있으며, 많은 범분야적 요인이 존재한다."
>
> - 우리 세계의 전환: 2030 지속가능발전의제 17항 -

미완의 과제를 완성하고자 국제사회가 결의한 SDGs 안에서도 목표 17은 앞선 16개의 목표들과 상호 연결되면서 단단하게 목표들의 달성을 지지하고 이끈다. 그야말로 MDGs를 훨씬 뛰어넘는 SDGs의 실현을 위한 핵심이라 할 수 있다.

17가지 목표로 대표되는 환경·경제·사회는 상호 간 강하게 연결된다. 특히 제한된 자원 안에서 집단적 영향을 극대화하고 효율적인 목표달성을 위해서는 전체론적 접근 방식이 필요하다. SDG 17과 그 세부목표는 포용과 협치, 파트너십이라는 지속가능발전목표의 중요한 이념을 가장 잘 드러내 보여준다.

특히 목표들의 실질적 이행을 위해 그 수단이 되는 재원의 조달, 과세, 부채, 무역시스템, 글로벌 거버넌스 및 정책 등을 강조하는 측면에서 SDGs의 실용주의적인 면과 함께 17개 목표를 달성가능하게 하는 수단 또는 틀(framework)로서의 17번 목표의 기능을 확인할 수 있다. SDG 17이야말로 전지구적 발전 의제로서 SDGs를 더욱 공고히 하며, 지속가능 발전 달성을 위한 가장 필수적인 목표라고 할 수 있을 것이다.

2. 지속가능발전을 위한 2030 의제 속 SDG 17

17개의 지속가능발전목표와 169개의 세부목표는 통합적이고, 불가분하며, 경제·사회·환경의 균형을 추구한다. SDGs의 상호 연계적이고 통합적인 특성은 목표 달성을 위해 매우 중요한 부분이기에 범분야적 요인의 고려와 함께 이해관계자들의 참여, 국제연대의 정신에 기반한 글로벌 파트너십의 활성화가 중요하다. 또한 목표의 달성을 위해 모든 가용한 자원을 동원하여 세계사회가 결집하고 함께 대응해 나갈 필요가 있다. 이런 맥락에서 SDG 17과 그 세부목표들은 2030 의제 달성을 위한 재원의 확보와 이행수단의 강화의 구체적인 과제들을 제시하고 있다.

목표 17은 17.1부터 17.19까지 19개의 세부목표로 이루어져 있다. 이들은 경제적 요소는 물론이고 과학·기술·지식, 체제와 정책부터 협력, 진행경과를 측정하기 위한 통계역량 강화에 이르기까지 그야말로 2030 의 제 달성을 위한 모든 것을 아울러 제시한다.

목표의 달성에는 비용의 발생이 따른다. 17.1~17.5는 목표의 달성을 위한 자금의 확보에 대한 내용을 주로 다룬다. 17.1은 각국의 국내 재원 동원 능력 강화를, 17.2는 공적개발원조(ODA, Official Development Assistance)의 이행과 그 목표를 제시한다.

기후위기·분쟁 등 위기에 처한 국가나 빈곤국, 개발도상국 등이 자력으로 위기상황을 극복하고 2030년까지 지속가능발전의제를 달성하는 것은 거의 불가능에 가깝다. 그렇기에 이들의 경제 발전과 복지를 촉진하고 SDGs를 달성하기 위해서는 개발 원조 자금의 주요 원천인 ODA가 필수적이다.

ODA 이외의 추가적 재원의 동원은 17.3에서 제시하고 있다. 17.4는 개발도상국과 빈곤국의 채무경감을, 17.5는 최빈국을 위한 투자의 증진을 과제로 두었다.

17의 목표들은 특히 개발도상국 및 최빈 개발도상국(Least Developed Countries, LDC)의 역량 강화를 여러 번 강조한다. 선진국의 지원만으로 그들이 당면한 과제들을 해결하고 진정한 지속가능발전을 달성하는 데에는 무리가 있기 때문이다. 그래서 17.6~17.8에서는 협력에 기반한 과학, 기술 및 혁신에 대한 지식 공유 및 접근성 확보, 개발도상국을 위한 정보통신역량강화를 제시한다. 17.9에서는 개발도상국의 역량함양을 위한 국제적 지원을 다룬다. 17.10~17.12는 교역에 관련한 세부목표들로 17.10~17.11까지는 다자무역체제와 개발도상국의 수출 지원을 목표로 한다. 17.12에서는 최빈국의 시장접근성 강화를 위한 목표를 제시하고 있다.

17.13~17.15는 시스템, 체제와 정책에 관련된 내용을 다루고 있으며, 17.16~17.17은 다중이해관계자 간의 파트너십을 통한 이행 요소들의 강화로 글로벌 파트너십을 보완하고 증진하는 것을 목표로 한다.

SDGs의 효율적 달성을 위해서는 신뢰할 수 있는 양질의 세분화된 데이터 측정과 그 분석이 필수적이다. 글로벌 및 국가수준에서 SDGs 이행상황을 정확히 분석하여 그에 따른 시의적절하고 혁신적인 대응이 필요하다. 이를 위해서 17.18~19에서는 SDGs 달성을 위한 데이터의 가용성 향상 및 통계역량 강화를 제시한다.

3. 데이터로 읽는 SDG 17

전 세계를 강타한 코로나-19 팬데믹, 우크라이나 전쟁, 식품 및 에너지 가격의 급격한 상승, 갈수록 심각해지는 기후위기 문제, 급속한 경제적 여건의 악화는 기아와 빈곤을 증가시켰고 SDGs의 진전을 역전시키기까지 했다. 최빈 개발도상국(LDC)에 대한 개발 지원 부문의 지표는 경제협력개발기구 개발원조위원회(OECD DAC: Organization for Economic Cooperation and Development, Development Assistance Committee, 이하 OECD DAC)의 국민총소득(Gross National Income, 이하 GNI)에 대한 순ODA 비율로 측정된다. 이는 모든 국가에 대한 순ODA와 최빈개도국(LDC)에 특별히 할당된 ODA로 나타난다.

〈그림 1〉 2015-2021 순ODA 흐름의 구성 요소 (2020년 고정 달러)

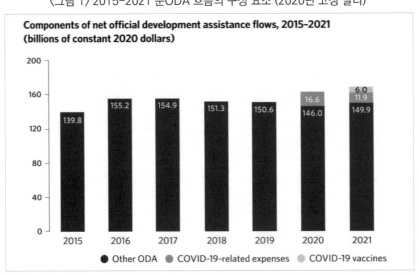

출처: UN지속가능발전보고서 2022

UN 지속가능발전 보고서(2022)에 의하면, 2021년 OECD DAC 회원국의 순 ODA는 2020년보다 3.3% 증가한 1,776억 달러에 달했다. 이는 공여국의 국민총소득(GNI)의 0.33%에 해당하는 수치이며 과거에 비해 많이 증가한 편이다. 이러한 증가는 대부분 OECD DAC가 코로나-19 관련 활동(예방, 치료 및 관리 포함)을 지원했기 때문으로 나타났다. 우크라이나 전쟁으로 인한 난민에 대한 지출 증가 또한 2022년 ODA에 직접적인 영향을 미쳤다. 비록 순 ODA가 지속적으로 증가 추세에 있고 0.33%라는 수치가 과거보다 높은 금액임에도 불구하고 SDGs 세부목표 17.2에 명시된 목표치인 0.7%에는 여전히 미치지 못하는 결과라는 점이 주목할 만하다. 위 수치는 SDGs 달성을 위한 자금 수요는 계속 증가하고 있지만, 이에 따른 자금의 조달은 늘 그에 미치지 못하는 실정임을 단적으로 보여준다.

개발도상국은 인플레이션, 금리 상승, 부채의 증가와도 싸워야 한다. 특히 전염병이 초래한 부채에 대한 부담은 저소득 및 중간소득 국가까지도 가중되고 있다. 이들 대부분의 대외 부채 축적 속도가 수출 소득 증가를 앞지르면서 대외 부채 비율은 더욱 악화되었다. UN에 의하면, 저소득 국가의 경우 수출 대비 총 공공 및 공공 보장 부채 비율이 2011년 평균 3.1%에서 2020년 8.8%로 증가했으며, 사하라 이남 아프리카 국가들은 부채 지표에서 가장 심각한 악화를 보였다. GNI 대비 부채 비율은 2011년 평균 23.4%에서 2020년 43.7%로 증가했다. 이들의 채무 부담은 몇몇의 선진국의 원조로 해결될 문제가 아니며, 정책 조정과 국제적 협력에 기반한 복합적인 대응이 시급한 상황이다.

국가별 효과적인 SDGs 달성 역량 구현을 위해 국제적 지원과 협력의 강화가 필수적이며, 해외로부터의 직접 투자 또한 중요한 재원이 된다. 투자가 필요한 국가의 기업과 경제적으로 지속적 관계를 수립할 목적으로 외국인이 직접 투자하는 것을 의미하는 FDI(Foreign Direct Investment, 이하 FDI)는 자기자본, 이익재투자, 기타자본의 합으로 나타낸다.

2021년 외국인직접투자(FDI)의 흐름은 2020년에 비해 64% 증가한 1조 5,800억 달러에 이르며 강하게 반등했으나 그에 따른 결과는 국가별로 편차가 있었다. 선진국의 2021년 FDI는 2020년의 2배 이상인 약 7,460억 달러로 가장 큰 증가세를 보였다. 개발도상국 또한 30% 증가한 8,370억 달러를 기록했으나 최빈국의 FDI는 13%에 그쳤다.

개발도상국의 SDGs 관련 부문에 대한 국제 투자는 2021년에 70% 증가했고, 대부분이 재생에너지 및 에너지 효율 프로젝트에서 나왔다. 그러나 개발도상국에 대한 총 SDGs 투자 중 최빈개발도상국에 투자된 비율은 2020년 19%에서 2021년 15%로 오히려 감소했다. 경쟁 우선순위와 제한된 재원으로 가장 많이 도움이 필요한 나라들이 아직도 충분히 지원받지 못하고 있으며 SDG 17의 세부목표들이 지속적으로 개발도상국과 최빈국의 지원을 강조하는 이유가 여기에 있다.

17번 목표는 자금 조달뿐만 아니라 개발도상국과 최빈국의 과학, 기술 및 혁신 역량을 구축하고 특히 정보통신기술(ICT) 사용을 강화하도록 했다.

인터넷은 SDGs의 중요한 실행수단이자 포괄적인 글로벌 사회를 위한 중요한 요소이다. 특히 2019년 코로나-19의 출현 이후 인터넷은 각종 업

〈그림 2〉 팬데믹 기간 가속화된 인터넷 보급

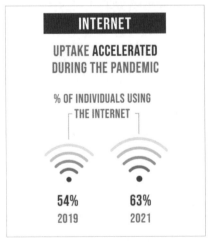

출처: UN지속가능발전보고서 2022

무와 학습, 기본적인 생활서비스, 통신에 필수적 요소가 되었고 그 사용 또한 급격하게 증가했다.

UN에 따르면 2019년에는 전 세계 인구의 54%만이 인터넷을 사용하고 있었으나, 팬데믹 첫 해인 2020년 인터넷 사용자 수는 10.2% 급증했다. 이후 2021년에는 전 세계 인구의 63%인 49억명이 인터넷을 사용하게 되었다. 고정 광대역 가입 또한 꾸준히 증가하여 2021년에는 인구 100명당 전 세계 평균 17건에 도달할 정도가 되었다. 그러나 최빈국에서 고정 광대역 가입은 인구 100명당 고작 1.4건으로 나타나 인터넷의 사용 또한 가난한 지역에서 많이 뒤쳐지고 있음을 알 수 있다.

UN 통계국에 의하면 SDGs 모니터링을 위해 글로벌 SDGs 데이터베이스에 포함된 지표의 수는 2016년 115개에서 2022년 217개로 증가했다. 그러나 지리적 범위, 적시성 측면에서 여전히 상당한 데이터 격차가 존재하는 것 또한 확인할 수 있었다. 팬데믹을 겪으며 강력한 통계 기반의 필요성은 더욱 증대되었다. 2020년 5월 국가봉쇄조치로 인해 96%의 국가가 대면 데이터 수집을 완전히 또는 부분적으로 중단했고, 1년 후인 2021년 5월에도 57%의 국가에서 여전히 대면 데이터 수집이 중단되었다. 특히 취약한 인구집단 및 국가에 대한 데이터를 수집하는 것은 그들이 직면한 문제를 식별하고 누가 뒤쳐지고 있는지 이해하고 그들을 지원하는데 중요한 역할을 하므로 데이터 모니터링 및 통계역량의 강화는 꼭 필요하다.

4. 지속가능발전을 위한 과제

2019년 코로나-19 발생 이후 3년, 세계는 사회·보건·환경·평화·경제·안보 전반에 걸쳐 지속가능성을 위협하는 다양한 위기에서 벗어나기 위해 고군분투하고 있다. 현재와 같은 위기 상황에는 재정, 자원, 지식 및 전문성을 바탕으로 유연하게 협력하는 다양하고 통합적이며 혁신적인 방식이 필요하다. 17개 목표 간의 상호연계를 활용하여 그 효과와 영향력을 높이고 목표 달성을 촉진하려면 다자주의적 관점에서 이해관계자 간의 파트너십이 중요하다.

17번 목표가 지향하는 '지속가능발전을 위한 파트너십'은 정부, 정부 간 조직, 주요 그룹 및 기타 이해관계자가 자발적으로 수행해야하는 다중이해관계자 이니셔티브라고 할 수 있다. 다중이해관계자 파트너십(Multi-Stakeholder Partnership, MSP)은 몇 개의 조직간 일수도 있지만, 수백·수천의 조직으로 구성된 네트워크일 수도 있다. 이들은 다양한 규모와 지리적 수준, 형식 등에서 작동하는 무수한 형태의 파트너십을 포함한다. UN(2020)은 SDGs를 위한 다중이해관계자 파트너십(MSP)에 대해 다음과 같이 정의한다.

> "서로 다른 이해관계자 유형의 조직들이 공통 비전을 바탕으로 이해관계를 조정하고 상호보완적인 자원과 역량을 결합하여 위험(Risk)을 공유함으로써 지속가능발전목표를 향한 가치창출을 극대화하고 각 파트너에게 이익을 제공한다."

과거부터 인간사회는 경쟁과 이익추구를 반복하며 지구환경의 자원을 이용했다. 자신과 자신이 속한 집단을 위해 가능한 많은 이익을 얻으려 노력하고, 그 과정에서 손실이 생긴다면 그것을 실패라 말해왔다. 자원의 고갈과 환경의 문제에 대해 이야기할 때 빠지지 않고 등장하는 '공유지의 비극(Tragedy of the Commons)'이나, 두 명의 범죄자가 각자의 이득(감형)을 위해 자백을 하여 결국 상황 전체를 최악(두 사람 모두 형벌)으로 만드는 '죄수의 딜레마(Prisoner's Dilemma)'의 이야기와 현 인류가 처한 위기 상황은 너무도 닮아 있다. 지구라는 '공유지' 안에서 끊임없이 자원을 탐하고 자신의 이득만을 추구하면 모두가 큰 손해를 보는 '비극'으로 치닫게 된다.

〈그림 3〉 SDG 파트너십 가이드북

출처: UN 2020

이 '비극'을 끝내기 위해서는 과거와는 다른, 시급하고 담대하며 혁신적인 '전환'이 필요하며 목표 17번이 그 중추적인 역할을 할 것이다. 어떤 나라도 혼자서는 이 위기를 극복할 수 없다. (한 국가가) 해결하기 어려운 문제는 빈곤과 불평등을 심화시킬 뿐 아니라 갈등과 분쟁을 불러일으키고, 그 영향은 타국에까지 전이된다. 재난이나 내전으로 인한 난민의 문제, 취약계층의 전염병 문제, 전쟁으로 인한 무역상황의 악화 등 글로벌 거버넌스(Global Governance)적 차원에서의 대응이 필요하다. 정부만이 아니라 개인 및 지역사회, 민간 및 학계 등 다양한 이해관계자들이 공동의 책무성과 세계시민성을 바탕으로 함께 나아가야 한다. 모두를 위한 것이 결국은 나를 위한 것임을 알아야 할 때이다.

UN의 지속가능발전을 위한 자금조달 보고서(2023)에 따르면, 2020년과 2021년 선진국에서 팬데믹 이후 이를 회복하기 위한 지출은 국민 1인당 12,200달러였다. 이는 개발도상국 410달러보다 30배, 최빈국 20달러보다 610배 높은 수치이다. 기후변화나 천재지변, 팬데믹 등의 악조건 속에 대부분의 취약국가들은 적절한 대응 및 복구 조치에 사용할 국내 자원과 재정 여력이 없다. 개발협력 및 SDGs 투자 확대와 국제금융구조 강화가 중요한 이유이다.

또한 보고서는 산업화가 역사적으로 경제성장, 일자리 창출, 기술 발전 및 빈곤 감소로 이어졌다고 지적하며, 투자의 확대 및 차세대 지속가능산업정책의 필요성을 강조한다. 농산업, 교육에서부터 에너지, 산업 및 디지털 분야에 이르기까지 지식의 공유를 포함하여 변화와 혁신 또한 중요하다.

과학, 기술 및 혁신, 공학적 발전은 SDGs가 가진 많은 과제를 해결할 수 있으나 기존의 불평등을 고착하거나 새로운 문제를 야기할 수 있다는 단점도 함께 가진다. 그래서 집단 간의 과학적 역량이나 기술, 지식에 대한 불균형 측면에서의 고려가 수반된 발전이 필수적이다. UN 지속가능발전 보고서 The Future is Now(2019)에 의하면 전체 과학문헌의 60% 이상과 대부분의 연구개발이 고소득 국가에서 수행되고 있을 정도로 선진국과 개발도상국 간의 격차 또한 상당하다. 남북·남남간의 다자간 협력을 통해 지식과 기술을 공유하고 접근성을 높이는 것도 반드시 고려해야 할 사항이다.

2015년 7월 SDGs 이행을 위한 '아디스아바바 행동의제(AAAA. Addis Ababa Action Agenda)'를 결의한 지 8년의 시간이 흘렀다. UN(2023)의 보고에 따르면 전쟁, 질병, 재난, 경기불황 등으로 SDGs를 위한 자금의 수요는 계속 증가하고 있지만 여전히 재원의 조달은 수요를 따라가지 못하고 있다. 지속가능발전을 위한 '담대한 전환'의 일환으로 선진국은 모두를 위한 투자인 공적개발원조(ODA) 및 추가적 재원 동원에 앞장서야 한다. 그것이 과거 타국의 희생 위에 발전을 이룬 오늘날 선진국의 책무이자 더 큰 발전(SDG)을 위한 진전이 될 것이다.

SDGs를 위한 '담대한 전환'에 개발도상국도 예외일 수는 없다. 주로 북반구에 위치한 공여국이 남반구에 위치한 개도국에 일방적 원조를 제공하던 데서 비롯하여 '남북협력'이라 불리는 수직적이고 일방적인 원조만으로 진정한 SDGs의 달성은 보장할 수 없다. '남남협력(South-South cooperation)'은 개발도상국 사회, 경제 자립과 발전을 목적으로 경제적·기술적·인적 자원 등을 공유하는 협력방식을 의미한다. 이는 비교적 낮은 투입 비용, 높은 신속성·효율성과 함께 개도국의 지속적인 역량 강화 및 파트너십을 강화한다. 또한 남남·남북협력에서 더 나아가 삼각협력과 같은 다각적이고 복합적이며 유연한 글로벌 협력이 더욱 활성화되어야 한다.

SDGs의 진행 경과를 측정하고 분야별 데이터를 정확하게 파악해야 이에 대한 즉각적이고 효율적인 대응 또한 가능하다. 이번 코로나-19 팬데믹으로 국제사회는 정보통신기술(ICT) 인프라 및 데이터 운용과 수집, 통계에도 많은 격차가 있다는 것을 확인하는 계기가 되었다. 재원이나 시스템뿐만 아니라 취약계층이나 국가에 대한 정보통신기술과 통계역량 강화 지원은 고품질의 시기적절하고 포괄적인 데이터 수집과 발전에 기여하게 될 것이다. 정확한 통계와 과학적 평가를 통해 기존의 지식들을 종합하고 핵심 통찰력에 대한 합의를 구축하여 정책결정을 위한 중요한 조언을 제공할 것이며, 결과적으로 지속가능발전목표 달성에 큰 역할을 할 것이다.

혁신적이고 강력한 파트너십은 기존 이해관계자들뿐만 아니라 신흥 주체들과의 유기적 연계와 협력관계에서 비롯될 수 있다. 다양한 이해관계자들이 공동의 책무성과 연대감, 세계시민성을 바탕으로 진정한 협력을 이루어야 하며, 글로벌 거버넌스적 차원에서의 대응과 국경, 부문, 산업 및 사회를 초월하는 파트어십의 재활성화가 필요하다.

요약

SDGs는 지속가능성이라는 하나의 목표를 지향하면서 사회·경제·환경 분야를 크게 아울러 다양한 영역에 긴밀하게 연결되어 있어 개인이나 단체, 특정 국가의 노력만으로는 달성하기 어렵다. 지속가능발전을 위한 2030 의제는 보편적이며 누구도 소외되지 않도록 선진국과 개발도상국을 막론하고 모든 국가의 행동을 촉구한다. 17번 목표는 지속가능한 미래를 위해 특정한 과제를 제시하는 것이 아니라, 앞선 16개의 목표를 달성하기 위한 자금의 조달, 과세 등 재원의 확보와 실시 수단의 강화 및 글로벌 파트너십의 활성화를 강조한다.

목표 17은 17.1부터 17.19까지 19개의 세부목표로 이루어져 있다. 이들은 SDG 달성을 위한 자금의 확보(17.1~17.5), 과학, 기술 혁신의 이전과 접근성, 정보통신 역량의 강화(17.6~17.8) 개발도상국의 역량 함양을 위한 국제적 지원(17.9)을 다룬다. 또 17.10~17.11까지는 다자무역체제와 개발도상국의 수출 지원, 17.12에서는 최빈국의 시장접근성 강화, 17.13~17.15는 시스템, 체제와 정책에 관련된 내용을 다루고 있다. 17.16~17.17은 다중이해관계자 간의 파트너십, 17.18~19에서는 SDGs 달성을 위한 데이터의 가용성 향상 및 통계역량 강화를 제시한다.

17번 목표가 지향하는 지속가능발전을 위한 파트너십은 정부, 정부 간 조직, 주요 그룹 및 기타 이해관계자가 자발적으로 수행해야하는 다중이해관계자 이니셔티브라고 할 수 있으며 글로벌 파트너십과 협력에 대한 강한 의지를 통해서만 실현될 수 있다. 다양한 이해관계자들이 공동의 책무성과 연대감, 세계시민성을 바탕으로 함께 나아가야 하며, 글로벌 거버넌스적 차원에서의 대응과 국경, 부문, 산업 및 사회를 초월하는 파트너십이 재활성화 되어야 한다.

〈생각 나누기〉

1. 지속가능발전의 관점에서 남남협력과 삼각협력의 이점에 대해 생각해보자.
2. 지속가능발전을 위한 글로벌 파트너십으로 죄수의 딜레마를 해결할 수 있는 방법에 대해 생각해보고 사례를 찾아보자.

참고 문헌

수산 외(2020). 「우리 세계의 전환 : 2030 지속가능발전의제」. 수원지속가능발
　　전협의회.
유네스코(2019). 「지속가능발전목표달성을 위한 교육-학습목표」. 유네스코한
　　국위원회.
이창언(2022). 「SDGs 교과서」. 도서출판 선인.
통계개발원(2020). 「SDGs 지표 톺아보기」. 대전: 통계청 통계개발원.
환경부 외(2022). 「2022 국가지속가능성 보고서」.
UN(2019). 「Global Sustainable Development Report 2019」.
UN(2015). 「The Millennium Development Goals Report 2015」.
UN(2020). 「THE SDG partnership guidebook」.
UN(2022). 「The Sustainable Development Goals Report 2022」.
UN(2023). 「Financing for Sustainable Development Report 2023」.

참고 사이트

OECD https://www.oecd.org/
SDG트래커 https://sdg-tracker.org/
UN https://www.un.org/
UN IATF https://developmentfinance.un.org/
UN통계국 https://unstats.un.org/
대한무역투자진흥공사 http://www.kotra.or.kr/
대한민국ODA통합누리집 https://www.odakorea.go.kr/main
외교안보연구소 https://www.ifans.go.kr/

SDGs의 주류화·현지화를 위한 과제

: 지구적으로 사고하고 지역에서 실천하기

이 창 언

1. SDGs의 주류화·현지화를 위한 유엔, 정부의 역할

〈2030 지속가능발전의제 Transforming our world: the 2030 Agenda for Sustainable Development〉에 서술된 이 문장은 SDGs 이행과 실천의 과정에서 정부의 주도적이고 책임 있는 역할 즉, 'SDGs 주류화(mainstreaming)'와 'SDGs 현지화(localization)'의 중요성을 강조한다(이창언, 2020e: 247). SDGs 주류화는 SDGs를 국가와 지방의 전략·계획·예산에 포함하는 것이다. 가속화는 주류화, 현지화된 SDGs 활동 분야 가운데 우선순위가 높은 것에 자원이나 예산을 집중시켜 그 진척을 가속화하는 것이다. 가속화를 위해서는 진척을 방해하고 있는 문제가 무엇인지, 어떻게 하면 시너지효과가 높아지는지, 필요한 자금을 어떻게 조달할 것인지, 어떠한 파트너와의 제휴가 효과적인지 등을 분명히 해야 한다. 이러한 분석을 바탕으로 SDGs를 효과적으로 실시하는 것이 중요하다.

유엔의 지원은 각국의 요구, 우선 과제, 능력 등을 바탕으로 제공된다. 많은 개발도상국은 SDGs 실시에서의 유엔의 지원을 벌써 요청하고 있다. 일례로 30개 이상의 개발 분야에 유엔 기구로 구성된 유엔개발그룹(United Nations Development Group)은 유엔 회원국의 요청에 따라 'MAPS approach'를 제공했다. MAPS는 주류화(Mainstreaming), 가속화(Acceleration), 그리고 정책지원(Policy Support)을 의미한다(이창언, 2022).

유엔의 여러 기관은 회원국과 다양한 기관의 요구에 따라 주류화와 가속화를 위한 지원을 수행한다. 정책지원(Policy Support)은 유엔 기구의 전문성과 오랜 경험 및 지식을 바탕으로 제공된다. SDGs 주류화와 현지화를 위한 정부와 이해관계자의 역할은 후원자(supporter), 기획자(faccilitator), 주창자(promoter), 그리고 자문가이자 실질적 지원자(accelerator)이다. 주류화·현지화를 위해서는 이해관계자 모두 아이디어의 발기인(initiator), 새로운 아이디어와 접근법의 창작자(creator), 주의

호소인(attention-caller), 그리고 주창자(advocator)가 되어야 한다.

SDGs 주류화, 현지화를 위해서는 국가와 지자체 수준에서의 오너십, 주체성이 중요하다. SDGs의 주류화 및 현지화 추진의 사령탑 역할을 하는 정부, 지자체의 역할은 SDGs 추진체계를 설립하고, 추진 기구의 기능을 강화하며, 정부 부처를 포함한 다양한 이해당사자들의 협력을 끌어내는 것이다. 정부는 SDGs의 지향과 목표를 통합적으로 실행할 국가 발전전략과 정책을 정부 부처의 수직적 틀에서 입안하고 실행해야 한다. SDGs의 실행을 위해서는 정부가 장기 비전과 로드맵을 제시하고, 필요하다면 시장의 법칙을 조정하는 노력을 전개해야 한다. 정부는 규칙 메이커(Rule Maker)로서 필요에 따라 SDGs와 관련된 제도 개혁, 재원 확보, 교육·홍보·계발 활동에 힘써야 한다(SDGs 実施指針改定版, 2019; 이창언, 2020e: 247; 이창언 2022).

정부는 국내의 SDGs 실시지침과 국내외 SDGs 이행·실천 상황을 확인(모니터링)·재검토(중장기적인 관점에서의 후속 조치와 리뷰)하고, 유엔을 비롯한 여러 국제회의에서의 국내 실천 상황 소개와 자국의 입장을 반영하는 등 리더십을 발휘해야 한다. 또한 민간과 연계하여 SDGs에 관한 국제적인 이니셔티브나 국제기준 등의 규칙 메이킹에 대해 전략적으로 대응해 나가야 한다. SDGs 추진을 위한 기획, 평가, 후속 검토라는 SDGs 프로세스는 정부 부처 간, 국가와 지방자치단체 간, 공공섹터와 민간섹터 간 장벽을 허물고 협력을 이루어야 그 추진력과 효과가 극대화될 수 있다(이창언, 2020e: 247).

2. 지속가능발전기본법 재 제정과 SDGs의 주류화·현지화

지속가능발전기본법 재 제정 이전 한국의 지속가능발전에 관한 정부 차원에서의 대응이 만족스럽지 못한 것이 사실이었다. "한국의 지속가능발전은 1990년대 후반 지방의제 21 추진기구의 출범 이래 지금도 제도적인 차원에서 여러 한계가 존재한다. 우리나라에서도 지속가능발전기본법, 범부처적인 지속가능발전위원회로의 회복은 현 정부의 국정과제로 추진되었으나 여전히 회복되지 못하고 있다(이창언 2020d: 2903-2904). 그린뉴딜을 추진하면서, 지속가능발전을 위한 비전, 이행전략, 이행체제의 바탕이 될 법제와 조직, 거버넌스 시스템을 정비하고 있지 못하다(한국지속가능발전학회, 2020: 18; 이창언 2020d: 2904 재인용). 지금 범정부적 차원에서 K-SDGs의 이행을 지휘하고, 부처 간 정책조정을 하는 기구가 법적으로 존재하지 않는 것이 현실이다(한국지속가능발전학회, 2020, 29; 이창언 2020d: 2904 재인용)."

지속가능발전기본법 재 제정 이전 지속가능발전을 둘러싼 이해관계자들의 상황은 기회와 위기를 모두 포함한다. 정치권은 지속가능발전의 가치를 좌우의 잣대로 해석하던 경향에서 인류공영의 발전전략으로 해석을 확대하고 있다. 이에 반해 중앙정부 국정의 지속가능발전 가치 반영과 확대는 긍정적으로 평가되나 핵심적 전략 부재로 정책의 일관성, 추진체계, 현지화는 답보 상태였다. 이에 반해 2015년 이후 여러 지방정부의 독자적 활동과 성과는 주목할 만하다. 하지만 국가전략 부재, 행·재정적 권한 제한으로 지방정부의 한계 또한 명확하다. 기업은 전 세계적인 ESG 경영의 붐에 부응해서 새로운 지속가능경영에 대한 인식이 확산하고 있다. 하지만 대기업별 홍보 중심 활동으로 경영 철학 도입은 소극적이고 ESG 경영과 SDGs의 연계도 아직은 미미한 수준이다. 학계와 전문가들은 어려운 연구 환경 속에서도 SD(Sustainable Development), SDGs에 대한 총론적이고 포괄적인 연구 활동을 전개해 오면서 SDGs 확산의 정당성 확보에 기여했지만 세부 분야의 전문적 연구는 부족한 것이 사실이다. 이는 연구자 개인의 문제라기보다는 정책과 예산 지원의 부재에 기인한다. 한편, 지난 20여 년 넘게 SD(Sustainable Development, 지속가능발전), SDGs의 현지화 운동을 전개해 온 전국지속협의 활동으로 인해 지역 거버넌스

성과를 축적하고 있다. 하지만 탄소중립 시대에 맞는 새로운 활동 전략도 요구된다(양수길, 2020; 이창언, 2022: 429 재인용).

그동안 많은 전문가가 SDGs 국내 이행을 위해서는 "지속가능발전 국내의 다양한 정책프레임워크 간(지속가능발전, 녹색성장, 창조경제, 사회적경제, 그린뉴딜 등)의 조화와 정책 일관성 강화, 지속가능발전 관련 법(지속가능발전법, 저탄소녹색성장기본법, 국제개발협력기본법 등)과 제도 및 정책 개혁, SDGs 국내 이행 거버넌스 구축, SDGs 지역 차원에서의 교육이 강화되어야 한다(이성훈, 2015; 이창언·오유석, 2017: 178 재인용)"라고 주장해 왔다. "지속가능발전과 녹색성장 관련 제도가 이원화되고 역할 구분도 모호하게 되어 있어 어느 제도도 실질적인 역할을 제대로 하지 못하고 형식화되어 있다"라고 평가했던 것이다. 따라서 "상위 개념으로서의 지속가능발전과 하위개념으로서의 녹색성장의 관계를 정상적으로 설정하는 방향으로 지속가능발전 계획과 위원회의 위상을 복원하여 더욱 강력하고 실질적인 기능을 수행할 수 있도록 관련법 개정과 제도의 강화(김병완, 2017)"를 요구했다.

국내 지속가능발전 관련 주체들의 SDGs 제도화를 위한 노력은 마침내 지속가능발전기본법 제정으로 새로운 국면을 열었다 "지속가능발전기본법 제정은 한국사회 SD(지속가능발전) 실천 주체 간 공동 대응과 정부 의지, 여야 합의로 이룬 성과이다. 지속가능발전법은 일반법으로 격하된 후 세 차례 정권을 거쳐서 비로소 기본법 지위를 회복하고, 과거보다 강화된 내용을 포함하게 되었다. 따라서 정부 정책, 시민 운동, 기업 경영, 청년 시대정신에 이르기까지 국가지속가능발전 실행력을 높이고 국제사회의 신뢰도를 높이는 계기가 될 것으로 기대된다. SDGs는 전국지속가능발전협의회와 지방자치단체의 활동을 통해 상당 부분 진척이 되고 있다. 대한민국 SD(지속가능발전) 주체들은 국회, 지자체, 의회와 연대하여 SDGs 관련 제도의 한계를 혁신하기 위해 다차원적인 교섭을 시도하고 논의 테이블을 만들었다. 2021년 12월 9일 국회는 지속가능발전 기본법 의결(찬

성 190, 반대1, 기권 10)하였다. 이는 기후위기로 촉발된 경제, 환경, 사회의 지속 불가능성을 극복해야 한다는 국민적 염원을 정치권과 정부가 수용하고 합의하여 결실을 맺은 것이다. 제391회 국회(정기회) 제8차 정무위원회(2021. 11. 29.)가 국회법 제51조에 따라 위원회 대안으로 지속가능발전 기본법안(대안)을 제안하였다. 정무위원회는 "경제·사회·환경을 포괄하는 "지속가능발전"이 경제 환경만을 포함하는 "녹색성장"에 비해 포괄적인 상위 개념인 바, 지속가능발전에 관한 기본법을 제정하여 관련 정부 정책을 체계적으로 추진할 수 있는 기틀을 마련하려는 것"이라고 제안 이유를 밝혔다. 이어 2023년 7월 지속가능발전 기본법 시행령이 공포되었다.

지속가능발전 기본법은 국정의 비전과 철학으로 지속가능발전을 규정하고 있다. 그리고 환경부 산하에 있었던 지속가능발전위원회를 대통령 직속으로 상향 조정하고 지방 지속가능발전위원회의 설치와 활동을 구체적으로 명시하고 있다. 중앙정부(국무조정실)에 추진단의 구성과 지속가능성 평가 보고서 발간(국가, 지방정부), 국가와 지방의 SDGs의 설정과 피드백 체계를 설정하여 정부의 역할과 지방정부 지원 근거를 정리하고 있다.

지속가능발전 기본법 제정의 의미를 요약하면 첫째, 대한민국 정부의 철학과 지향점을 기본법으로 규정했다는 점. 둘째, 지속가능발전의 주류화와 현지화의 계기와 기회를 마련했다는 점. 셋째, 지속가능발전을 위해 노력해 온 선도 도시들의 시정철학의 우수성이 입증되었다는 점 등을 들 수 있다(양준화·지속가능발전 기본법 후속대응연구팀, 2021). 하지만 법 제정 이후 형식적 정책화, SDGs 워싱 등의 우려도 있다. 따라서 정부 이행력 강화, 실질적 거버넌스 구축, 대국민 교육 홍보 등을 통해 지속가능발전의 확산을 모색해야 한다(이창언, 2022: 432). 지속가능발전 기본법의 제정은 한국 SDGs 활성화에 전환점이 될 수 있다. 지방 차원에서 지속가능발전의 이행 실천은 기본법 제5장 '지속가능발전 시책'에 반영되어 있다. 시책의 구현을 위해서는 지속가능발전 관련 제 단체들의 SDGs 주류화, 현지화를 위한 전략적인 활동이 전제되어야 한다.

3. 지방 차원에서 SDGs 이행실천

SDGs의 주류화, 현지화를 위한 전략의 실행은 민간영역의 유기적인 협력체계를 구축하고 중앙-지방정부와의 일상적 협력 창구를 구축할 때 성과를 낼 수 있을 것이다. 한편 지속가능발전 기본법 제정 이후 SDGs 이행과 실천을 한 단계 도약하기 위해서는 대한민국 정치일정, 국회 일정과 역할을 잘 활용하는 것 외에 '지역운동의 고도화'가 중요하다. 지역운동의 고도화를 위해서는 지속가능발전협의회(이하 지속협)에 대한 지방정부 차원의 SDGs 추진체계 구축과 지자체의 SDGs 지원, 지속협과 지속위원회의 운영 혁신과 협동력 제고, 지역 차원의 숙의 공론제도 정착과 활성화, 광역과 기초 지자체 SDGs 추진체계 구축과 VLR(Voluntary Local Review, 자발적 지역보고)의 정착, SDGs 도시 국제 교류가 활성화되어야 한다. 덧붙여 지역차원에서 노동조합, 농민, 도시빈민, 청년과 여성의 SDGs 이행·실천 과정 참여 확대를 지원해야 한다(이창언 2022: 438).

(1) 도시 SDGs의 현지화를 위한 지자체 추진모델 구축

SDGs는 다 부문적 접근법과 다 부문적 협력이 핵심 요소로서 글로벌, 국가, 도시 수준에서 동일한 역학관계가 작용한다. 하지만 17개 목표에 대한 보편적 정의를 가진 SDGs의 틀은 구체적인 상황과 요구에 부합하게 조정되어 시민 삶의 변화와 함께 실질적인 지역사회의 이익을 창출한다(이창언 2020c: 1733). 지속가능발전을 위한 도구(tool)는 정치, 제도, 경제, 문화 등 한 사회의 특성이 국가 간, 국가 내 지방자치단체 간, 지방자치단체 내부의 이질적이고 복잡한 환경을 고려하여 적용되고 활용될 때 의미를 가진다. SDGs를 지역에 적용하기 위한 가장 적절한 도구와 전략은 '2030 의제'의 설계, 실행, 피드백·평가 및 성공 스토리(story) 구성과 밀접한 관계가 있다(이창언, 2020c: 1733, 이창언, 2022: 439 재인용).

'SDGs 이행·실천'은 'SDGs 달성을 위한 2030 의제의 이행과 실천'으로 해석되고 사용된다. 'SDGs 이행 전략'은 지속가능성을 진척하는 혁신적인 활동을 집합적으로 개발하고 이행하는 방책으로 정의된다. 우리 삶과 분리되지 않는 도시 SDGs의 실천, 그리고 긍정적 결과를 살펴보는 것은 총체적 도시전략의 특징과 가능성을 검토하는 작업이다(이창언, 2020c: 1734).

지자체 SDGs를 실현하기 위해서는 공무원과 지역사회 구성원들이 SDGs에 대한 인식 수준을 높이고 단계별 과제를 잘 이해할 때 그 효과는 배가될 수 있다. 〈표 1〉은 지자체 SDGs 실행을 위한 5개 주요 단계와 핵심적 대응 내용을 설정하고 각 단계별 대응 과제가 제시되어 있다. 지자체 SDGs 추진모델은 단계별 과제 달성 여부를 판단하고, 대응 분야별 달성도를 점수화할 수 있는 평가기준표(rubric)로도 활용할 수 있다.

지자체 SDGs는 대체로 두 가지 차원에서 이루어진다. 첫째, 의무적·포괄적 도입이다. 이는 국가의 방침에 따라 지자체 행정의 임무로서 추진하는 SDGs를 의미한다. 둘째, 자주적·선택적 도입이다. 지자체의 자주적인 요구와 도시전략으로 추진하는 SDGs로서 성공 확률이 높다. 지자체 SDGs 추진과정에서 지자체가 가장 역점에 두어야 할 지점은 SDGs를 추동할 수 있는 조직을 발족시키고 대내외에 가시화하는 것이다. 다양한 이해관계자와의 연계를 촉진하기 위해서는 외부로부터도 알기 쉬운 추진조직의 정비가 중요하다. 조직을 운영할 때는 지자체 내의 시책 실행부서에서 SDGs에 대한 참가 의식을 높이고 시민을 비롯한 다양한 이해관계자의 교류를 긴밀하게 하는 것, 외부 인재 영입, 이해관계자들의 의견 수렴 등이 중요한 요소로 거론된다(이창언 2022: 441-442).

<표 1> 지자체 SDGs 추진모델

단계 구분		단계별 과제
1단계	SDGs 이해	① 지자체 담당 공직자·지자체 내 공직자 이해의 확대 ② 지역 사업자·기관과 단체 이해의 확산 ③ 전 지자체 차원의 이해 확대 ④ 주민 이해의 확산 ⑤ 지자체 업무에 활용
2단계	대응 체계	① 소관 업무의 일부로 추진 ② 횡단조직 등을 설치 ③ 지역의 사업자·단체에 의한 추진 ④ 전담부서 설치 ⑤ 지역 이해관계자와 추진체제 정비
3단계	목표와 지표의 설정	① 선언 및 비전 설정 ② 17개 목표의 대응 관계 정리 ③ 169 세부목표·230여 개 지표와의 대응 관계 정리 ④ 정부의 현지 지표 리스트 활용 ⑤ 독자 지역 지표 설정
4단계	행동계획	① 종합전략·종합계획 등에 언급 ② 종합계획 중 17개 골과의 관계 정리 ③ 독자적인 액션 프로그램 수립 및 예정 ④ 시범사업 추진 ⑤ SDGs의 관점에서 누락 체크 등의 분석을 실시
5단계	후속 작업	① 평가·후속 조치 구조·체제를 검토 ② 지표를 이용한 달성 상황 내부 평가 ③ 외부 의견 반영, 외부 평가 ④ 지속적 관리를 위한 구조·시스템 구축 ⑤ 후속 조치

출처: 公益財団法人 東京市町村自治調査会(2021: 109; 이창언 2022: 440)

지방자치단체가 SDGs를 수용했을 때 발생하는 효과는 크게 네 가지로 제시할 수 있다. 그것은 첫째, 수평적(도시 기관)-수직적(지방자치단체 관할구역과 지방자치단체 부서) 차원에서 정책을 조정·실행하고 칸막이를 없애는 기회와 방법을 창출한다(당진시, 2017: 156). 둘째, 지역 시민에게는 도시의 생활방식과 기반시설을 바꾸는 등의 중대한 프로젝트를 실행하는데 필요한 정책적, 기술적, 재정적 수단에 접근할 수 있도록 안내한다. 셋째, 지방정부의 SDGs 이행실천은 도시의 분권과 자치, 거버넌스와 협동, 새로운 사회혁신의 성과물을 만들어 내는 데 귀중한 시간과 자원을 절약할 수 있게 한다. 넷째, SDGs를 채택한 도시는 주민, 정부 기관, 전세계 도시 네트워크 간 논의와 도시 지속가능성을 위한 플랫폼을 구축할 수 있다. 이를 통해 지방자치단체는 선진적인 도시의 SDGs 프레임워크와 다른 도시의 경험을 활용하여 도시 거주자의 자원을 모으고, 지속가능성 계획을 보완·강화할 수 있다. 나아가 국제기구, 기업, 언론, 시민사회, 학계, 사회적 기업, 국내외 도시와 국제 협상 무대에서 더 많은 호의적인 관심과 인정을 받을 수 있다(SDSN, 2019; 이창언, 2020c; 이창언, 2022: 454).

(2) 시민참여: 'SDGs 선언' 운동 전개

지역 차원의 SDGs 추진력 중 하나는 시민사회의 주도성(initiative)이다. 지속가능성에 입각한 시민참여와 실천은 재정 절감과 직결되고 지속가능성이 높은 정책을 통한 지역사회 통합력을 제고한다(당진시, 2020a; 이창언, 2020; 이창언, 2022: 451). 따라서 SD 주체들은 시민을 지속가능발전 정책 추진에 주체화하기 위해 이를 가능하게 하는 교육, 홍보 인식 증진 활동을 추진해야 한다(이창언 2022: 457). 일본에서는 SDGs 의제 제안-선정-실행-평가의 방식이자 이해관계자 참여를 통한 사회문제 해법 찾기의 일환으로 'SDGs 선언' 활동이 활발하게 전개되고 있다.

'SDGs 선언'이란 기업이나 조직, 단체, 각계각층, 개인 등이 SDGs에 대한 실천 방침을 정하고 SDGs 실행과 달성을 위한 구체적인 행동계획을 발표하는 것이다. 선언은 SDGs를 해결하기 위한 다양한 이해관계자, 세대의 조직을 위한 정책 수립과 SDGs를 달성하기 위한 구체적인 행동계획(富山県, 2011)을 말한다.

일본 지자체에서 실행되는 「SDGs 선언 사업」은 지자체 내의 기업, 기관, 시민사회단체로부터 SDGs에 관한 대응을 선언하는, 「지자체 SDGs 선언」을 모집하여 지자체 내 다양한 이해관계자들의 SDGs 대응을 「가시화」하고, 지자체 전용 사이트 등을 통해 널리 알림으로써, 지역사회 다양한 이해관계자 그룹의 파트너십을 촉진하고, 지자체의 SDGs 대응을 추진하는 것을 목적으로 한다. 이를 통해 지역사회 다양한 이해관계자들과 협력하여 지자체 SDGs의 달성과 함께 지역사회 이해관계자 그룹의 성장·발전 전략으로 연결하는 것을 목적으로 한다.

지역사회 다양한 이해관계자들은 SDGs 선언을 통해(사전 활동 포함) 지역사회 또는 자신이 직면한 문제의 원인과 해결에 기여할 방안을 찾고 이를 외부로 발신할 수 있다. 또한, SDGs 선언은 각 그룹이 지속적으로 목표를 해결하고 달성할 수 있는지 여부를 떠나 선언을 주도한 그룹의 장기적이고 지속가능한 가치를 결정하는 데 활용되기도 한다. SDGs 선언은, 국제적인 목표에 착실한 대응을 통해 성장할 수 있는 그룹(기관, 단체)인지 여부, 장기적·지속적인 기업 가치를 판단하는 재료가 된다. 기업에 있어서 SDGs 선언은, 이해관계자로부터의 평가가 걸린 시급하게 임해야 할 과제 중 하나이다(富山県, 2011).

〈표 2〉 선언 방법: 3 STEP과 구체적인 5단계 절차

선언 방법 3 STEP	① 기여할 수 있는 17개 목표, 169개의 대상 중에서 선택 ② 웹에서 아이콘과 목표 설정 ③ 선언문 작성 과정과 선언
구체적인 5단계 절차	① SDG 이해 ② 우선순위 결정 ③ 목표 설정 ④ 관리에 통합 ⑤ 보고 및 커뮤니케이션

출처: 富山県(2021), 이창언 번역 재구성

전국지속가능발전협의회를 비롯한 SD 주체들은 SDGs 선언사업의 실시지침(의미, 절차, 작성 방법, 사후 관리 등)을 제시하고 광역, 기초 지속협은 다양한 이해관계자의 SDGs 선언을 조직하는 작업을 수행해야 한다. 선언 조직화 사업은 지역사회 SDGs 인지도를 제고하고, SDGs 지역사회 네트워크 연계를 강화하는 데 기여할 수 있을 것이다.

(3) 시민참여와 제도화: SDGs 매니페스토 운동 전개

SDGs가 제대로 기능을 발휘하기 위해서는 법적·제도적인 환경 조성이

필요하다(이창언, 2014). 정책결정 과정에서 이해관계자의 참여 보장, 행정의 유연한 자기교정 능력 확보, 자립적이고 지속적인 기반 위에서 잉여 생물과 기술적 지식의 생산, 불균형으로 인한 긴장 해결, 발전을 위한 생태적 토대를 보존하는 의무 존중, 끊임없이 새로운 해결책 찾기, 지속가능한 무역과 재정 흐름 촉진 등이 주요한 변화 과제이자 제도화 항목이다 (WCED, 1987; 오수길, 2017: 254; 이창언, 2022: 267).

SDGs 이행 실천은 '탄력적 제도화'를 지향한다. 제도화는 이해관계자들의 자율성을 최대한 인정하면서 제도자원을 활용하려는 전략적 선택이라고 할 수 있다. 여기서 탄력적 제도화는 포섭·주변화, 흡수에 대응한 개혁화, 상호침투라는 개념으로 정의된다(유문종·이창언·김성균, 2011). 사실 제도화는 양면성을 갖지만 제도화를 운동의 결과로 나타나는 고정된 개념으로 이해하는 것은 일면적일 수 있다. 오히려 운동과 제도 사이에 형성되는 조건 및 환경의 변화와 역량이 상호 조응하면서 나타나는 개념으로 이해해야 한다(유문종·이창언·김성균, 2011).

〈그림 1〉 매니페스토 사이클

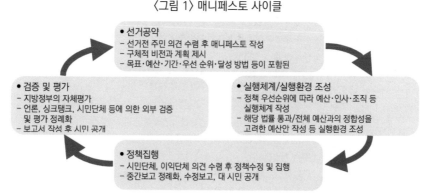

출처: 오수길, 2006; 유문종·이창언·김성균, 2011; 이창언·유문종, 2013: 370 재인용.

매니페스토는 신뢰를 바탕으로 정책수립, 집행, 평가와 환류 과정에서 '지속가능성'이라는 전략적 목적을 세우고 지구-국가-지방 차원의 정책공약과 사회문제를 효과적으로 조절하는 지속가능성 관리체계, 통합관리 틀을 확립하는 것이다(이창언·오수길·유문종·신윤관, 2014: 5).

매니페스토가 기존의 선거 공약과 다른 점은 수치 목표를 포함하고 있는 구체적인 정책집으로 정의하고 있다(유문종·이창언·김성균, 2011.16, 이창언 외 2013, 363). 나아가 '공약 생성→선거→단체장 임기 내내 집행'이라는 기존의 선거시스템과 달리, '공약 생성→검증·선거→이행계획서 수립(공약 재검토·선택)→집행' 단계를 거치는 시스템으로서(유문종·이창언·김성균, 2011: 106) 심의민주주의를 안정적으로 구축하려는 '탄력적 제도화'로 정의하고 있다(유문종·이창언·김성균, 2011: 43). 매니페

〈표 3〉 SDGs 매니페스토와 이해관계자의 역할

구분	주요 역할
단체장 후보	• SDGs 실천체계 구축과 후속 조치(자발적 지역보고, 모니터링) 공약화 • SDGs 로컬매니페스토 작성, 이행 → 정기적인 평가, 보고대회 개최 • SDGs 로컬매니페스토 활동을 위한 지방행정체계 구축 • 지역 SDGs 로컬매니페스토 관련활동을 위한 행, 재정적 지원 • SDGs 로컬매니페스토 관련 글로벌−지방자치단체 교류 및 연대
지방의원 후보	• 지방의원 SDGs 매니페스토 작성 및 실행 • SDGs 로컬매니페스토 활성화를 위한 조례(지속가능발전기본조례) 제정 • SDGs 실천체계 구축과 후속 조치(자발적 지역보고, 모니터링) 공약화 • 주민의견 수렴 후 정책과 예산반영 노력
지속협, 지역 시민사회 단체, 전문가	• SDGs 로컬 매니페스토 운동의 선구자 및 촉진자 • SDGs 로컬 거버넌스 구축을 위한 코디네이터 • SDGs 지방선거 핵심 공약(지속가능발전기본 조례 공약 포함)과 우선 순위 점검을 위한 질의서 발송과 취합 • SDGs 지역 공약집 발간 • SDGs 매니페스토 협약식(지자체 장, 기초, 광역의회 후보 군) • 중립적 위치에서 이행평가 및 결과발표
지역 언론	• SDGs 로컬 매니페스토 운동의 홍보자
지역 주민	• SDGs 로컬 매니페스토 교육 참여 • SDGs 매니페스토 이행협력 및 이행결과에 대한 평가참여 • 평가를 반영한 SDGs 매니페스토 투표 실시

출처: 유문종·이창언·김성균(2011), 필자 재구성

스토는 공공성을 지향한다는 점에서 시민운동의 가치 지향과 크게 다르지 않지만, 주도라는 측면에서 볼 때 시민운동과 구별된다. 매니페스토는 참여자의 자발성이라는 차원에서 볼 때 기존의 관의 일방적 주도가 아닌 시민성을 가진 시민의 능동성에 기초한 공동 협력적 참여하고 할 수 있다(이창언, 2014). SDGs 매니페스토 운동은 ① 참여와 소통을 통한 SDGs 정책의 확장과 발전을 도모하고 ② SDGs 매니페스토 지선이나 총선시기 후보·당선자 대상 지속가능발전 정책 인식 증진과 실행을 강화하며 ③ 새로운 사회적 가치를 모색하는 목표기반의 SDGs 거버넌스 시스템 구축(이창언·유문종, 2014: 373)에 기여할 수 있다. SDGs 매니페스토 운동은 공론장의 확대는 물론이고 그간 소원했던 지역 NGO와 연대 틀을 강화한다는 점에서 지속가능발전 국민행동(가칭) 그리고 SDGs의 지역적, 군중적 토대를 확장할 수 있다.

SDGs 매니페스토 운동은 전국 시군구 단위 지속협을 중심으로 지역 SDGs 매니페스토 실천본부 또는 지속가능발전 00시 시민행동을 구성하여 진행하는 방식을 고려할 수 있다. 그러나 이는 지역의 상황과 여건을 고려할 때 쉽지 않을 수 있다. 다만, 지속가능발전국민행동본부와 전국지속가능발전협의회 등이 정책적(광역·기초 단체장, 광역·기초의원 SDGs 공약 매뉴얼 제작) 활동을 지원하고 주요 정당과 SDGs 매니페스토 정책 협의(협약식)를 기획, 실행하는 한편, 대언론, 대시민 홍보를 강화할 필요가 있다. 그리고 중앙 및 지역 조직 회람 및 활동 방향 설명, 광역별 정책 제안 토론회를 수행한다. 지방선거가 끝나면 지역별 당선인 대상 정책 설명 간담회, 지자체장 미팅을 통해 다져진 연대 틀을 기반으로 국민행동 출범 및 지방정부 선언을 조직해 나간다. 지역 차원에서는 지역사회단체, 지역 언론 등과 지속협이 협력하여 SDGs 매니페스토 포럼, SDGs 공약 협약식, 후보자 SDGs 공약 선언, 공약이행 평가단, 시민 참여단 구성을 전개해 나가야 한다.

(4) 제도화와 시민실천
: 자발적 국가보고, 자발적 지역보고의 준비

SDGs는 지방, 국가, 지역 및 글로벌 차원의 정기적이고 포괄적 검토에 적극 참여할 것을 약속하고 있다. 그리고 후속 조치와 검토에 관련된 기존 네트워크의 제도와 방법을 최대한 활용한다. 그리고 국가 보고서를 통해 이행성과를 평가하고 지역과 글로벌 차원의 도전과제를 파악할 것이다. 지역 차원의 회담과 글로벌 검토와 더불어, 국가보고서는 다양한 차원의 후속 조치를 위한 권고 사항에 반영되고 있다(지속가능발전의제 77항). 물론 SDGs 체제에서 정부가 선진국의 정책과 지표를 적극적으로 수행하거나 혹은 수행하지 않는다고 해서, 국제사회 또는 국제기구로부터 인센티브 또는 패널티를 받는 것은 아니다(이창언·오유석, 2017: 177-178). 그러나 지구촌 전역에서 SDGs를 이행하기 위해 많은 정부와 지방 정부가 자발적으로 참여하고 있다. 그 중 하나가 자발적 국가 보고(VNR: Voluntary National Review)라고 할 수 있다. 자발적 국가 보고(VNR)는 지속가능발전을 위한 2030 의제의 후속 조치 및 검토의 일부라고 할 수 있다. '지속가능발전을 위한 2030 의제' 84항에 명시된 바와 같이 지속가능발전에 관한 고위정치포럼(HLPF)의 정기적 검토는 선진국과 개발도상국 모두에 의해 자발적으로 주도되며 주요 그룹의 참여와 파트너십 활성화를 위한 플랫폼을 제공해야 한다. VNR은 2030 의제의 이행의 가속화를 위해 성공, 도전 및 교훈을 포함한 경험 공유를 가능하게 한다. 국가 및 하위 국가 차원의 포괄적이고 참여적이며 투명하며 철저한 검토 프로세스를 수반할 때, 증거 기반일 때, 가시적인 교훈과 해결책을 도출할 때, SDGs 구현을 주도하는 구체적인 행동과 협업이 뒤따를 때 가장 의미가 있다(이창언, 2022: 301).

'2030 의제 시행' 7년이 넘은 지금 VNR은 시행 중인 정책과 전략의 이행과 영향을 보여주는 유용한 도구가 될 수 있다. 그러나 자발적 국가 검토 수행 과정이 SDGs 이행과 별개로 간주하여서는 안 된다. VNR은 그 자체가 목적이라기보다는 각국이 목표와 목표의 이행 진척 상황과 단점을 평가하고 혁신하는 과정이다. VNR은 SDGs의 국가적 구현을 위한 촉매제 역할을 하고 조정 및 정부 전체와 사회 전체의 접근방식을 강화하는 데 유용할 수 있다. 이행 진행 상황에 대한 모니터링과 평가를 강화하고 도움이 더 필요한 분야를 파악할 수 있다. 또한 2030 의제 및 SDGs 시행에 대한 정부와 사회의 인식을 높이기 위한 강력한 커뮤니케이션 도구가 될 수 있다.

SDGs의 주류화, 현지화를 위한 전략 실행은 민간영역의 유기적인 협력 체계를 구축하고 중앙-지방정부와의 일상적 협력 창구를 구축할 때 성과를 낼 수 있을 것이다. SDG는 '누구도, 어느 곳도 소외하지 않기' 위해 보다 포용적인 발전 모델을 향한 노력을 기울이고 있다는 점은 긍정적이다. 하지만 이는 자원과 직원이 제한된 지자체로서는 극복할 수 없는 과제로 보일 수도 있다. SDGs를 전달하기 위해서는 사회, 경제 및 생태적 변화를 동시에 촉진하는 현지화 정책을 통해 지자체의 정책적 대응력을 극대화하는 것이 중요하다(이창언, 2022). 아쉽게도 자발적 국가 검토(VNR)는 국가 외에 다양한 도시 수준의 상황 파악이 어려운 맹점을 가지고 있다. 자발적 국가 검토(VNR)가 이러한 한계를 VLR(Voluntary Local Review: 자발적 지자체 리뷰)이 보완한다.

VNR과 동일하게 VLR도 보편적이고 통합된 성격과 지속가능한 발전의 모든 차원을 존중하는 방식으로 모든 국가에서 2030 의제의 이행과정을 추적하기 위한 것이다. '우리 세계의 전환: 지속가능발전을 위한 2030 의제(Transforming our world: the 2030 Agenda for Sustainable Development)' 74항에 포함된 〈모든 수준에서 후속 조치와 검토를 안내하는 원칙〉은 무엇보다도 검토가 실질적이고 지식기반일 뿐만 아니라 모든 사람에게 개방적이고 포괄적이며 참여적이고 투명하며, 특히 가장 가난하고 취약하며 가장 소외된 사람들에게 초점을 맞춘다(이창언, 2022: 302-303).

74. 모든 차원에서 후속 조치와 검토과정은 다음의 원칙을 따를 것이다.

(a) 동 과정은 국가 주도의, 자발적인 과정이며, 각국의 현실, 역량 및 발전 수준의 차이를 고려하며, 국가의 정책적 자율성과 우선순위를 존중한다. 국가의 주인의식이 지속가능발전의 달성을 위한 핵심적 요소이며, 주로 국가의 공식 원천 데이터를 기초로 하여 글로벌 차원의 검토가 이뤄질 것을 고려할 때, 국가 차원의 과정을 거쳐 나온 결과가 지역 및 글로벌 차원에서 이뤄지는 검토의 기초가 된다.

(b) 동 과정은 실행 방안을 포함한 보편적인 목표와 세부목표의 이행 성과를 파악하는 것이며, 이는 지속가능발전목표의 보편적이고, 통합적이며, 상호 연결된 특성과 지속가능발전의 세 가지 차원을 존중하는 방식으로 이뤄질 것이다.

(c) 동 과정은 장기적 관점을 견지하며, 성과와 도전 과제, 격차가 발생한 부분과 중요한 성공 요인을 파악하고, 국가가 정보에 입각한 정책결정을 할 수 있도록 지원할 것이다. 동 과정은 이행을 위한 방안을 마련하고, 파트너십을 구축하는 것을 돕고, 해결책과 모범사례를 파악할 수 있도록 지원하며, 국제발전체제의 조율과 효율성을 증진할 것이다.

(d) 동 과정은 모든 사람을 위한 개방적이고, 포용적이며, 참여를 장려하는, 투명한 과정이며, 모든 관련 이해관계자들의 보고를 지원한다.

(e) 동 과정은 사람 중심이며, 성 인지적이고, 인권을 존중하며, 특히 최빈곤층과 가장 취약한 계층 그리고 가장 뒤처진 이들에게 초점을 맞출 것이다.

(f) 동 과정은 기존의 플랫폼과 프로세스가 있는 경우 이를 기반으로 하고, 중복을 피하고, 국가의 상황과 역량, 필요와 우선 과제에 따라 대응할 것이다. 동 과정은 새로 부각된 문제와 새로운 방법론의 발굴을 고려함으로써 시간이 지남에 따라 더욱 발전할 것이며, 국가 행정 기관의 보고에 대한 부담을 최소화할 것이다.

VLR은 지방정부가 SDGs 이행 실천에 관한 진행 상황을 자발적으로 검토하는 과정으로서 지자체의 정책, 프로그램, 데이터, 기관 설정 및 이해관계자 참여 메커니즘이 포함되어 2030 의제를 지방 수준에서 구현하고 고도화한다. VLR은 지자체 업무에 관한 조감도를 제공하여 기존 전략 간의 시너지 효과를 찾고, 정책 격차를 파악하며, 지역사회 다양한 이해관계자의 파트너십을 구축하는 데 도움이 된다. 일례로 브라질 상파울루는 "VLR이 SDG를 2030년을 향한 도시 계획을 안내하는 나침반"이라고 평가한다. VLR이 기존 정책을 통합하고, 그 영향의 확대를 추진하며, 장기적인 전략적 정책 수립을 약속한다는 것이다.

4. 논의의 종합

SDGs의 주류화, 현지화를 위한 전략의 실행은 민간영역의 유기적인 협력체계를 구축하고 중앙-지방정부, 의회(지방의회)와의 일상적 협력 창구를 구축할 때 성과를 낼 수 있을 것이다. 지속가능발전 기본법 제정 이후 SDGs 이행과 실천을 한 단계 도약하기 위해서는 정치일정, 국회 일정을 잘 활용하는 것 외에 지역운동의 고도화도 필요하다.

SDGs의 주류화, 현지화를 위한 지방선거 시기 활동은 크게 두 가지 차원에서 진행될 수 있다. 하나는 제도정치 영역에서의 실천이다. 또 하나는 시민사회 영역에서의 실천이다. 그러나 제도화와 시민 실천은 분리된 것이 아니라 상호 연계되어 있다. 따라서 지방선거 시기 SDGs 주류화·현지화는 정책과 시민실천이 동시에 전개되어야 한다. SD 주체들은 지방선거 시기 SDGs 매니페스토 실천, 지속가능발전협의회에 대한 지방정부의 지원 강화, 행정 내 지속가능발전 책임관 지정(전담부서 설치, 또는 기획총괄부서 담당), 지속가능발전기본조례 제정 공감대 확산(공약화), 지속협과 지속위원회의 위상 설정, 운영 혁신과 협동의 강화, 지방 SDG 주류화를 위한 예산 확보, 지역 차원의 숙의 공론제도 정착과 활성화, 광역과 기초 지자체 SDGs 추진체계 구축, VLR의 정착과 SDGs 도시 국제 교류의 토대 구축, 국제협력기구 민간 개방과 지원방안 마련, ESD-ESDGs 교육의 활성화와 지방지속가능발전연구센터-연구소 설치, 국민 삶의 질이 높은 지속가능한 도시 조성, 지방 ESG 경영 확산을 위한 제도적 지원이 실현될 수 있도록 노력해야 한다. 덧붙여 지역 차원에서 노동조합, 농민, 도시빈민, 청년과 여성의 SDGs 이행·실천 과정 참여 확대(SDGs 각계 각층 선언 운동)를 지원해야 한다.

참고 문헌

김병완 외(2019). 「지속가능발전 정책과 거버넌스형 문제해결」. 대영문화사.

양준화·지속가능발전 기본법 후속대응연구팀(2021). "지속가능발전기본법에 기초한 정책공약 개발: 제 20대 대통령선거 지속가능발전 정책 제안". 한국지속가능발전학회 동계 심포지엄. 한국지속가능발전학회.

오수길(2006). "531 매니페스토 운동의 의의와 시민운동의 전망". 「시민사회와 NGO」 제4권 제2호. 한양대학교 출판부.

오수길(2017). "환경 거버넌스와 헌법: 지속가능발전 거버넌스로의 전환". 「한국비교정부학보」 제21권 제4호. 한국비교정부학회.

유문종·이창언·김성균(2011). 「시민과의 약속 매니페스토: 매니페스토의 이론과 실제」. 이학사.

이창언 외(2014). "정치사회와 신뢰: 시민과의 약속, 매니페스토". 「사회문제를 보는 새로운 눈: 한국사회의 33가지 쟁점」. 도서출판 선인.

이창언(2014). "서울시의원 매니페스토 실천을 위한 조례와 제도정비 방안". 「기억과 전망」 30호. 한국민주주의연구소.

이창언(2020a). "한국 지방 SDGs 교육의 현황과 과제: 평택지속가능발전대학을 중심으로". 「인문사회21」 11권 2호. 아시아학술문화원.

이창언(2020b). "SDGs를 통한 대학교육 혁신과 대학의 사회적 역할 제고를 위한 연구". 「한국비교정부학보」 24권 2호. 한국비교정부학회.

이창언(2020c). "한국 도시 SDGs 이행의 보편성과 지역성: 당진시 지속가능발전 이행계획 고도화와 다부문적 실천을 중심으로". 「인문사회21」 제11권 3호. 아시아학술문화원.

이창언(2020d). "SDGs 실시지침을 통해서 본 일본 정부의 SDGs 이행실천과 시사점." 「인문사회21」 11권 6호. 아시아문화학술원.

이창언(2020e). "일본정부의 SDGs 이행 실천 현황과 도전과제". 「NGO연구」 제15권 3호. 한국NGO학회.

이창언(2020f). 「한국인의 에너지, 실용주의」. 피어나.

이창언(2022). 「SDG 교과서: SDGs의 이론과 실제」. 도서출판 선인.

색인